貧困と共和国

社会的連帯の誕生

田中拓道

人文書院

目次

貧困と共和国

——社会的連帯の誕生——

凡例

一　引用文のうち、（　）は原文に含まれたもの、［　］は筆者による補足である。

二　翻訳のある欧語文献の引用は以下の規則にしたがった。原典を参照したものはそこから出典を示し、対応する邦訳の頁数を併記した。訳文に関しては、先行の優れた訳業を参考にしつつ、筆者自身の手で訳し直した。邦訳のみを参照した場合は、邦語文献のみを挙げた。

三　出典については、およそ十九世紀以前のものは著者、著作名、出版地、出版年のみを記し、二十世紀以降のものは著者、著作名、出版地、出版社、出版年を記した。

四　人名は以下の規則にしたがって表記した。フランス語で「-」によって接続された姓あるいは名は「＝」でつなぎ（例：サン＝シモン、ヴィルヌーヴ＝バルジュモン）、それ以外は、姓が複数の単語で構成される場合（例：ル・プレ）、姓名を表記する場合（例：エミール・デュルケーム）ともに「・」でつないだ。

序章

本書の課題

二十世紀最後の四半世紀から二十一世紀初頭にかけて、先進諸国の国内政治は構造的な転換に直面している。戦後の経済成長の下で、近代化・産業化を進展させる不可欠の制度と見なされてきた福祉国家は、七〇年代後半以降、左右両方の論者から「時代遅れ」になったと批判されてきた(1)。経済成長の終焉と長期失業の増大、脱工業化と産業構造の転換（フォーディズムからポスト・フォーディズムへ）、高齢社会化と家族の変容、グローバル化など、様々な経済的・社会的環境の変化によって、成員の均質な生活・就労スタイルを前提に発展してきた福祉国家は、現在根本的な変容を迫られている。

近年の福祉国家研究では、比較体制論のアプローチが主流を占めてきた。一九七〇年代まで、主に近代化論の枠組みの下で、福祉国家の単線的な発展史が検討されてきたのにたいし、一九八〇年以降のコルピ、エスピン＝アンデルセンなどの比較体制研究によれば、各国の福祉国家は、労働・資本の組織化、国家との協調関係の制度化のあり方に応じて、多様な発展過程を辿ってきたとされる。こうした多様性は、八〇年以降の福祉国家の再編においても基本的に維持されている。さらに既存の制度構造は、九〇年代以降のグローバル化の下においても、各国の対応の分岐をもたらしている、という(2)。

本書は、近年の研究状況に示唆を受けつつも、「福祉国家の危機」を制度論的にではなく、思想的に検討する手がかりを提供することを目指している。近年の研究において、福祉国家の多様性が強調されているとしても、現在それらが大きな再編過程の只中にあることに変わりはない。こうした文脈において、従来の福祉国家がいかなる「理念」に支えられてきたのか、そのいかなる要素が今後に継承されるべきなのか、という規範的な問いを探究することは避けて通れない。

本書の課題は、大革命から二十世紀初頭までのフランスを対象として、産業化とともに現れた「社会問題」への対応を、自由放任主義と社会主義の間に立って行おうとした支配層の諸思想を検討し、フランス福祉国家を準備した思想史的過程を解明することである。[3]

具体的には、以下の二つの論点を主題とする。第一に、フランス革命初期に現れた「近代的」秩序像が、産業化に伴う新しい貧困現象の登場によってどのように問い直されたのかを、思想的な水準において検討することである。ここでは、十八世紀後半に成立する「公共性」への新たな理解を軸に据え、革命以降の「貧困」認識の変遷の中で、そこに内在する問題がどう問われたのかを検討し、一八三〇年代に生まれる「社会問題」という認識を、支配層における秩序像変容の画期として位置づける。

第二に、「社会問題」への対応として七月王政以降の支配層に唱えられた諸思想を、「政治経済学」「社会経済学」「社会的共和主義」「連帯主義」という四潮流に区分し、それらの対抗関係の中で、二十世紀初頭にフランス福祉国家の原型が導入されていく過程を検討する。

以上の作業によって、「社会」の組織化という、国制論とも抽象的原理論とも異なる十九世紀フランス政治思想に固有の問題構成の内容を明らかにするとともに、それへの対応として二十世紀初頭に導入されるフランス福祉国家の思想原理（solidarité sociale）が、いかなる射程を有するものであったのかを解明することが、本書の目的である。

十九世紀研究の視角——近代社会論・対抗文化論・政治文化論

こうした問題設定の意味を明確にするために、これまでの十九世紀フランス史研究を「近代社会」論、「対抗文化」論、「政治文化」論の三つの段階に区分した上で、上記の関心を位置づけておきたい[4]。

第一に、一九六〇年代までの多くの研究において、十九世紀フランスは、「近代社会」の一つの範型とみなされてきた[5]。十九世紀の史的過程は、革命期の人権宣言に見られる自由主義原理、一七九一年憲法や一七九三年憲法に宣言される国民主権、人民主権原理が、産業化の進展と民主主義の制度化によって具体化していく過程であり、旧来の封建支配層に代わり、ブルジョワジーの支配権が確立する過程とされてきた。こうした理解は、マティエ、ルフェーブル、ソブールなど、いわゆる正統史学の革命理解とも相応している[6]。彼らによれば、フランス革命とは、十八世紀を通じて経済的実力を蓄えたブルジョワジーが、農民層や民衆層との協力によって、貴族・聖職者などの封建支配層を打ち倒した「ブルジョワ革命」である[7]。十九世紀フランス史とは、革命期に開始された新旧支配層の移行が完遂する過程であり、特に七月王政期の金融ブルジョワジーに代わり、第三共和政期において、商工業ブルジョワジーの支配権が確立していく過程と理解される[8]。

本書では、こうした研究蓄積を踏まえつつも、政治史や社会経済史を主題とするのではなく、革命期に宣言された政治的な秩序原理が、その原理的な水準において、十九世紀以降にどのように問い直されたのかを主題としたい。ここでは、本研究の鍵概念である「社会的（social）」という形容詞によって示される問題平面について言及しておく。

フランス革命期には、伝統的な社会関係から析出された、自然権を有する自由な個人を前提とし、彼らの討議と合意によって公権力が正統化される、という社会契約論的な秩序原理が提唱された[9]。しかし、こうした公と私、国家と個人の二元的構造から成る秩序像は、ジャコバン独裁とテルミドール反動を機に、様々な論者によって問い直されていくことになる。総裁政府期から復古王政期にかけて、イデオローグ（デステュト・ド・トラシ、カバニスなど）、保守主義者（メストル、ボナルド）、リベロー（スタール夫人、コンスタン）、サン・シモン、ドクトリネール（ギゾー）など、様々な立場の論者は、国家と個人を媒介する「社会」の不在を問題化し、統治権力を規制する原理の不在を、革命中期の専制と秩序の混乱の源泉と見なした。彼らの語る「社会」とは、自然権の具体化としての自律的秩序―近代「市民社会」として指示されてきた―というよりも、むしろ個人に優越し、統治権力にも先立つような独自の集合を指している。[10] さらに一八三〇年代以降、「社会」が「貧困」との関わりで問題化されるにつれて、それは私的自律を有する個人によって構成される規範的秩序ではなく、逆に個人に先立ち、その思考や振る舞いを規制するような、具体的な生活環境・行動様式・交友関係・家族形態・労働慣習・モラルの集合を指すようになる。一八三〇年代に現れる「社会問題」とは、公と私、国家と個人の二元的秩序像を問い直し、両者を媒介する「社会」の組織化を、新たな思想的主題として示した認識であった。

第二に、これまで「近代社会」論に対する批判的な視座は、主に社会主義・労働運動史研究によって担われてきた。とりわけ、労働者階級の形成や賃労働と資本との関係に焦点をあわせてきた従来の労働研究にたいして、七〇年代以降は、資本家主導の近代化や産業化に対抗する職人・労働者層の生活世界の「自律性」が強調されてきた。[11] そこでは、七月王政、四八年二月革命、パリ・コミューン、サンディカリスム、社会党・CGT設立期などを中心として、主に熟練労働者の社会的結合（sociabilité）、心性（mentalité）、運動、組織のあり方に関する実証研究が蓄積されてきた。

本書では、「社会問題」を主題とするにもかかわらず、社会主義思想や労働運動を直接の対象としていない。その理由は次の二点にある。第一に、本書が、支配層・被支配層の対抗関係よりも、十九世紀支配層による権力実践を支えた論理に着目するためである。当時「社会問題」に対応したのは、職人・労働者層にとどまらない。支配層の側もまた、「社会問題」を被支配層の「モラル」の問題と読み替え、それに働きかけるという形で、彼らの社会への統合を模索した。本書では、こうした支配層の言説と統治像が、十九世紀を通じてどのように洗練されていったのかを主題とする。さらに言えば、後述する「政治文化」論において、支配層・被支配層の相互関係が指摘されているように、七月王政期から第三共和政期にかけて、職人・労働者層の思想は、しばしば支配層の思想の内に取り込まれ、両者が共通の問題構成の中で語られているように見える場面も少なくなかった[12]。十九世紀支配層の思想は、「ブルジョワ的」という単一の枠組みによって把握されうるものではなく、その論理の形成過程と内的多様性は、それ自体として批判的考察の対象とされなければならない。第二に、十九世紀の被支配層の対抗運動に、より積極的・現在的意味を見出そうとするならば、彼らの「自律性」を強調するにとどまらず、その思想や運動が、支配層の統治像やイデオロギー内部に孕まれた矛盾・対立と、どのように呼応していたのかを問うていく必要がある、ということである。

第三の研究潮流として、一九八〇年代以降は、「対抗文化」論に代わり、社会史と政治史との結合を模索する「政治文化」論が現れている。この潮流では、一方において、民衆の集合的心性や言説の政治史に果たした役割が強調され、両者の関係のあり方が、習俗・儀礼・象徴などの多様な対象において検討されている[13]。他方では、グラムシやアルチュセールの用いた「ヘゲモニー」「イデオロギー」概念の影響の下で、統治権力による民衆の日常世界への働きかけが検討されている[14]。これらの研究では、支配層と民衆層が分断された上で、前者による後者への一方向的な権力関係が想定されるのではなく、両者のあいだに不断に見られる相互的な影響関係が指摘されている。

この研究潮流のうち、フーコーの議論に影響を受けたアプローチは、八〇年代半ば以降の十九世紀研究に大きな位置を占めてきた。フーコーは、一九七〇年代末のコレージュ・ド・フランスの講義において、十八世紀以降の統治権力のあり方を「生政治（biopolitique）」と称し、考察の主題に据えている[15]。彼によれば、この時期以降の統治権力の目的は、個々人の生命や安寧を保障し、それを集合的に管理すること、そのために社会の物質的条件や諸制度を改変することに向けられるようになった。人口への着目、衛生学・医学・生理学など人間の身体に関する知の蓄積、病院・学校・監獄の整備、公衆衛生、住居の改善など、十八世紀以降の一連の改革は、こうした問題系から発するものであったとされる。さらに彼によれば、「生政治」の権力は、国家に担われるのではなく、その外延に広がる「社会的」領域に埋め込まれ、学校、病院、家族、工場などに担われることによって、より合理的に機能する。フーコー自身の関心は、一九八〇年以降『性の歴史』を介して近代以前へと遡っていったが、その枠組みは後の研究者へと引き継がれ、家族、監獄、都市政策、住宅政策、公衆衛生、優生学、統計学などと「統治実践（pratique gouvernementale）」との関わりを対象とする多くの研究が、現在に至るまで現れている[16]。

本書は、狭義の国家にとどまらず、「社会」との相互関係において再編された統治権力のあり方を主題とし、その論理を批判的に検討するという関心を、これらの研究から引き継いでいる。他方で本書では、十九世紀以降の規律権力の拡散を強調するのではなく、それを基礎づける論理の多様性と、支配層内部に見出される思想的対立の契機とを重視したい。フーコー以降の研究では、十九世紀以降の史的過程が、しばしば同質的な論理に支えられた規律権力の一方向的な拡散として描かれる傾向がある。例えば、プロカッチやエヴァルドは、十九世紀思想における「社会的なもの」の主題化を、「決定的な政治的転換点」、「新しい存在論的状況…精神的転換」と位置づけ、それまでの権力と新たに導入された規律権力との論理の断絶を強調する一方、この時期以降の「社会的なもの」をめぐる議論の多様性に、十分な注意を払っているとは言い難い[17]。本書では、十九世紀支配層の側から「社会」を主題化した思想内部に、産業化（市場）への態度、法とモラル、国家と中間集団、自由と平等の意味づけ、価値理念などをめぐる、複数の対立軸が存在したことを強調する。こうした視角を導入することで、十九世紀フランス政治思想史が、特定階級の利害や単一の論理に基づく統治権力の一方向的な拡散と包摂の過程ではなく、むしろフランス革命期に提唱された「近代的」統治から現代的な統治システムへの転換において、支配層内部に様々な矛盾や対立が抱え込まれていく過程として理解できることを明らかにする。さらにその延長上に、二十世紀初頭に導入される福祉国家の原型が、いかなる射程と限界を有していたのかを検討することを目指す。

四つの思想潮流――政治経済学・社会経済学・社会的共和主義・連帯主義

本書で主に参照する資料は、革命期から一八三〇年代に至る主要な共和主義者・イデオローグ・政治経済学者のテクスト、そして七月王政期以降の支配層に属する論者―政治家、行政官、アカデミー会員、衛生学者、経済学者、文筆家、ジャーナリスト、大学教授など―のテクスト（著書、パンフレット、新聞記事、雑誌記事）、議会討論、演説記録などである。(18) 以下では、本論に先立ち、七月王政期以降に対象となる四つの主要な思想潮流について、その概略を示しておきたい。

第一に、「政治経済学（économie politique）」は、十八世紀後半のイギリス政治経済学の影響の下で、ジャン＝バティスト・セイ（Jean-Baptiste Say）やシャルル・デュノワイエ（Charles Dunoyer）によってフランスに導入された思想である。それは七月王政期に支配層に受容され、道徳政治科学アカデミーの「政治経済学」部門、「政治経済学協会（société d'économie politique）」、『経済学者雑誌（*Journal des économistes*）』などの周辺に組織された経済学者へと引き継がれ、十九世紀半ばのジョゼフ・ガルニエ（Joseph Garnier）から、世紀末のレオン・セイ（Léon Say）、ポール・ルロワ＝ボーリウ（Paul Leroy-Beaulieu）に至るまで影響力を保ち続けた。産業の自由を重視するこの思想を、本書では経済思想としてではなく、「モラル」に関する思想として、すなわち国家の介入に対抗しながら秩序維持を図るために、家父長的家族やパトロナージュなどの伝統集団の役割を強調し、貧民の「モラル化」を図ろうとした思想として、「社会経済学」との対比において扱う。

第二に、「社会経済学（économie sociale）」は、主に七月王政期の支配層の一部であるカトリック、プロテスタント、保守主義者などに担われ、「政治経済学」に対抗して形成された思想である。彼らは、経済的自由主義のもたらす負の側面を強調し、とりわけ伝統的な社会的紐帯の解体（共同性の解体）を批判的に採り上げる。旧貴族、聖職者、地主など旧支配層に多く見られるこの思想は、階層的社会観を前提とし、パトロナージュ、家父長的家族、宗教組織、共済組合などの中間集団の役割を強調するとともに、それらを統合し、「新しい慈善（charité nouvelle）」を組織化するための「科学」の役割を重視する。七月王政期に、「道徳政治科学アカデミー（Académie des sciences morales et politiques）」を中心的な場として語られたこの思想は、第二帝政期にはル・プレ学派と「社会経済学協会（société d'économie sociale）」に担われ、第三共和政期に入ると、より平等主義的な色彩を強める共済組合主義（mutualisme）、シャルル・ジッドやエミール・シェイソンなどの経済学者、さらに「社会資料館（Musée social）」を中心的な場として組織され、独立した学問体系として確立するとともに、実践的にも大きな影響力を獲得していく。十九世紀末の社会保険の導入に際して、急進共和派とイニシアティヴを争ったのも、この潮流であった。

第三に、「社会的共和主義（républicanisme social）」は、七月王政期、とりわけ一八四〇年代以降の「社会的共和国」設立を担った思想と運動を指している[19]。七月王政期に、共和派のジャーナリスト、文筆家、政治家などに担われ、労働者階級の貧困を主題化したこの思想は、二月革命から第二共和政初期にかけて、一時的に統治思想としての役割を試され、一八四九年以降は、様々な方向に分岐していく。本書では、統治思想としての「社会的共和主義」を考察の対象とし、それを「友愛（fraternité）」という概念によって特徴づける[20]。第二共和政が短期間で挫折すると、第二帝政下において「友愛」概念への批判的検討が、アルフレッド・フイエ（Alfred Fouillée）やシャルル・ルヌーヴィエ（Charles Renouvier）などの哲学者を中心に行われ、社会的共和主義の再構成が模索される（「友愛」から「連帯（solidarité）」へ）。

第四に採り上げるのは、第三共和政期の「連帯主義」である。ここで「連帯主義」と称する思想は、ある面では通常扱われるよりも狭く、ある面では広い潮流を指している。一般に「連帯主義」とは、第三共和政下の急進社会党指導者レオン・ブルジョワ（Léon Bourgeois）に主張され、世紀転換期に広く普及した急進共和派の政治的イデオロギーを指している。[21] しかし本書では、第二帝政期から第三共和政初期の共和主義哲学者ルヌーヴィエ、フイエ、アンリ・マリオン（Henri Marion）などによって、四八年の「友愛」思想への批判の中から形成され、第三共和政中期には、急進共和派を支えるイデオロギーとして、レオン・ブルジョワ、フェルディナン・ビュイソン（Ferdinand Buisson）などに引き継がれ、大学の世界では、エミール・デュルケーム、セレスタン・ブグレ（Célestin Bouglé）などによって体系化された幅広い思想潮流を指すものとして用いる。この潮流は、思想的にはカント哲学と有機体論の接合によって新たな社会観（「連帯」）を基礎づけ、政治的には、穏健な社会改革―累進課税、住居・衛生政策、特に社会保険―を導入し、二十世紀初頭に急進共和派に近い立場にあった修正社会主義者―ミルラン（A. Millerand）、トマ（A. Thomas）など―との協力によって社会保険の一般化をもたらし、政治経済学、社会経済学、サンディカリスムなどとの対抗関係の中で、二十世紀フランス福祉国家を準備する役割を果たした。

四　潮流の発展と対抗

これらの対象を検討するにあたっては、以下の二つの視角を重視する。

第一は、四つの思想潮流の関係についてである。これらの潮流は、ある程度時系列によって整理することが可能である。十九世紀初頭に、イギリス政治経済学の影響の下で導入された政治経済学にたいし、社会経済学は、主として七月王政期以降、支配層の中でも政治経済学と距離を取る論者たちに担われた。社会的共和主義は、両者への批判を含意して、主に一八四〇年以降に唱えられ、第二共和政期に一時的に統治層の側に立つ。最後に、第二帝政から第三共和政初期にかけて哲学的導入が図られ、第三共和政中期に政治的影響力を獲得する連帯主義は、政治経済学への批判のみならず、社会経済学、社会的共和主義への批判と継承を踏まえて形成されたものと位置づけることができる。

本書では、「社会問題」を対象とする統治層の以上のような思想的継起を、一方では、内在的な発展のダイナミズムにおいて描こうと試みる。すなわち、以前の思想を批判し乗り越える中で新しい思想が生まれてく過程を辿ることで、十九世紀末から二十世紀初頭に導入される社会保険、二十世紀半ばの福祉国家設立へつながる制度的原型を、これらの思想展開の一つの帰結として位置づけようと試みる。

しかし他方では、各々の思想潮流が、それぞれ内容を少しずつ変化させながらも、単一の思想に収斂することなく、互いに対抗関係を維持し続けた点についても同様に強調する。例えば本書では、社会保険制度の導入にあたって、政治経済学と社会主義のみならず、社会経済学と連帯主義との間に、いかなる思想的・実践的対立軸が存在したのかを論じ、それを十九世紀全体の構図の中に位置づけようと試みる。こうしたアプローチは、従来十九世紀末から世紀転換期にかけて、第三共和政の安定化とともに、一見したところ社会政策への合意が形成され、思想的な収斂が生じたかのように見なされてきた背後に、いかなる対立点や問題点が孕まれ続けたのかを明らかにする。さらにそれは、今日の「福祉国家」の原型が、実際には様々に異なる潮流から発する思想・実践・人的結合の拮抗の中で形成された複合的な構築物であり、その出発点においてすでに、内的対立と矛盾を孕んでいたことを明らかにするはずである。[22]

思想の場と人脈

第二に、各々の思想内容を、語り手の位置する「場」と「人脈」の性質との関連において解釈する、という点である。革命以降の秩序の再建という文脈において語られたこれらの思想は、具体的な実践と切り離しては理解できない。これらの思想が前提としているのは、個人を取り巻く生活環境、慣習、人的関係などにおいて、個人の生活規律や振る舞いが形成・規定される、という考え方であった。こうした見方に基づけば、公的秩序の再建とは、抽象的原理の適用にとどまらず、むしろ教育、労働、家族、衛生、貯蓄などにかかわる、個々人への具体的働きかけを組織化することによって、はじめて可能となる。

近年の研究では、「社会問題」への対応に一定の政策的合意が形成された第三共和政期に、それらの問題を観察し、議論を交わし、実践的提言を行うために組織された場を、「社会的実験場（laboratoire social）」と称することがある。(23) 例えば、『近代フランスの社会的実験場』を著したホーンは、ある論文の中で次のように指摘している。「[社会改革運動を志して] 社会資料館（Musée social）に集まった人々の共通点は、イデオロギーでも社会的出自でもなく、観察に基づき、改革を実践するための言語を練り上げる、という関心にあった(24)」。ここで「実験場」という表現が用いられているのは、人的関係の制度化だけでなく、問題となる対象を構成し、対象に関する知や言説を蓄積し、その対象に働きかけるという一連の行為（それは「実験」に喩えることができる）が、一つの「場」において結合していたからである。言い換えれば、「社会問題」の構成、社会に関する知（社会科学）の確立、統治の実践という三者が、その知と実践を担う人的関係（réseaux humain）の制度化によって、不可分な形で結びつくことこそ、十九世紀の社会改革思想の特徴である。この時期の政治思想が、理想的国制や抽象的原理に関する議論に着目するだけではうまく解釈できない理由も、以上のような性質による。したがって、その解釈にあたっては、テクストを読み解くだけでも、それを時代状況の中に位置づけるだけでも十分ではなく、各々の論者がいかなる「場（champ）」から現実を捉え、どのような「人脈」の中でその思想を語っていたのかを、同時に問うていかなければならない。本書では、王立科学アカデミー、道徳政治科学アカデミー、共和主義結社、雑誌編集グループ、共済組合、社会経済学協会、社会資料館、大学、労働組合など、それぞれの思想の語られた「場」の性格と、そこでの人的関係の配置を重視し、これらの配置と思想内容とのつながりから、相互の対立関係を読み解こうと試みる。

本書の構成

本書の構成は以下のとおりである。第一章では、フランス革命期に現れた「公共性」への新たな理解が、七月王政期までの過程でどのように問い直されたのかを、貧困への認識と対応を軸として考察する。ここでは、革命中期の共和主義者、世紀転換期のイデオローグ、七月王政期の支配層を採り上げ、それぞれの思想における「公共性」への理解を、〈政治化された公共性〉、〈社会科学の公共性〉、〈社会化された公共性〉として比較考察することで、その変容の過程を明らかにする。

続く第二章から第四章では、「社会問題」への対応として現れた統治層の思想を検討する。まず第二章では、政治経済学との対比において、「新しい慈善」を唱えた社会経済学の思想について検討する。ここでは、宗教、法的慈善批判において現れた彼らの「社会問題」認識を採り上げ、それへの対応として唱えられた統治像を、市場への態度、国家と中間集団(アソシアシオン)との関係を軸に考察する。さらに、七月王政期以降の展開として、第二帝政期のル・プレによる社会経済学の復権についても論じる。

第三章では、主に一八四〇年以降に政治経済学・社会経済学批判として現れ、第二共和政の樹立を担う共和主義者の思想について検討する。ここでは、彼らの「社会問題」への認識、「友愛」概念の論理構造を検討したのち、「社会的共和国」として提起される統治像における「社会的なもの」の扱いについて論じる。さらに、第二共和政末期の共和主義者による「友愛」批判を検討し、第二帝政下において、新しい世代の共和主義哲学者が、「友愛」に代えて「連帯」の概念を導入することで、社会的共和主義の再構成を模索していくことを論じる。

第四章では、以上の過程を経て、第三共和政中期に形成される連帯主義と、それをめぐる思想的対立の構図について検討する。第二帝政期の共和派哲学者ルヌーヴィエとフイエは、有機体論とカント哲学の接合によって、共和国を支える「モラル」を哲学的に導出しようと試みる。一八九〇年代に入り、穏健共和派から急進共和派へと政治的イニシアティヴが移行していくと、急進共和派は、「連帯」概念に支えられた社会観に基づき、一連の社会立法の導入を図っていく。この章では、一八九八年の労働災害補償法、一九一〇年の退職年金法の導入を軸として、これらの社会立法がどのように正当化され、その過程で、政治経済学、社会経済学、サンディカリスム、連帯主義がいかなる思想的対立の構図を形成したのかを検討する。その延長上に、二十世紀初頭から一九三〇年にかけて導入されるフランス福祉国家の原型に、いかなる特徴と問題点がはらまれていったのかを検討する。

最後に結論では、本書の考察を要約し、二十世紀以降の展望について、現在の「福祉国家の危機」と再編論を視野に入れつつ、若干の考察を行いたい。

（1）クリストファー・ピアソン（田中浩、神谷直樹訳）『曲がり角にきた福祉国家―福祉の新政治経済学』未来社、一九九六年。

（2）エスピン＝アンデルセン（岡沢憲芙、宮本太郎監訳）『福祉資本主義の三つの世界―比較福祉国家の理論と動態』ミネルヴァ書房、二〇〇一年。エスピン＝アンデルセン（埋橋孝文監訳）『転換期の福祉国家―グローバル経済下の適応戦略』早稲田大学出版部、二〇〇三年。宮本太郎編著『福祉国家再編の政治』ミネルヴァ書房、二〇〇二年、など。

（3）本書において「支配層」とは、フランス革命から第三共和政までの各々の体制において、統治権力に近い場に組織された人々を広く指している。フランス革命初期の自由主義的貴族や学者（savant）、中期の都市小生産者層を主な基盤とするジャコバン主義者、七月王政期のオルレアン派とレジティミスト（旧名望家層）、二月革命から第二共和政を担った共和主義左派（ジャーナリスト、法律家、政治家など）、第二帝政期のナポレオン三世と行政官僚、第三共和政期の都市産業ブルジョワジーを主な基盤とする穏健共和派、都市小生産者層を主な基盤とする急進共和派、特に大学に属する知識人などである。

（4）以上の研究史の区分は、小田中の整理を参考にした。小田中直樹『歴史学のアポリア―ヨーロッパ近代社会史再読』山川出版、二〇〇二年、四三―五六頁。ただし第三のカテゴリーは、「ヘゲモニー」論より広い対象を指しているため、ここでは「政治文化」論と称した。

（5）とりわけ日本においては、高橋幸八郎『近代社会成立史論』日本評論社、一九四七年、同『市民革命の構造』御茶の水書房、一九五〇年以降、経済史的観点からフランス社会の「近代」性を強調する研究が主流となってきた。

（6）マチエ（ねづまさし、市原豊太訳）『フランス大革命』岩波書店、一九五八―一九五九年。Georges Lefevre, *Quatre-vingt-neuf*, Paris, 1939（高橋幸八郎ほか訳『一七八九年―フランス革命序論』岩波書店、一九七五年）. ソブール（小場瀬卓三、渡邊淳訳）『フランス革命―一七八九―一七九九』岩波書店、一九五三年。

（7）もちろんこの理解にも、経済構造を重視する解釈（例えば、Albert Soboul, *La France à la veille de la Révolution : économie et société*, Paris, 1974〔山崎耕一訳『大革命前夜のフランス―経済と社会』法政大学出版局、一九八二年〕)、民衆運動や政治運動を重視する解釈（ルフェーブル）など、様々な分岐がある。ただし彼らはフランス革命を主に「ブルジョワ革命」と捉える点で共通している（ソブール『フランス革命』前掲書、五九頁以下。マチエ、前掲書、三五頁以下。ルフェーブル、前掲書、八七頁以下）。さらに、こうした革命理解が、一九六〇年代以降フュレなどの修正派によって問い直され、論争が続いてきたということはよく知られている（François Furet, *Penser la Révolution française*, Paris, Gallimard, 1978〔大津真作訳『フランス革命を考える』岩波書店、一九八九年〕）。修正派によれば、正統史学の用いてきた「ブルジョワジー」という範疇を歴史的に規定することは困難である。すでに十八世紀以降、封建支配層と「ブルジョワ」階級の相互浸透が進んでおり、革命期に見られたのは、ブルジョワ階級による権力の掌握というよりも、当時のエリート層による自由主義的改革にすぎなかった。「十九世紀の主要な西洋諸国の歴史において、資本主義やブルジョワジーが登場し、支配権を確立するために、革命は必要ではなかった」（*ibid.*, p. 41）。彼らによれば、革命期の政治過程は、社会経済的要因によってではなく、むしろエリート内部におけるヘゲモニー闘争の過程で、抽象的な「言説」が自律的機能を獲得し、革命の急進化をもたらした、という点から説明されなければならない。

（8）こうした見方の典型として以下を参照。ロム（木崎喜代治訳）『権力の座についた大ブルジョアジー―十九世紀フランス社会史試論』岩波書店、一九七一年。David Thompson, *Democracy in France : The Third Republic*,

London and New York, Oxford University Press, 1946, p. 53f. 第三共和政を中産階級の支配権の確立期と位置づける解釈は、近年に至るまで一般的である。Ex. Sanford Elwitt, *The Third Republic Defended : Bourgeois Reform in France, 1880-1914,* Baton Rouge and London, Louisiana State University Press, 1986, p. 2 ; Philip Nord, *The Republican Moment : Struggles for Democracy in Nineteenth-Century France,* Cambridge, Harvard University Press, 1998, p. 13, pp. 218-220 ; Christophe Charle, *Histoire sociale de la France au 19ᵉ siècle,* Paris, Seuil, 1991, pp. 130-133. 邦語では、中木康夫『フランス政治史（中）』未来社、一九七五年、二四五頁以下、など。

（9） 一七八九年の「人間と市民の権利宣言」をめぐる議会討論からは、こうした論理が当時広範に共有されていたことが読み取れる（富永茂樹編『資料権利の宣言―一七八九』京都大学人文科学研究所、二〇〇一年）。

（10） スウェルによれば、「社会」という語は、十八世紀までの自律した諸個人の結合（association）という意味から、世紀転換期以降、個人の意思やコントロールを超越した集合という意味へと変化した（William H. Sewell, *Gens de métier et révolutions : le langage du travail de l'ancien régime à 1848,* Aubier Montaigne, 1983, p. 200）。同様にニコレも、自然権や契約論に基づく十八世紀的な「社会」概念と、十九世紀以降の社会主義や社会学において語られる「社会」概念とを対比している（Claude Nicolet, *L'idée républicaine en France（1789-1924）: essai d'histoire critique,* Paris, Gallimard, 1994, p. 329）。こうした変化の内容については第一章で詳しく検討する。「社会」概念史に関する概説としては、主にドイツを扱ったものではあるが、マンフレート・リーデル『市民社会の概念史』以文社、一九九〇年、第一章が有益である。

（11） サン＝シモン、フーリエ、プルードンなど、「初期社会主義」に関する研究は数多く、ここで列挙する必要はないであろう。六〇年代以降は、雑誌『社会運動（*Mouvement social*）』の発刊、『フランス労働運動人物事典（*Dictionnaire biographique du mouvement ouvrier français*）』の発刊を契機として、労働運動史研究が蓄積されてきた。七〇年代に入ると、E・P・トムソンの「モラル・エコノミー」論を一つの契機として、民衆運動史研究へとアプローチが推移する（E. P. Thompson, *The Making of the English Working Class,* London, Voctor Gollancz, 1963〔市橋、芳賀訳『イングランド労働者階級の誕生』青弓社、二〇〇三年〕）。邦語の代表的研究として、喜安朗「労働者の生活圏と労働運動」『思想』第六四五号、一九七八年、七八―九八頁。同『夢と反乱のフォブール』山川出版社、一九九四年。同『近代フランスの〈個と共同性〉』平凡社、一九九四年。谷川稔『フランス社会運動史―アソシアシオンとサンディカリスム』山川出版社、一九八三年、など。邦語のフランス労働史研究のまとめとして、次の論文が優れている。中野隆夫「日本におけるフランス労働史研究」『大原社会問題研究所雑誌』五一六号、二〇〇一年、二五―三六頁。さらに最近では、十九世紀前半から第二帝政下のパリ労働者の生活世界を支配層の統計資料によって再構成し、支配層による労働者家族の「規律化道徳化」の試みを「失敗」と位置づける、赤司道和『十九世紀パリ社会史―家族・労働・文化』（北海道大学図書刊行会、二〇〇四年）が出版された。

(12) 社会の再組織化、実践的知の重視、「モラル」の強調、全体性の再表象、抽象的個人主義への批判、など。

これに関連して、フランスにおける社会保障体制の導入も、労使協調の帰結という見方から、大産業ブルジョワジーのイニシアティヴによる保守主義的な改革という見方まで、様々な解釈がある。前者の例として、中木康夫『フランス政治史（上）』未来社、一九七五年、二八九―二九〇頁。エスピン＝アンデルセンは、労働運動による圧力の増大と年金制度設立との関係を指摘する（エスピン＝アンデルセン『福祉資本主義の三つの世界』前掲書、一〇〇頁）。後者の代表例として、エルウィットは、この時期の社会改革をブルジョワジーによる温情主義的な社会防衛の試みと位置づけている（Elwitt, *The Third Republic Defended, op. cit.*, p. 9ff., etc.）。アッフェルは、自由主義を唱える中小企業主と対抗関係にあった大産業企業主の手によってこの時期の社会立法がなされたことを、農民、労働者、中小ブルジョワジー、大ブルジョワジーの態度の比較から明らかにしている（Henri Hatzfeld, *Du paupérisme à la sécurité sociale, 1850-1940 : essai sur les origines de la Sécurité sociale en France*, Nancy, Presses Universitaires de Nancy, 1989, Ch. 5）。

(13) オズーフ、アギュロン、ハント、ヴォヴェル、シャルチエなどの社会史研究がそれにあたる。代表例として、Mona Ozouf, *La fête révolutionnaire*, Paris, Gallimard, 1976. リン・ハント（松浦義弘訳）『フランス革命の政治文化』平凡社、一九八九年。リン・ハント（西川長夫ほか訳）『フランス革命と家族ロマンス』平凡社、一九九九年。ミシェル・ヴォヴェル（立川孝一ほか訳）『フランス革命の心性』岩波書店、一九九二年。ロジェ・シャルチエ（松浦義弘訳）『フランス革命の文化的起源』岩波書店、一九九九年。集合的な国民意識・政治文化を研究した集大成として、Pierre Nora dir., *Les lieux de mémoire*, 7 vol., Paris, Gallimard, 1984-1992（抄訳、谷川稔監修

『記憶の場』全三巻、岩波書店、二〇〇二—二〇〇三年）.

政治思想史の分野でも、フュレの研究以降、言説分析によって「政治文化」を論ずる研究が数多く現れている。革命研究として、K. M. Baker ed., *The French Revolution and the Creation of Modern Political Culture*, v. 1, *The Political Culture of the Old Regime*, Oxford and New York, Pergamon Press, 1987. ギゾーを中心に、十九世紀前半の「自由主義的政治文化」を包括的に示し、この時期の研究史を画した業績として、Pierre Rosanvallon, *Le moment Guizot*, Paris, Gallimard, 1985. リュシアン・ジョームも、十九世紀フランス自由主義を「道徳的・政治的文化」として検討し、それを①国家権力に対抗する個人の自由を強調するネッケル、スタール、コンスタン、②社会学的観点から個人主義に反対し、集団の優位性を説くスタール夫人、ギゾー、フェリー、③モンタランベールをはじめとする自由主義カトリック、の三つの潮流から成ると論ずる（Lucian Jaume, *L'individu effacé, ou le paradoxe du libéralisme français*, Paris, Fayard, 1997）。ハザレーシンハは、一八六〇年代の「共和主義的政治文化の転換」を主題に据え、共和主義的シティズンシップの観念は、第三共和政期の教育論においてではなく、第二帝政下の分権論において現れた、と主張している（Sudhir Hazareesingh, *From Subject to Citizen : the Second Empire and the Emergence of Modern French Democracy*, Princeton, Princeton University Press, 1998）。その他、「政治文化」を主題に据えた研究として、Serge Berstein dir., *Les cultures politiques en France*, Paris, Seuil, 1999 がある。ただしバースタインにおいて、それは政治的領域の下部にある文化的・社会的まとまりを総称するにすぎず、有意な操作概念として彫琢されているとは言い難い（*ibid.*, p. 11）。

（14）阪上孝『近代的統治の誕生—人口・世論・家族』岩波書店、一九九九年。

（15）Michel Foucault, «Sécurité, territoire, population» dans *Annuaire du Collège de France, 78e année*, 1978, pp. 445-449（「治安・領土・人口」『ミシェル・フーコー思考集成Ⅶ』筑摩書房、二〇〇〇年、三六四—三六九頁）；«Naissance de la biopolitique» *Annuaire du Collège du France, 79e année*, 1979, pp. 367-372（「生体政治の誕生」『ミシェル・フーコー思考集成Ⅷ』筑摩書房、二〇〇一年、一三四—一四二頁）；«La politique de la santé au 18e siècle» dans *Les machine à guérir*, Bruxelles, Pierre Mardaga, 1979, pp. 7-18（「十八世紀における健康政策」同上、六一—一二二頁）；*Naissance de la biopolitique : Cours au Collège de France. 1978-1979*, Paris,

Gallimard/Seuil, 2004.

（16）例えば社会統計学について、イアン・ハッキング（石原、重田訳）『偶然を飼いならす—統計学と第二次科学革命—』木鐸社、一九九九年など。公衆衛生学について、Lion Murard et Patrick Zylberman, *L'hygiène dans la République : la santé publique en France, ou L'utopie contrariée, 1870-1918*, Paris, Fayard, 1996 など。監獄について、Michel Perrot réunis, *L'impossible prison : recherches sur le système pénitentiaire au* 19e *siècle*, Paris, Seuil, 1980 ; Robert Badinter, *La prison républicaine (1871-1914)*, Paris, Fayard, 1992 など。邦語での最も代表的な成果は、注（14）の阪上の研究である。その他、市野川容孝「社会的なものの概念と生命—福祉国家と優生学」『思想』九〇八号（二〇〇二年）、三四—六四頁、および「『社会科学』としての医学（上）（下）—一八四八年のR・ヴィルヒョウによせて」『思想』九二六号（二〇〇一年）、一九六—二二四頁、九二七号、一一六—一四二頁など。

思想史の分野でも、フーコーの影響を受けた以下のような研究が現れている。十八世紀後半以降の家族の再編と規律権力の拡散を関連付けた研究として、Jacques Donzelot, *La police des familles*, Paris, Éditions de Minuit, 1977（邦訳『家族に介入する社会』新曜社、一九九一年）. 十九世紀の思想における「社会的なもの」の概念を、「民主的社会の統治を可能にするための発明物」と位置づける研究として、Jacques Donzelot, *L'invention du social, op. cit.* 十九世紀末の社会保険制度に個人主義原理から断絶した規律社会の登場を読み取る研究として、François Ewald, *L'Etat providence*, Paris, Grasser, 1986. 十九世紀前半の社会経済学を自由主義と規律権力の組み合わせと捉える研究として、Giovanna Procacci, *Gouverner la misère : la question sociale en France (1789-1848)*, Paris, Seuil, 1993. プロカッチによれば、「市民社会とは、[経済的主体と政治的主体とを調停するという]この必要に対応した統治の技術である」（Procacci, *op. cit.*, p. 19）。その他、フーコー主義者による論文集として、Graham Burchell, Colin Gordon and Peter Miller ed., *The Foucault Effect : Studies in Governmentality*, Chicago, University of Chicago Press, 1991.

（17）Ewald, *op. cit.*, pp. 10-11 ; Procacci, *op. cit.*, p. 313. こうした「社会」の捉え方の一面性や、それを「自由主義」と結びつけることの問題性については、第二章において論ずる。これらの研究のうち、ロベール・カステルの研究は、十九世紀前半の自由主義、社会カトリシスムと、世紀後半の連帯主義を区別して論ずるなど、最もバランスが取れている。Robert Castel, *Les métamorphoses de la quesiton sociale : une chronique du salariat*, Paris, Gallimard, 1995, p. 392 et s.

(18) 本書で扱う資料については、以下のような制約がある。第一に、七月王政、第二共和政、第二帝政、第三共和政の各々の時期について、支配層を構成する人々の思想を代表すると思われる論者を扱ったとはいえ、個々の思想の立法過程への影響については、きわめて不十分な検討にとどまっている。これは、本書が社会政策史や法制史ではなく、思想史を対象とするところから来る限界である。第二に、各々の思想家のテクストについても、主要な印刷資料に依拠し、手紙や手稿などは扱えなかった。第三に、彼らの言説が民衆層にどのように受容されたのかも、直接の対象としていない。

(19)「社会的共和主義」とは筆者の造語である。「社会的共和国（République sociale）」という理念が、一八四〇年代に提唱され、第四、五共和制憲法に表現されるまで（「フランスは、不可分で、世俗的で、民主的で、社会的な共和国である」）、共和国をめぐる議論に重要な役割を果たしてきた点について以下を参照。Michel Borgetto, Robert Lafore, *La république sociale : contribution à l'étude de la question démocratique en France*, Paris, Presses Universitaires de France, 2000, pp. 19-65. この中でボルジェトは、「社会的共和国」の指し示す理念の先進性と、その制度化の遅れ、この理念が引き起こした激しい議論と、常に不十分な適用、という振れの大きさにこそ、「かの有名なフランス的『例外』『特殊性』の一面が刻印されている」、と指摘する（*ibid.*, p. 10）。

(20) 十九世紀の詳しい「友愛」概念史については、第一章第二節および第三章第一節を参照。十九世紀前半において、「連帯」という語は「友愛」と互換的に用いられている場合もあるが、後の「連帯主義」との対比から、「友愛」を鍵概念として使用する。

(21) 場合によって、シャルル・ジッドなどが含められることもある。しかし本書では、国家の能動的役割を許容する連帯主義と、ジッドの組合主義とを区別する（第四章を参照）。

(22) 二十世紀以降フランスで福祉国家が根付いていく過程でも、それらの対立は潜在し続けた。本書では直接検討対象としないものの、一九七〇年代以降に論じられてきた「福祉国家の危機」論も、こうした観点から歴史的に位置づけなおすことが可能である。この観点からの試論として、田中拓道「フランス福祉国家論の思想的考察―『連帯』のアクチュアリティ」『社会思想史研究』第二八号、二〇〇四年、五三―六八頁を参照されたい。

（23）例えば、Christian Topalov dir., *Laboratoire du nouveau siècle : la nébuleuse réformatrice et ses réseaux en France, 1880-1914*, Paris, EHESS, 1999 ; Janet R. Horne, *A Social Laboratory for Modern France : The Musée social and the Rise of the Welfare State*, Durham and London, Duke University Press, 2002.

（24）Janet Horne, «L'antichambre de la Chambre : le Musée social et ses réseaux réformateurs, 1894-1914», Topalov dir., *Laboratoire du nouveau siècle*, *op. cit.*, p. 121.

第一章　社会問題

「不幸な人々は、大地の力である。彼らは自分達を無視してきた政府にたいして、主人の如く語る権利を有する。」(Saint-Just, *Archives parlementaires, Convention nationale, séance du 8 ventôse an II*, 1re série, t. LXXXV, p. 519.)

第一節　導入

フランス革命期には、旧体制の「社団国家」像に代わり、身分制的拘束から解放された個人の合意に基づく新たな秩序像が提唱された。本章の課題は、その中核にある「公共性」への理解が、その後どのように問い直されることで「社会問題」への認識が導かれたのかを、貧困への認識と対応を軸として検討することである。ここでは、革命中期の共和主義者、世紀転換期のイデオローグ、七月王政期の支配層の三者を採り上げ、それぞれの思想における「公共性」への理解を、〈政治化された公共性〉、〈社会科学の公共性〉、〈社会化された公共性〉として比較考察し、その変容の過程を明らかにする。

ハーバーマスは、近代公共圏研究の嚆矢となった著作において、十九世紀における「公共性」の変容を次のように指摘している。[1] 彼によれば、統治権力の批判的吟味と正統化を担う「市民的公共圏（bürgerliche Öffentlichkeit）」は、国家と社会、公的領域と私的領域の分離を前提として成立した。家政の枠組みを越えた商品交換によって形成される私的経済圏は、十八世紀以降、クラブや新聞を通じて徐々に公権力に対抗するもう一つの「公共圏」としての意味を帯びてゆく。十八世紀末には、「市民社会（Zivilsozietät）」における民衆の自由な討議によって形成される「公論」が、公権力の正統化を担う唯一の審級と見なされるようになる。しかし十九世紀半ば以降の産業資本の進展にともない、階級的な利害対立が政治的対立へと転化していくと、国家の社会への介入が増大し、公的領域と私的領域の区分は再び掘り崩されていく。「この両者の間で―いわば両者の『中間から』―成立してくる社会圏（Sozialsphäre）は、再政治化された社会圏であって、これを『公的』とか『私的』とかいう区別の見地のみからとらえることは、もはやできなくなっている」[2]。公私領域の分離と均衡によって構想された十八世紀後半の秩序像は、十九世紀以降、「再政治化された社会圏」と、公共性とのつながりを失った「親密圏（Imtimsphäre）」へと再編されていった、という。

本章は、十九世紀における「社会的なもの」の出現による「公共性」の変容というハーバーマスの問題意識を継承しながら、「公共性」変容の画期を、十九世紀後半の産業資本の展開にではなく、七月王政期における「社会問題」認識の成立に見出す。「社会問題」は、革命期に提唱された新たな秩序像を前提とし、そこに孕まれた内在的困難が顕在化することによって、一八三〇年代に登場した。以下では、フランス思想史におけるこの変化の過程を明らかにするために、革命中期の共和主義者（第二節）、世紀転換期のイデオローグ（第三節）、七月王政期の支配層（第四節）の三者を採り上げ、「貧困」への認識、「社会」への捉え方、「公共性」理解について検討する。

（1）ユルゲン・ハーバーマス（細谷貞雄、山田正行訳）『公共性の構造転換―市民社会の一カテゴリーについての探求（第二版）』未来社、一九九四年。
（2）同上、一八八頁。

第二節　革命期――〈市民的公共性〉と〈政治化された公共性〉

一　「公論」

ルソーは一七七六年の文章の中で次のように述べている。「われわれの生きる時代を他の時代と区別する特徴は、公論（opinion publique）が二十年来もたらした方法的精神と、その帰結である」[1]。「公論」とは、十八世紀半ばに至るまで一般的に用いられる表現ではなかった。「公共の（public）」という語は、当時「私的な（privé）」の対語というより、むしろ「特殊な（particulier）」「隠れた（secret）」という形容詞の対語とされ、公開性、普遍性、単一性などの意味を主としていた[2]。それは十八世紀半ばにおいても王権の儀礼的制度や統治機構と結びついていた[3]。さらに「意見（opinion）」という語が、当時「普遍」や「理性」と対立する「憶見」「特殊な考え」という意味で用いられていたことはよく知られている[4]。

このように相対立する意味を含んだ「公的」と「意見」という語の結合は、十八世紀後半の特殊な政治状況の中でもたらされる。一七五〇年代から八〇年代にかけて、高等法院は、ジャンセニストにたいする秘蹟の拒否、穀物取引の自由化、租税改革などの問題をめぐって、王権と激しく対立する関係にあった。高等法院の権限を縮小し、君主権限の強化と財政改革を進めようとする王権側に対して、高等法院はパリ民衆の支持を背景に抵抗を強め、自らの権威の根拠として「人民の声」「公論」を頻繁に参照するようになる。やがて「公論」は、どちらの権力にも属さず、その対立を調停する「至上の法廷」（マルゼルブ）としての意味を獲得していく[5]。

ここで、十八世紀後半に成立する「公共性」への新たな理解を端的に表現するカントによる言及を一瞥しておきたい。[6] カントは『啓蒙とは何か』(一七八四年)の一節において、「理性の公的な使用」と「私的な使用」を対比して次のように述べている。「理性の私的な使用」とは、「ある地位もしくは公職に任じられている人」が「その立場においてのみ彼自身の理性を使用すること」を意味する。一方「理性の公的な使用」とは、「ある人が学者として、一般の読者全体の前で彼自身の理性を使用すること」を意味する。[7] カントによれば、「公的」とは、行政・統治機構に属することがらではなく、むしろ特定の地位に捉われた個人の判断は「私的」であるにすぎない。「公的」であることの要件とは、万人にたいする公開性、一切の服従の無い自由、という二つの点に存する。すなわちカントに従えば、「公論」とは、あらゆる権威から自律した個人が、普遍的視野に立ち、公開の場で他者と意見を戦わせることによってはじめて形成される。[8]

一七八九年の人権宣言や、一七九一年憲法、一七九三年憲法に繰り返し表明されている自然権の肯定、思想・言論の自由の保障には、統治権力を私的自治や公開性の原則によって制約すると同時に基礎づけようとする、「公共性」への新たな理解が具現化されている。[9] ここではこうした理解を、ハーバーマスにしたがって、〈市民的公共性〉と称しておきたい。本章の課題は、この理念が革命以降の思想家によってどう問い直されていったのかを辿ることにある。

ハーバーマスの「文芸的公共性」論に見られるとおり、十八世紀後半において「公論」とは、主に文人(homme de lettre)たちの意見を指していた。それは一定の教養、特に書物を読み書きできる能力と切り離すことができず、そうした能力を持たない下層民、すなわち「民衆の意見(opinion populaire)」と区別されていた。例えば、「公論」の持つ権威を強調するネッケルは、「民衆の意見」について「全くの野蛮」と称している。万人の能力の完成可能性を主張したコンドルセは、「民衆の意見」を「人民の中で最も愚かしく貧しい一部の意見」と述べている。[10] 同様の区別は、マンモンテルにおける「文人の意見」と「大衆の意見」との対比、ダランベールにおける「真に啓蒙された公衆」と「盲目で騒々しい大衆」との対比などにも見られる。[11]

こうした区別は、十八世紀後半の「人民（peuple）」概念自体にはらまれた両義性にも表れている。この時期に入ると、「人民」とは、「全体性（totalité）」「単一性（Un）」「統一性（unité）」などの語と結びつき、統治権力の正統性の源泉として広く参照されていた。[12] 例えばルソーは『百科全書』の項目「政治経済学」の中で、「人民の声は、真に神の声である」と述べている。[13] その一方で、「人民」とは、愚かで操作されやすい下層民を表す概念でもあった。例えば十八世紀の『万有事典』において、「人民」とは「愚かで、落ち着きがなく、新奇なものを好む」階層とされている。[14]

フランス革命期には、「人民」の意思を政治的秩序の正統性の基礎とする理念が語られた。しかし、その構成員である「人民」の大部分は、事実的には「貧民」「下層民」として存在していた。革命初期の秩序像は、自らの基盤とすべき統治主体が不在であり、その意思を何らかの形で表象すること、あるいは「創出」することを、当初からの課題として出発した。不可視の「人民」の意思をいかにして見出すのか。あるいは、「人民」という理念的集合をいかにして具体化し、創り出すのか。革命以降の思想を貫く問題構成である「代表＝表象（représentation）」、「啓蒙＝教育」、「政治的／社会的」次元の区別などは、こうした「人民」概念の両義性から発する問題構成として、把握することができる。

革命初期のシエイエスは、「代表」という観念を用いて、「人民」の意思を見出そうとした。[15] 彼は言う。「代表のみが統合された人民（peuple réuni）である。それ以外の方法では、参加者全員は統合されえないからである。国民の統一性は、統合された人民―それは代表としてのみ存在する―の意志に先立ってあるわけではない」。[16] シエイエスによれば、「代表」とは、個別状況に埋め込まれた個人の利害や意志を抽象し、公共空間―同質的な一体の国民という擬制―を「創造」するための仕組みである。[17] 国民を定義するのは、「共通の法の下に暮らし、同一の立法府によって代表される」という事実である。「共通の法律と共通の代表制が、単一の国民を形成する」。[18]

シエイエスの「代表」論は、事実的不平等と理念的平等とを、「抽象化」という作用によって媒介しようとする論理である。こうした論理は、例えば十一人委員会での次のような議論─「まさに自然的不平等が存在するからこそ、権利の平等という虚構を社会制度の基礎としなければならない[19]」─にも現れている。こうした擬制の下で政治社会を構成するのは、個別利害を有した個人ではなく、具体的状況から析出された公的人格としての「市民（citoyen）」である。

ただし「代表」は、論理の上では統合された人民を現前させるが、実際に機能する場面では、政治的決定を担う一定の階層を前提とする。シエイエスによれば、政治社会は「能動的市民（citoyen actif）」と「受動的市民（citoyen passif）」との機能的分業を必要とする。「市民」のなかには、財産と教養を持ち、政治的関心を担える層と、労働に従事して生活の糧を得なければならない層との二種類の人間が存在する。政治に参加する能力を有するのは前者、すなわち「能動的市民」のみである[20]。シエイエスの「代表」論は、論理の上では国民の一体性を保障しようとするものであるが、実際には、制限選挙を通じた中間階層による権力行使と結びついていた。

一方コンドルセは、民衆の直接的な政治参加には否定的であったものの、教育を通じた民衆の陶冶に期待した。例えば彼は、穀物取引の自由化をめぐる議論の中で、「民衆の臆見」を短期的な利害に立脚した危険な感情であると論じる。その一方で、「人民が抽象的真理を理解することができるようになれば、彼らは同時に、身分の起源や財産の源泉や彼らの利益に反するあらゆる制度についても、考察能力をもつようになるのではないだろうか」とも述べている[21]。彼によれば、「公論」を形成するのは、現存する「人民」ではなく、真理を認識した「啓蒙された」個人である。真理の認識能力は、生来万人に備わっている（人間の「完成可能性（perfectibilité）」）。コンドルセによる自然権の主張は、自然科学、特に数学をモデルとした教育（instruction）論と不可分である[22]。

一七九二年の公教育委員会で、彼は次のような教育論を展開している。

「自然科学は、偏見や偏狭な考えの治療法─より確実ではないにせよ、少なくとも哲学そのものよりも普遍的な治療法である。…自然科学の知識を社会のすべての階級に広め、彼らがそれを容易に手に入れることができるようにすること。」

「知識人の普遍的な意見にもとづいて、真理に合致し、良い方法で行われる基礎教育を確立することは可能である。そして道徳を宗教的意見から切り離し、政治全般の原理についての教育を国家公法の説明から切り離してしまえば、この教育は、物理学や化学にかんして人を欺くことがありえないのと同じように、道徳や政治にかんする世論を堕落させることはありえない。／しかし数学を除けば、これと同じ確実性はいかなる科学の体系にとっても存在しない[23]。」

彼の教育論の特徴は、数学をモデルとするような明証な真理が存在する、という信頼を背景としている点である[24]。人間社会において、それは蓋然的な真理としてしか認識されない。とはいえ、こうした真理に基づく知的教育によって、個人を理性的存在へと陶冶し、合理的な政治的・道徳的秩序の建設をもたらすことが可能となるはずである。そこで統治行為とは、個人の「啓蒙された」自己利益を結合し、「公益」を導き出すための技術―「社会的技術（art social）」―として理解される。

「個人を左右する利益とは、その性質上、全体の利益や人びとの利益に無関係であるか、相反するか、一致するかのいずれかである。…社会的技術は、これらの都合の良い組み合わせによって、個人的利益が他の人々の利益と対立するような場合を少なくし、それが個々別々になる代わりに、一致するようにさえしなければならない。教育によって、一般利益を選択しようとする趣味や性向や自然感情を強め、もっぱら自己の幸福のみを配慮しようとする趣味や性向や自然感情を弱めなければならない[25]。」

コンドルセは、こうした考えにしたがって、数学をモデルとした「社会の科学（sciences sociales）」を構想する。

しかし、革命が進行し、ジロンド派とモンターニュ派の争いが激しくなると、コンドルセの主導した初期の教別する。

育論は、共和主義者たちによる批判の対象となっていった。一七九二年の公教育委員会において、サン＝テティエンヌはコンドルセ案を批判し、「公教育（instruction publique）」と「国民教育（éducation nationale）」とを区別する。

「国民教育は心を鍛えなければならない。公教育は知識を与え、国民教育は美徳を与えなければならない。…国民教育は、全市民に同じ乳を与え、彼らを兄弟として育て扱い、共通の心遣いによって、このように育てられた人民を他のすべての人民から分かつ、たがいに似通った家族的雰囲気を彼らに与える。[26]」

ここでサン＝テティエンヌが重視しているのは、知的教育と区別された情緒的な「家族的」絆―友愛の精神―の涵養である。ロベスピエールもまた、ルペルティエの公教育案を読み上げながら、次のように述べている。「コンドルセ案は、知的な公教育（instruction publique）にかんしては大いに満足すべきものと思われたが、徳育（éducation）についてはまったく論じていなかった[27]」。

ルペルティエ、ロベスピエールやブギエらの強調する教育は、コンドルセの想定したような自然科学をモデルとする教育ではなく、フランス共和国を支える「国民」を生み出すための教育であった。言い換えれば、そこでの目標は、普遍的真理の認識ではなく、「愛国」の精神の育成である。ブギエは一七九四年の演説で、学校を通じた知的教育よりも、共和主義結社、祝祭などを通じた情緒的な徳育を重視して、次のように述べている。「共和主義的な美徳と習俗と法の真の学校は、民衆協会のなかに、地区の集会のなかに、旬日祭のなかに、国と地域の祭典のなかに、市民的な饗宴と劇場のなかにある[28]」。

共和主義者の教育論は、真理に基づく個人の陶冶ではなく、「祖国愛」を個人の内に涵養することを重視する。そこから導かれるのは、「人間の再生（régénération）」という観念である。例えばロベスピエールは、一七九三年にルペルティエの教育論を読み上げながら、次のように述べている。「人類が古い社会制度の弊害によってどれほど堕落させられたかを考えて、私は人間の完全な再生の必要を、こう言うことができれば、新しい人民の創出の必要を確信していた」[29]。確かに、「人間の再生」というキリスト教的観念は、革命初期から語られていた[30]。しかしロベスピエールの用法は、人間の普遍的能力の内発的発展によって「再生」をもたらそうとする初期のものと異なり、個人に先立つ「共和国」「祖国」を前提とし、それらの働きかけを介して個人の内に「公共精神」を涵養しようとするものである[31]。そこでは、十八世紀後半から革命初期に語られた私的自由と公的秩序との分離と均衡は、「私的なもの」にたいする「公共性」の全面的な優位へと取って代わられている。一七九四年の最高存在の祭典で、ロベスピエールは「徳」を中心においた「統治」の理念を次のように語っている。「背徳が専制の基礎であり、徳が共和国の本質である。」「統治の術とは、これまで人間を欺き腐敗させる術であった。それは人間を啓蒙し、より善良にする術でなければならない[32]」。このようにして、ロベスピエールやジャコバン派の言説において、「公共性」の観念は再び統治権力と結合する。統治権力こそが、人間を「再生」し、「徳」を有する「人民」すなわち「市民」を創造するのである。本書では、このように理解された「公共性」の観念を〈政治化された公共性〉と称することにする。

（1）ルソー（小西幸嘉訳）「ルソー、ジャン＝ジャックを裁く」『ルソー全集第三巻』白水社、一九八〇年、三二五頁。

（2）《Public》, dans *Dictionnaire de Trévoux*, 1752. ただしオズーフは、一八三五年にはじめてpublic/privéの対立が現れると述べているが（Mona Ozouf, 《*Le concept d'opinion publique au 18*^{e} *siècle*》, dans *L'homme régénéré : essai sur la Révolution française*, Paris, Gallimard, 1989, p. 22）、上記の項目にも見られるとおり、十八世紀にも「私的」と「公的」とを対立させる用法は存在した。

（3）例えば、*Encyclopédie, ou Dictionnaire raisoné des sciences des arts et des métiers, par une société de gens de lettres*, 1777-1779（以下*Encyclopédie*と略記）の「公益（intérêt public）」「国務大臣（ministère public）」「公法（droit public）」などの項目を参照。

（4）«Opinion», dans *Encyclopédie.* ハーバーマス、前掲書、一二八頁以下、など。

（5）Keith Michael Baker, *Inventing the French Revolution : Essay on French Political Culture in the Eighteenth Century*, Cambridge, Cambridge University Press, 1990, p. 187f. ロジェ・シャルチエ（松浦義弘訳）『フランス革命の文化的起源』岩波書店、一九九九年、四五頁以下。

（6）歴史的に見れば、カントの議論が、フランス革命期の議論と厳密に対応するわけではない。ただしそれは、ハーバーマスによって「市民的公共性」の「理論的な完成形態」として採り上げられている（ハーバーマス、前掲書、一四三頁）。シャルチエもフランス革命期の「公論」概念を理解するために、カントの議論を参照している（シャルチエ、前掲書、三五頁以下）。

（7）カント（篠田英雄訳）『啓蒙とは何か他』岩波文庫、一九五〇年、一〇―一一頁。

（8）こうした自由・平等な理性的諸個人の討議によって共同の立法が策定され、各人がそれに自発的に服従するような秩序を、彼は「共和国」と呼んだ（カント（宇都宮芳明訳）『永遠平和のために』岩波文庫、一九八五年、二八―二九頁）。

（9）例えば、以下の条文を参照。一七八九年「人間と市民の諸権利の宣言」第一条「人間は、自由で権利において平等なものとして生まれ、かつ生存する。社会的区別は、公共の有用性（utilité commune）に基づいてのみ設けることができる」。一七九三年憲法第一条「社会の目的は公共の福利（bonheur commun）にある。政府は、自然的かつ無期限の諸権利の享受を、人々に保障するために設立された」。

（10）Condorcet, «Réflexions sur le commerce des blés», 1776, *Œuvres de Condorcet*, t. 11, p. 140.

（11）シャルチエ、前掲書、四二頁以下。以上の点については、ベイカー、オズーフ、シャルチエ、阪上などによって、すでに多くの議論が蓄積されている。さらに近年では、上流階級のサロンにおける「会話」と、民衆協会・クラブにおける読書を介した「議論」とを対照させることで、革命期の「公論（世論）」とそれを支える「市民」の観念に孕まれた困難を指摘する興味深い研究も現れている。富永茂樹『理性の使用―ひとはいかにして市民となるのか』みすず書房、二〇〇五年。

（12）Pierre Rosanvallon, *Peuple introuvable : histoire de la représentation démocratique en France*, Paris,

Gallimard, 1998, pp. 28-29.

（13） Jean-Jacques Rousseau, «De l'économie politique», dans *Œuvres complètes de J. J. Rousseau*, t. 2, Paris, Hachette et Cie, 1863, p. 554（阪上孝訳「政治経済論」『ルソー全集第五巻』白水社、一九七九年、六八頁）.

（14） シャルチエ、前掲書、四三頁。

（15） 革命期において、「代表」の観念が旧体制下と異なる意味を獲得していった点について、以下を参照。Keith Michael Baker, "Representation", in Keith Michale Baker ed., *The French Revolution and the Creation of Modern Political Culture*, vol. 1, *The Political Culture of the Old Regime*, Oxford, Pergamon Press, 1987, pp. 469-492 ; Rosanvallon, *Le peuple introuvable*, *op. cit.* pp. 29-52.

（16） Sieyès, *Archives nationales* : 284 A. P. 5, dossier 1 (2), cité par Rosanvallon, *Le peuple introuvable*, *op. cit.*, p. 38.

（17） Paul Bastid, *Sieyès et sa pensée*, Paris, Hachette, 1939, pp. 370-375.

（18） シエイエス（大岩誠訳）『第三階級とは何か他』岩波文庫、一九五〇年、三二頁。

（19） *De l'équilibre des trois pouvoirs politiques*, 1795、マルセル・ゴーシェ（富永ほか訳）『代表制の政治哲学』みすず書房、二〇〇〇年、一三二頁、より引用。

（20） 「一国のすべての住人は、受動的市民の権利を享受しなければならない。すべての人間は、身体、所有、自由、その他の保障を権利として有する。しかし、万人が公権力の形成に能動的に参加する権利を有するわけではない。万人が、能動的市民であるわけではない。少なくとも、現状では女性、子供、外国人、公的機関の維持に貢献しない者は、公的なことがらに能動的に影響を及ぼしてはならない」（Sieyès, *Préliminaire de la Constitution : reconnaissance et exposition raisonnée des droits de l'homme et du citoyen*, Paris, 1789, p. 7）。

（21） Condorcet, «Réflextions sur le commerce des blés», *op. cit.* この点について、阪上孝『近代的統治の誕生』、一七七―一八〇頁も参照。

（22） コンドルセ他（阪上孝編訳）『フランス革命期の公教育論』岩波文庫、二〇〇二年、三三―三四頁。

（23） 同上、六六頁。

（24）Ozouf, «Le concept d'opinion publique...», *op. cit.*, p. 45.
（25）コンドルセ『人間精神進歩史 第二部』岩波文庫、一九五一年、二四一頁。
（26）コンドルセ他『フランス革命期の公教育論』前掲書、一五八頁。
（27）同上、一七二頁。
（28）同上、二三一―二頁。こうした教育論が、ルソーの「祖国」論を背景としていることは容易に推測できる。ルソーは『政治経済論』の草稿の中で、「国民教育（éducation nationale）」を「人民的あるいは合法的政府の基本原理」であるとし、次のように述べている。「それ［国民教育］によって、ひとは早くからそのすべての熱情を祖国愛（amour de la patrie）に集中し、そのすべての意志を一般意思に集中する若い市民を養成するであろう」（ルソー（河野健二訳）『政治経済論』岩波文庫、一九五一年、三九頁）。
（29）コンドルセ他『フランス革命期の公教育論』前掲書、一七一頁。
（30）モナ・オズーフ「再生」『フランス革命事典一』みすず書房、一九九五年、一六九頁以下。
（31）「公共精神」について、サン＝ジュストは次のように述べている。「公共精神と意見（opinion）には次のような違いがある。すなわち公共精神は、国法と秩序との関わりによって形成され、意見は、公共精神から形成される」（Saint-Just, *L'esprit de la révolution : suivi de Fragments sur les institutions républicaines*, Paris, 10/18, 2003, p. 60）。サン＝ジュストによれば、「意見」に先立って「公共精神」が存在し、「公共精神」に先立って国家の法と秩序が存在していなければならない。モナ・オズーフは、サン＝ジュストらの共和主義者の「公共精神」論を念頭に置いて、革命期の「公論」概念の変遷を次のように要約している。「フランス革命は、『公共精神（esprit public）』の観念が公論（opinion publique）の観念にたいしておさめた勝利と理解することができる」（モナ・オズーフ「公共精神」『フランス革命事典一』九四七頁）。この論点に関して、安藤隆穂編著『フランス革命と公共性』名古屋大学出版会、二〇〇三年も参照。
（32）ロベスピエール「最高存在の崇拝について」河野健二編『資料フランス革命』岩波書店、一九八九年、五〇二頁。

二 「友愛」

「友愛」という語は、現在では共和国の理念を表すトリアーデ「自由・平等・友愛（liberté, égalité, fraternité）」の一つとしてよく知られている。しかし実際には、革命期にこの組み合わせが定着したわけではない。むしろ当時は「国民・法・国王」「自由・安全・財産」「自由・平等・正義」など、様々な標語の組み合わせが見られた。「自由・平等・友愛」の登場は、一七九〇年十二月にロベスピエールが国民議会で用いた例が最初であったにすぎない。[1] この標語が定型化するのは王政廃止後であり、[2] それが共和国の標語として定着するのは、第二共和制憲法前文での言及を経て、[3] ようやく一八八〇年代に入ってからのことである。

ただし、「友愛」の概念自体は革命初期から頻繁に参照されていたことが、近年の研究によって明らかとなっている。[4] ここではこの語の前史に若干触れた後、革命期の意味上の変遷について検討し、十九世紀以降そこに孕まれていく意味内容と、その問題性とを指摘しておきたい。

「友愛」の起源は、ユダヤ・キリスト教に遡る。ラテン語の《fraternitas》からきた《fraternité》は、十二世紀ごろから、兄弟間の関係のみならず、神の下での「人類という家族の一員同士の絆」を指すものとして用いられていた。こうした起源から明らかなように、「友愛」はその当初から、神を媒介することで、民族などの特定集団を超えた普遍的関係を含意するものであった。中世には、キリスト教信者で同一の職業を持つ者が、互いに拠出金を負担しあい、「兄弟団（fraternitas）」と呼ばれる相互扶助組織を結成していた。「友愛」と相互扶助とのつながり、その宗教的含意は、近代以降も常に存続する。その一方で、十七世紀以降のおよそ二つの契機を経て、この語は新たな意味を獲得していく。

第一は、十七世紀の自然法学者や十八世紀の啓蒙主義者による概念の世俗化である。神の下での兄弟同士の絆とされていた「友愛」は、人間の「本性（nature）」「理性」「人間性（Humanité）」などの観念と結合し、世俗的絆を指すようになる。十八世紀に入ると、主としてフリーメイソンの手によって、キリスト教と区別される「友愛」概念の使用がなされた。例えばその一人ラムザイ（Ramsay）は、「我々は本性の同一性によってみな兄弟である」と述べている(5)。

第二は、十八世紀後半からの「友愛」概念の政治化である。神から切り離された人間同士の絆としての「友愛」は、自然法に基づく関係という意味から離脱し、人びとの意志に基づいて形成された社会的集合、特に「ナシオン」や「祖国（Patrie）」という政治的集合体とともに語られるようになる(6)。十八世紀のフリーメイソンにおいても、「友愛」という絆はしばしば「祖国」と不可分のものとされていた。特にここでは、「友愛」概念の政治化に決定的な役割を果たしたルソーによる啓蒙主義的コスモポリティスム批判と、「祖国愛」の称揚について言及しておきたい。

ルソーは、自然状態や社会状態において、普遍的「人間性（Humanité）」という観念が規範的な拘束力を持つという考えを否定している。「人類という語は、それを構成する個人間のどんな現実の結合をも前提としないような、純粋に集合的な観念しかよび起こさない(7)」。「人間性の感情は、地球全体に広がるときには薄められ、弱くなる…。人間性の感情に活力を与えるためには、何らかの仕方で利害や同情を限定し抑制しなければならない(8)」。彼によれば、「社会の進歩」とともに、人々が「利己心（amour propre）」という個人的情念を増大させることによって、「人類愛」は「窒息」していく(9)。この打ち消し難い情念を抽象的観念によって抑制する代わりに、それを十全に実現するような社会関係の再構築が必要である。ルソーは「利己心」と「人類愛」を媒介するために、「祖国愛（amour de la patrie）」の喚起を主張する。「最も優れた徳は、祖国愛によって生み出された。この快く、いきいきとした感情は、利己心の力を徳のあらゆる美しさに結びつけ、徳をゆがめずに、あらゆる情熱のうちで最も英雄的なものたらしめる熱情を与える(10)」。彼は「人間愛」と「祖国愛」との対比を、ソクラテスとカトーの比喩によって語っている。ソクラテスは「真理のために死んだ」が、カトーは「世界の征服者たちにたいして国家と自由と法を擁護し、もはや奉仕すべき祖国がなくなったとき、ついに地上を去った」。ソクラテスは「自分自身の幸福」を求めたが、カトーは「全員の幸福のなかに自分の幸福」を求めた。ルソーにとって望ましいのは後者、すなわち普遍的真理の探求ではなく、「祖国」における「全員の幸福」の追求である。言い換えれば、「特殊意思」と「一般意思」とを結合させるのは、理性の力だけではなく、「祖国愛」という情念の力である。彼自身の言葉によれば、「祖国愛」によって、「特殊意思がすべての点で一般意思に合致する」(11)。「人間性」の観念は、その結果として生まれるものにすぎない。「われわれは、市民（Citoyen）であったのちにはじめて、まさに人間となり始める」(12)。

ただしルソーは、国家にたいする個人の奉仕を無条件に求めたわけではない。「祖国は自由なしに、自由は徳なしに、徳は市民なしには存続しえない」(13)と言われるように、「祖国」とは、自由な市民によって担われる「共和国」を指していた。ルソーの「祖国」論は、この点において、専制・君主制批判や人民主権の要求と結びついている(14)。ただし、この「共和国」を成り立たしめるのは、普遍的に備わる「人間性」ではなく、「国民教育」を通じて涵養された「祖国愛」である。そこには、私的自由と公的権威との対抗や均衡ではなく、「公的なもの」の「私的なもの」にたいする全面的な優位を見て取ることができる。

以上のように、フランス革命にいたるまでの「友愛」概念には、キリスト教的、啓蒙主義的、ルソー的という少なくとも三つの潮流が混在していた。革命期には、身分制的秩序の解体とともに、これらの多義的な用法が絡み合いながら、「友愛」概念が噴出していくことになる。

革命が開始されると、そのごく初期から、「友愛」は平等な市民から構成される同質的な「ナシオン」と結びついたものとして語られた。一七八九年シャン・ド・マルスで行われた連盟祭で、ラファイエットが行った演説が、その典型例を示している。ラファイエットは様々な身分からなる聴衆に向かって、「すべてのフランス人が、友愛という切り離しえない絆で結合しつづける」べきことを訴える。一七九一年憲法では、「友愛」がナシオン設立の記憶や祝祭と結び付けられ、次のように記されている。「フランス革命の記憶を維持し、市民のあいだに友愛を保ち、市民を憲法・祖国・法と結びつけるために、国の祝日（fête nationale）が定められる」[15]。

ただし、この時期の「友愛」とナシオンとの結びつきは、排外的な含意を伴うものではなかった。むしろ初期の含意は「開放的で高揚した」「拡張的」なものであった、と指摘されている[16]。例えば、対外戦争での占領地拡大が続くさなかに宣言された一七九二年十一月十九日の法令では、「国民公会は、自由を取り戻そうとするすべての国民に、友愛と援助の手を差し伸べることを、フランス国民の名において宣言する」と言われている[17]。続く一七九二年十二月十五日の法令では、「占領地の諸君は、ただ今より兄弟（frère）にして友人であり、万人が市民であり、万人が法の前に平等であり、万人が祖国を統治し祖国に奉仕し祖国を防衛するよう定められている」とされている[18]。奴隷制の廃止要求、外国人への国籍の授与などの場面でも、「友愛」は、万人の平等や人民の主権という革命の理念と結びつき、普遍主義的な「人間」同士の絆を指すものとして用いられる傾向が強かった[19]。

「友愛」の意味が変化するのは、対外戦争が激化し、国内ではモンターニュ派とジロンド派の争いが激しくなる一七九三年頃からである。「今日のフランス人は全て、祖国の裏切り者であることがはっきりと示されるまでは、諸君の兄弟である」というバレールの言葉には、この時期の「祖国」と「友愛」との結びつきが端的に示されている[20]。サン＝ジュストは、「祖国」と「敵」（貴族、外国人、裏切り者）との峻別に基づく排他的な関係として「友愛」を用いた。さらにこの時期ジャコバン派が好んで用いていた標語は、「友愛か死か（la fraternité ou la mort）」、すなわち「友愛」によって結ばれた同志か、それとも死すべき敵か、という二分法であった[21]。

革命初期には「自由」や「平等」に比べて使用が稀であった「友愛」は、一七九三年以降、共和主義者の言説の中で特権的な位置を占めるようになる。ロベスピエールは一七九四年の国民公会の演説で、次のように述べている。

「友愛とは心の結合であり、諸原理の結合である。愛国者は愛国者同士としか結びつくことができない。…賢明な法のもとで、自由と安寧が確保され、敵が彼を害する力を失うときには、友愛の時代が到来する。しかし、自由の敵が存在し、貴族が互いに結びつくかぎり、愛国者は愛国者同士と友愛の絆を結ぶ。…友愛は、徳の友にとってしか存在しえない[22]」。

「友愛」とは、ロベスピエールにとって、人間同士のあいだではなく、「徳」を有する愛国者同士のあいだにしか存在しえない。さらに「徳」「祖国愛」は、「共和国」という政治体制と不可分である。同じ年の演説「政治道徳の諸原理について」の中で、彼は次のように述べている。「徳」とは、「祖国とその法とにたいする愛以外のなにものでもない」。この「祖国愛」は、万人が平等な主権者である民主的・共和的政府においてのみ存在する。なぜなら、民主的国家のみが「全個人の祖国」であり、「あらゆる特殊利害よりも公的利害の優先」を可能にする体制だからである。ロベスピエールにとって、「友愛」とは、平等な共和政に反する貴族や君主、祖国を構成しない外国人の排除を前提として成り立つものであった。

革命初期には、キリスト教的、啓蒙主義的な用法から引き継がれた、特定集団を超えた普遍的関係を意味する概念として「友愛」が用いられた。それは革命中期以降、ルソーの影響を色濃く残した「祖国愛」論へと変容し、やがてジャコバン派の言説において、内なる敵の排除をもたらす概念へと帰結していった。テルミドール反動以後、「友愛」はテロルの記憶と結びつくことによって、一八三〇年代の共和主義者の手による復権まで、長く忌避されていくことになる[23]。

（1） Michel Borgetto, *La devise «Liberté, Égalité, Fraternité»*, Paris, Presses Universitaires de France, 1997, p. 32.

（2） Mona Ozouf, «Liberté, Egalité, Fraternité», dans Pierre Nora dir., *Les lieux de mémoire*, v. 3, *Les France*,

t. 3, *de l'archive à l'emblème*, Paris, Gallimard, 1992, p. 587.

(3)「フランス共和国は、自由・平等・友愛を原則とする。フランス共和国は、家族・労働・所有・公的秩序を基礎とする」(Constitution de la République française du 4 novembre 1848, Préambule, IV)。

(4) 例えば Mona Ozouf, «La Révolution française et l'idée de fraternité», dans *L'homme régénéré : essai sur la Révolution française*, *op. cit.*, pp. 158-182 ; Marcel David, *Fraternité et Révolution française*, Paris, Aubier, 1987.

(5) Michel Borgetto, *La notion de fraternité en droit public français*, Paris, Librairie générale de droit et de jurisprudence, 1993, p. 21.

(6) *Ibid.*, p. 25.

(7) Rousseau, «Du contrat social : première version, manuscrit de genève», *Œuvres complètes de Jean-Jacques Rousseau*, t. 3, Paris, Gallimard, 1964, p. 284(作田啓一訳「社会契約論(ジュネーブ草稿)」『ルソー全集第五巻』、二七四頁).

(8) Rousseau, «De l'économie politique», *Œuvres complètes de J. J. Rousseau*, t. 2, *op. cit.*, p. 560(邦訳、七八頁).

(9) Rousseau, «Du contrat social : première version, manuscrit de genève», *Œuvres complètes de Jean-Jacques Rousseau*, *op. cit.*, p. 284(邦訳、二七四頁). 周知のようにルソーは、自然状態において独立して生存する個人の自己保存欲を「自愛(amour de soi-même)」と称し、社会関係の中で他者との比較において生ずる「利己心(amour propre)」と区別した。後者は「自尊心」と訳されることもあるが(例えば『ルソー全集第五巻』前掲書、二七四頁)、その否定的な含意を明確にするために、ここでは「利己心」という訳をあてた(例えば、本田喜代治、平岡昇による訳では「虚栄心」とされるなど(『人間不平等起源論』岩波文庫、一九三三年、八八頁)、その訳語は一定していない)。

(10) Rousseau, «De l'économie politique», *op. cit.*, p. 560(邦訳、七八頁).

(11) *Ibid.*

（12）Roussseau, «Du contrat social : première version, manuscrit de Genève», *op. cit.*, p. 287（邦訳、二七八頁）.
（13）Rousseau, «De l'économie politique», *op. cit.*, p. 562（邦訳、八三頁）.
（14）Borgetto, *La notion de fraternité*, *op. cit.*, p. 32.
（15）Constitution du 3 septembre 1791, article 1.
（16）M. Ozouf, «La Révolution française et l'idée de fraternité», *op. cit.*, p. 169.
（17）『フランス革命資料集』前掲書、三二三頁。
（18）同上、三二六頁。
（19）Borgetto, *La notion de fraternité*, *op. cit.*, pp. 55-63.
（20）モナ・オズーフ「友愛」『フランス革命事典二』みすず書房、一九九五年、一一七七頁。
（21）David, *Fraternité et Révolution française*, *op. cit.*, pp. 166-187. この標語のその他の意味についても、同書を参照のこと。
（22）Buchez et Roux, *Histoire parlementaire de la Révolution française*, t. 33, Paris, 1837, p. 329.
（23）Borgetto, *La notion de fraternité*, *op. cit.*, p. 210.

三　「貧困」への視座

ハンナ・アレントは、『革命について（*On Revolution*）』の中で、アメリカ革命とフランス革命を対比して、次のように述べている。フランス革命の原動力となり、その急進化をもたらしたのは大衆の「貧困」であった。革命の過程で、ルソーの言う「憐れみ」―他者の肉体的苦痛への共感―が革命家たちを突き動かし、「社会問題」を公的議論の中心へと据えることになった、と。[1] アレントは、「貧困」―より一般的には「社会的なもの（the social）」―を、「必然性」「宿命的な自動性（automatism）」「生物学的イメージ」「有機体」などの語彙で表現している。[2] 彼女の議論によれば、公的な事柄に関する市民同士の自由な討議によって特徴づけられる「政治的」領域は、フランス革命以降、私的な身体に制約された「貧困」に象徴される「社会的なもの」によって覆い尽くされ、本来の意味を喪失していった、とされる。

しかし、「貧困」が政治問題として登場したのは、実際には近代初期のことであった。さらに第四節で論ずるとおり、「社会問題（question sociale, problème social）」という語がフランスに導入されるのは、一八三〇年代初頭である。両者のあいだに位置する革命期の「貧困」認識の意味を理解するためには、それをいったん「貧困」認識史の中に位置づけてみなければならない。

貧困は、歴史とともに見られる。古代から中世を通じて、それは自然的不平等の帰結であり、神の意思の現れとされていた。原始キリスト教では、「貧しいものは幸いである。神の国はあなた方のものである」と説かれている。[3] カトリシズムによれば、貧者は世俗的秩序の周縁部に位置し、人間世界と神とを媒介する聖性を帯びた存在であった。[4] 彼らは人々に慈善という崇高な感情を抱かせ、信仰心を高揚させるために必要な存在であった。貧困への対策は、一方では教会や個人の信仰に基づく慈善、他方では、乞食・浮浪者にたいする世俗権力による監禁・抑圧に委ねられていた。

こうした認識に変化がもたらされるのは、およそ二つの契機によってである。一つは、近代以降の脱宗教化の過程とともに、貧民が宗教的意味づけを失い、物乞い・浮浪者・犯罪者などと一括されていくことである。およそ十六世紀以降、貧民は世俗権力による監視と抑圧の対象へと転化し、「貧困への政治（politique sur la pauvreté）」と称される一連の対策が実施される。十七世紀には、宗教戦争、フロンドの乱、経済の停滞などによって、農村地帯を中心に大量の貧民が生じ、フーコーによって「大いなる閉じ込め（le grand renfermement）」と称された組織的な収監が行われた。[5]

この時期の「貧困」は、しばしば道徳的な語彙で語られた。それは公的秩序を撹乱する要因であり、個人的な無知・怠惰の帰結とされる。[6] それへの対応は、「労働」を指標とした貧民の種別化（健常貧民と労働不能貧民の区別）と、公権力による乞食の禁圧という二つの施策によって行われた。ロベール・カステルによれば、すでに一三四九年のエドワード三世の勅令には、万人の労働義務、労働能力のない貧民への扶助、乞食・浮浪の禁止と違反者への厳しい処罰が定められていた。[7] 特に、ルターやカルヴァンの唱えたプロテスタンティズムは、「労働」を万人の神聖な義務とみなし、労働能力のある貧民の就業義務と乞食の禁止を主張した。[8]「労働」とは、単なる生産活動にとどまらず、個人に勤勉の精神を植え付け、社会秩序への適応をもたらすための道徳的教化の手段とみなされた。

もう一つの契機は、十八世紀から革命期にかけての啓蒙主義者を中心とした「貧困」認識の登場である。第一に、啓蒙主義者たちは、万人の「完成可能性（perfectibilité）」や「人間性（Humanité）」への信頼を共有することで、「貧困」を人間の尊厳や「進歩」に反する状態ととらえた。[9] 例えば、『百科全書』の「人間性（humanité）」の項目では次のように述べられている。

「この語は、あらゆる人間にたいする慈愛（bienveillance）の感情であり、偉大で感受性豊かな人のみが燃え立たせる感情である。この高貴で崇高な情熱は、他者の苦痛と、苦痛を和らげるために必要なことがらに向けられる。それは隷従、迷信、悪徳、不幸を廃絶するために、世界中に行き渡ろうとする」。[10]

人間の平等な尊厳にコミットする啓蒙主義者は、貧民への同情と扶助、すなわち「博愛（philanthropie）」の実践を、公権力の義務とする。実際十八世紀は、実践の範囲は限定されていたものの、「啓蒙の時代」であると同時に「博愛の時代」でもあった。[11]

第二に、十八世紀における農村の疲弊と都市への人口流入の増大は、「貧困」を可視的な形で人々の目に示すことになった。この時期以降、貧民は「人民」と同一視されるか、その大部分を構成すると見なされるようになる。例えばボシュエは、「か弱く、貧しい者たち、すなわち大部分の人間たち」と述べ、オルバックは「人民」

を「貧民の集まり(ensemble des pauvres)」と称している。[12]

第三に、「貧困」は「幸福」に反する状態と認識される。禁欲や清貧への宗教的意味づけが失われるにしたがって、「幸福」とは、身体的安楽の状態として定義されていく。[13]サン゠ジュストが、「幸福」こそ「ヨーロッパの新しい理念」であると言うように、[14]統治権力の目的は、社会の成員全体の「幸福」を促進すること、すなわち成員の生命を保証し、その身体的安楽を拡張することとして定義されるようになる。[15]例えばネッケルは、「繁栄した国家(État de prospérité)」を、「成員の最大限の幸福」を指標として定義する。[16]『百科事典』の「政治経済学(Économie politique)」の項目において、ブーランジェは、「これ[政治経済学]は社会内の人間を維持し、かれらを幸福にする技術と科学である。この目的は、人類にとって最も有益で最も興味深く、至高のものである」と述べている。[17]

革命期の「貧困」認識は、以上のような変化の延長上にもたらされた。その特徴として、次の三点を挙げることができる。

第一は、貧困が「自然」の「権利」に反する状態と見なされることである。「人間と市民の権利」宣言のための議会討論では、「安楽の追求」を「自然」に基づく権利と規定し、社会の目的を「幸福」の促進に求める考え方が、様々に表明されている。ムーニエは言う。「あらゆる人間には幸福の追求に向かう抑えがたい性向がある。……いかなる政府も、全体の幸福をその目的としなければならない」。[18]シエイエスは、「安楽は人間の目的である。……社会結合の目的は、それに参加する者の幸福である」と述べている。[19]一七九〇年に「物乞い根絶委員会(Comité pour l'extinction de la mendicité)」が設置されると、ラ・ロシュフーコー゠リアンクールはその冒頭で、有名な「生存の権利」を宣言する。「すべての人間は、生計にたいする権利を持つ」。[20]「貧困は、人間の諸権利にたいする侵害である」。[21]そして一七九一年憲法第一編の基本条項(Dispositions fondamentales)では、「公的扶助」の義務が、歴史上初めて以下のように定められた。「捨て子を養育し、貧しい障害者を助け、仕事を得ることができない健常な貧民に仕事を与えるために、公的扶助にかんする一般的施設が創設され、組織される」。

第二は、この「生存の権利」が、「一般的有用性」と不可分とされることである。[22] この権利を主張する者は、同時に社会にとって「有用」な存在となること、すなわち「労働する義務」を負わなければならない。すでにテュルゴーは、「有用性」の最大化という観点から場当たり的な扶助や慈善を批判し、貧民への扶助を公権力によって効率的に組織することを主張していた。[23]

「扶助は、場当たり的に、予見のないまま行われないことがきわめて重要である。」

「扶助を行う人々が、必要の範囲を知り、扶助の量と質について合意し、各人がそこで貢献すべき比率について確定した上で、その必要を保障するために、さらには、扶助の配分に見出されるべき秩序を詳細に規定し、そこで特に注意が払われるべき点を決めるために、互いに協議しておくことがないならば、慈善の配分において、秩序―それこそ有用性の拡大を可能にする唯一のものである―を確立することは、不可能である。[24]」

革命期において「労働」とは、扶助の手段にとどまらず、「市民」の義務と資格を定義する指標であった。シエイエスは、「労働」を基準として「有用」な第三身分と「無用」な貴族階級とを対照し、前者のみが「ナシオン」を構成すると主張する。[25] 後にイデオローグのカバニスは、「労働」こそが「人間の尊厳」と「独立心」とを育むと論じ、労働能力のある貧民に就労を強制するよう主張した。[26] ラ・ロシュフーコー＝リアンクールは、「救貧委員会第一報告」において、次のように言う。「生存する人々が、社会にたいして『生存を保障せよ（faites-moi vivre）』と言う権利を有するのならば、社会もまた『労働を提供せよ』と答える権利を有している」。[27] 彼によれば、扶助は労働不能貧民（真の貧民）のみに限定されねばならず、労働可能な貧民（偽の貧民）や乞食は、労働へと強制するか、施設に収容し、厳しい処罰を与えなければならない。さらに、扶助を受ける労働不能貧民は、扶助を必要としない者よりも劣悪な生活条件の下に置かれなければならない。[28] このように「扶助の権利」とは、あくまで所有権を侵害しない限りにおいて、すなわち「労働」によって富を生み出す者の権利を脅かさない限りにおいて承認されるものであった[29]。

第三に、革命初期の論者にとって、「貧困」とは、特権を持つ者への富の集中、教会による慈善、商業の自由の抑制など、旧体制の誤った政策の残滓として理解される。自由主義的な体制を樹立することによって、それらは乗り越えられるはずである[30]。ラ・ロシュフーコー＝リアンクールは、次のように述べている。「新憲法は、これまで富のこの豊かな源泉の改良を妨げてきた原因の多くの部分を一掃し、生産物、消費、製造業および商業の増大から生まれる堅固な繁栄を、フランスに広めるはずである[31]」。商業の自由を主張するカバニスも、次のように主張した。「物乞いは、その他の巨大な政治的無秩序と同様に、社会制度のあらゆる部分と必然的な関係にある。それはたった一つの悪法ではなく、誤った立法の集積の影響によって生まれ、増大し、発達する[32]」。このように、革命初期の貧困対策は、労働の自由の実現、貧民への労働の強制と「有用化」、そして労働を担えない例外的個人への最低限の公的扶助によって特徴づけられる。

一方、一七九三年以降の共和主義者は、「貧困」を「人民」という主権者の大部分に見られる秩序の正統性にかかわる問題と捉えた。彼らによれば、貧民の救済は、個人にたいする「社会」の「神聖な負債（dette sacrée）」である。一七九三年四月二十四日の国民公会で、ロベスピエールは言う。「社会は、労働の供与であれ、労働不能者にたいする生計の保障であれ、全成員に扶助を与える義務を負っている。」「貧窮者にたいする必要な扶助は、富者の貧民にたいする負債（dette）である[33]」。同じく一七九四年五月十一日の国民公会で、バレールは言う。「物乞いは、人民の政府（gouvernement populaire）と両立しない[34]」。共和派の主導によって作成された一七九三年六月二十四日憲法では、第二十一条に次のように宣言された。「公的扶助は神聖な負債である。社会は、不幸な市民に労働を供与し、労働不能者に生計の手段を確保することによって、不幸な市民の生存を保障しなければならない」。

以上のようにして、革命期に成立する「貧困」認識には、公的秩序を担うべき新たな主体像と、その内在的困難が示されている。この主体は、身分制的秩序に対立する平等な「人民」であり、旧来の慈善の担い手である教会や上層階級への依存から解放された、自由な個人である。彼らは社会にとって「有用」な存在、すなわち「労働」する主体でなければならない（「公共性＝有用性」論）。このカテゴリーから外れる個人は、「労働」へと強制されるか、抑圧的な公的扶助の対象となる。その一方で、革命中期の共和主義者にとって、新たな秩序の基盤となるべき「人民」の少なからぬ部分は、「貧民（misère）」「不幸な人々（malheureux）」として存在していた。これらの人々に労働を供与し、扶助を行うことは、国家の側の「神聖な負債」である。その背後に見出せるのは、公的秩序を担う新たな主体を、公権力の介入によって産出し、維持するという理念である。[35]

しかし、革命期の共和主義者に抱かれた〈政治化された公共性〉の理念は、実際に秩序をもたらすことに成功しなかった。「公共精神」の強調、国民主義的「徳育」論が、やがて貴族・外国人のみならず、「内なる敵」を告発し排除する方向へと傾斜していくと、それはテロルを用いた恐怖政治へと帰結していった。貧困対策として導入された、一七八九年からの慈善作業所（atelier de charité）は、財政的基盤の欠如と激しい批判によって九一年に廃止され、[36] 一七九三年憲法も施行されるには至らなかった。「生存の権利」「扶助の権利」は法的な宣言にとどまり、それを具体化する手段は規定されなかった。ラルマンによれば、むしろ扶助の権利化の宣言は、私的慈善を萎縮させ、貧民に破滅的結果をもたらしたにすぎなかった。[37] 一七九五年以降、上記のような貧困対策は撤廃され、十九世紀前半に至るまで、事実上は自由放任主義が支配的となっていく。[38] こうして、〈市民的公共性〉の理念に内在する平等主義と、「人民」を構成する人々の間に存在する事実的不平等との乖離を、統治権力の介入、ナシオンへの個人の包摂によって媒介しようとする〈政治化された公共性〉の理念は、秩序の具体化に失敗したということになる。

フランスにおいて「社会的なもの」が主題化されるのは、こうした問題平面の上においてである。すなわち、アレントの論じたように、革命期に「社会問題」が公的領域を覆ったというよりも、むしろ〈政治化された公共性〉の理念が、総裁政府期以降に問い直されていくことによって、「社会」という領域が新たな意味をまとって主題化されていくことになる。

（1）「ルソーの言葉にもあるように『同胞の困苦を見るにしのびない生来の感情』がヨーロッパ社会の一定の層―フランス革命を成し遂げた人びとはまさにこの層に属していた―のなかで普通になっていた。それ以来、同情（compassion）の情熱はあらゆる革命の最良の人びとの心につきまとい、彼らを突き動かした」（ハンナ・アレント（志水速雄訳）『革命について』ちくま学芸文庫、一九九五年、一〇七頁）。
（2）同上、八九―九〇頁。
（3）「ルカによる福音書」六、二〇―二六、『新約聖書』。
（4）André Gueslin, *Gens pauvres, pauvres gens dans la France du* 19e *siècle*, Paris, Aubier, 1998, pp. 140-143.
（5）Philippe Sassier, *Du bon usage des pauvres : histoire d'un thème politique* (16e-20e *siècle*), Paris, Fayard, 1990, pp. 61-64. フーコーによれば、この時期パリ市の住民の百人に一人が、数ヶ月の監禁を経験したという。ミシェル・フーコー（田村俶訳）『狂気の歴史―古典主義の時代における―』新潮社、第一部第二章「大いなる閉じ込め」。
（6）Sassier, *op. cit.*, pp. 61-84.
（7）Castel, *Métamorphoses de la question sociale, op. cit.* pp. 111-115.
（8）小山路男『西洋社会事業史論』光生館、一九七八年、三頁。
（9）Alan Forrest, *The French Revolution and the Poor*, Oxford, Basil Blackwell, 1981, pp. 17-19 ; Catherine Duprat, *"Pour l'amour de l'humanité" : Le temps des philanthropes, la philanthropie parisienne des Lumières à la monarchie de Juillet*, Paris, C. T. H. S., 1993, p. XVII.
（10）«Humanité», dans *Encyclopédie*.

(11) Duprat, *op. cit.*; Sasssier, *op. cit.*, p. 175 et s.
(12) Sassier, *op. cit.*, p. 152.
(13) Sassier, *op. cit.*, p. 128.
(14) *Ibid.*
(15) 近代初期の自然法学者の用いた規範的「自然」概念と異なり、十八世紀以降、「自然」とは、個人の「身体的必要」を指す概念へと変質していった。Cf. Procacci, *Gouverner la misère*, *op. cit.*, p. 44.
(16) Necker, «Sur la législation et le commerce des grains», dans *Collection des principaux économistes*, t. 15, *Mélanges d'économie politique*, vol. 2, 1848, nouvelle éd., Osnabrück, Otto Zeller, 1966, p. 215.
(17) 十八世紀後半には、フィジオクラットを中心に、国富を「人口」によって測定する考え方が広く行き渡った。その一つの表れとして、一七七〇年代から八〇年代にかけて、エクスピイー、モオー、メサンスなど、多くの論者が人口統計の書物を著している。L. Messance, *Recherches sur la population*, 1799; Moheau, *Recherches et considérations sur la population de la France*, 1778; J.-J. Expilly, *Tableau de la population de la France*, 1780. 邦語文献として、阪上孝『近代的統治の誕生』、第一章を参照。
(18) 富永茂樹編『資料権利の宣言—一九八九』京都大学人文科学研究所、二〇〇一年、八七頁。
(19) 同上、四八頁、五〇頁。同様にラファイエットは、「宣言」の第二草案において、次のように言う。「自然は人間を自由かつ平等に作った。人間のあいだの区別は一般の有用性にもとづいて設けられる。／いかなる人間も譲渡不可能な権利をもって生まれる。その権利とは、所有権、名誉と生命への配慮、人身や技芸およびあらゆる能力の全体にわたる自由な使用、安楽の追求、圧制への抵抗である」。グージュ＝カルトゥーは、「各人は自己保存に留意する権利と幸福になる権利を自然から得ている」と述べている（『資料権利の宣言』、四一頁、一五三頁）。最終的には、「宣言」の第二条において、次のように記された。「人間のもつ取り消し不可能な自然権…とは、自由、所有、安全、および圧制への抵抗である」。
(20) 『資料フランス革命』、二一八頁。
(21) La Rochefoucauld-Liancourt, *Quatrième rapport du comité de mendicité, Secours à donner à la classe*

indigente dans les différens âges et dans les différentes circonstances de la vie, Imprimerie national, Paris, 1790.

(22) La Rochefoucauld-Liancourt, *Premier rapport du comité de mendicité, exposé des principes généraux qui ont dirigé son travail,* Imprimerie nationale, Paris, 1790, p. 2.

(23) Turgot, «Constitution des atelier de charité», 1770, dans *Œuvres de Turgot,* t. 2, 1844, Réimpression par Osnabrück, Otto Zeller, 1966, p. 37.

(24) «Instruction sur les moyens les plus convenables de soulager les pauvres et sur le projet d'établir dans chaque paroisse des bureaux de charité», 1770, dans *Œuvres de Turgot,* t. 2, *op. cit.,* p. 5.

(25) Sieyès, *Qu'est-ce que le tier état ?,* Paris, 1789, ch. 1.

(26) Cabanis, «Quelques principes et quelques vues sur les secours publics», 1791-1793, repris dans *Œuvres philosophiques de Cabanis,* 2e partie, Paris, Presses Universitaires de France, 1956, pp. 3-11, p. 23.

(27) La Rochefoucauld-Liancourt, *Premier rapport du comité de mendicité, op. cit.,* pp. 2-3.

(28) *Ibid.,* p. 8.

(29) 一七九一年憲法第十七条には、「所有権は侵害すべからざる神聖な権利である」と明記されている。同年の職人組合の禁止を謳うル・シャプリエ法は、自由主義的原則への信頼を背景としたものであった (Cf. Fernand Braudel et Ernest Labrousse, *Histoire économique et sociale de la France,* t. 3, *1789-années 1880 : l'avènement de l'ère industrielle,* Paris, Presses Universitaires de France, 1993, p. 8)。

(30) Procacci, *Gouverner la misère, op. cit.,* pp. 67-68.

(31) 『資料フランス革命』、二一七頁。

(32) Cabanis, «Quelques principes et quelques vues sur les secours publics», *op. cit.,* p. 60.

(33) ロベスピエール「人権宣言私案」河野編『資料フランス革命』、三七四—三七五頁。

(34) Borgetto et Lafore, *La république sociale, op. cit.,* p. 24. バレール (Bertrand Barère de Vieuzac) は、一七九三年四月六日に設置された「公的救済委員会 (Comité de Salut public)」の中心メンバーであり、一七九五年に終身流刑となった。「物乞い根絶委員会」が一七九一年九月二七日に解散した後、同年一〇月二七日に設置された

「公的扶助委員会（Comité des secours publics）」が、基本的に自由主義者や博愛主義者の考えを引き継いだのにたいし、「公的救済委員会」は共和主義者の意見を反映した組織であったと考えられる。なお、革命期の救貧法令に関しては以下の邦語文献に詳しい紹介がある。林信明『フランス社会事業史研究—慈善から博愛へ、友愛から社会連帯へ』ミネルヴァ書房、一九九九年。

（35）革命期の貧困対策に見られる労働の自由と公的扶助の積極的容認との乖離は以前から指摘されている。Ex. Robert Castel, «Droit au secours et/ou libre accès au travail : les travaux du Comité pour l'extinction de la mendicité de l'Assemblée constituante» dans *La Famille, la Loi, l'Etat, de la Révolution au Code civil*, Paris, Imprimerie nationale, 1989, pp. 480-490.

（36）パリでの土木作業を中心に、一万～二万人を常時雇用したとされる。Cf. Forrest, *The French Revolution and the Poor*, *op. cit.*, p. 102ff. 林、前掲書、九九—一〇六頁。

（37）Léon Lallemand, *La Révolution et les pauvres*, Paris, 1898, p. 392.

（38）Forrest, *op. cit.*, pp. 169-172. 例えば、総裁政府期の救貧対策は、家族と私的慈善活動への依拠、施療院への収容に代わる在宅介護の奨励など、公権力の介入を最小限に留めることによって特徴づけられる（林、前掲書、二一九頁）。

第三節　世紀転換期のイデオローグ——〈社会科学の公共性〉

モンターニュ派独裁からテルミドール反動を経て、総裁政府期以降に活躍したトラシ、カバニスらイデオローグ「第二世代」（ピカヴェ）の関心は、次のように表現することができる。「情念」「意思」に支配された革命中期までの「政治」に代えて、「理性」「科学」によって認識される「社会」を、新たな秩序の基盤に据える、ということである。[1]彼らはコンドルセらの唱えた「社会の科学（sciences sociales）」を復権させ、この新たな「科学」に基づいて秩序の再建を図ろうとした。

コンドルセやシエイエスが、市民的平等の原理を強調しながらも、権力行使を担う層と受動的に社会に参与する層とを区別していたことは、すでに論じた。[2]シエイエスが「代表」という論理によって、政治的エリートの権力行使と「人民」の一体性とを媒介しようとしたのにたいし、コンドルセやトラシは、「公教育」を通じて両者を媒介することを重視した。彼らに共通していたのは、人々の集合が、統治権力に先立つ独自の秩序法則を内在させている、という信念である。ラファイエット、コンドルセ、ラ・ロシュフーコー＝リアンクールなどが設立し、後にシエイエスが加わった「一七八九年協会（Société de 1789）」では、こうした秩序法則を、自然科学を応用した「科学」によって認識し、この認識に基づいて、「幸福」の増大を目的とした統治権力の合理化・組織化を図ることが目指された。[3]

通常イデオローグとは、総裁政府から統領政府期にかけて活躍したカバニス、デステュト・ド・トラシ、ドヌーなどを指している。しかし以下では、『イデオローグたち』の著者ピカヴェにしたがって、第一世代として先駆的役割を果したコンドルセ、第二世代のトラシ、カバニスなどを、「社会の科学」を導入した論者として同一の枠組みの中で扱う。[4]彼らにとって「公的利益」とは、市民同士の自由な討議によってではなく、知的エリートの主導する「社会」の「科学」によって発見される。本章では、こうした「公共性」への理解を〈社会科学の公共性〉と称する。

一　「王立科学アカデミー」から「フランス学士院」へ

この時期に「社会の科学」の確立を唱えた論者たちは、公権力によって設立された学術機関に所属し、新たな

「科学」的知の有用性と、それに基づく統治権力の合理化の必要性を強調した。まず最初に、その主要な場である「王立科学アカデミー（Académie Royale des sciences）」と「フランス学士院（Institut de France）」の性質と、相互の相違について簡略に触れておきたい。

コンドルセが終身書記官として属した「王立科学アカデミー」は、一六九九年に公的に設立され、旧体制を通じて、知的権威を背景に王権の正統性を支える役割を担った。会員には平民出身者が少なくなかったものの、そのメンバーシップは革命に至るまで閉鎖的なものにとどまった。(5) 従来自然科学、地誌学、数学などを対象としていたこの機関では、一七八〇年以降、統治権力の改革に関わる多様な主題—人口政策、食料価格の安定、監獄・病院の整備、衛生政策など—を対象とする議論が大きな位置を占めるようになり、それらは「エコノミー（Œconomie）」という新たな分類を形成していく。こうした変化の背景に見られたのは、統治権力の正統性を王権の至高性自体ではなく、統治権力の合理性や社会に対する有用性によって語りなおそうとする、正統性観念の転換であった。(6)

コンドルセは、一七七〇年代から革命期にかけて、このような議論を代表する思想家であった。彼は自らの主張する新たな科学を「道徳政治科学（sciences morales et politiques）」「社会の科学（sciences sociales）」など、様々な語彙で語っている。(7)

「人間自身を対象とし、直接の目的は人間の幸福であるこれらの科学は、ほぼすべてが我々の時代に作られた。それは、自然科学に劣らない確固たる歩みを示すであろう。(8)」

一七九〇年以降、それは「社会数学（mathématique sociale）」と称されるようになる。

「私は、この科学に最も適する名称を、社会数学であると考えるようになった。…道徳的や政治的という語よりも、社会的という語を好むのは、前者の語義が、後者よりも適用範囲が狭く、意味も曖昧だからである。(9)」

そこで具体的に想定された対象とは、投票制度、人口、各種保険制度、金融・税制政策などであった[10]。コンドルセの試みは、具体的な成果を挙げる前に、一七九四年の彼の死によって潰える[11]。「科学アカデミー」も、そのエリート主義的性格と旧体制との結びつきによって、革命の過程で批判を受け続け、一七九三年には閉鎖に追い込まれた。しかし、一七九五年憲法によって新たに「フランス学士院」が設立されると、その第二部門には「道徳政治科学」が復活する。「貴族的科学」である「アカデミー」にたいして、「民主的科学」を実現すると謳われたこの機関も[12]、実際には、テロルを生き延びた啓蒙知識人に担われ、知的エリートの主導する「科学」による統治権力の再編と秩序の統御という目的と結びついたものであった[13]。この時期に「道徳政治科学」部門を主導したのが、イデオローグを代表する哲学者カバニスである[14]。以上のようにして、コンドルセの知的模索は、「王立科学アカデミー」から「フランス学士院」第二部門を経て、十九世紀以降の「社会の科学」に関する多様な思想へと連なっていくことになる。

（1） Pierre Rosanvallon, *Le moment Guizot*, Paris, Gallimard, 1985, p. 21.

（2） Cf. Condorcet, «Réflextions sur le commerce des blés», *op. cit.*, p. 194 ; Sieyès, *Préliminaire de la Constitution : reconnaissance et exposition raisonnée des droits de l'homme et du citoyen*, Paris, 1789, p. 7.

（3） 一七八九年協会は、ジャコバン・クラブの穏健なメンバーが中心となって設立され、「科学」に基づく新たなフランス憲法の策定と秩序の再建をもたらすことを目的とした（Keith Michael Baker, *Condorcet : From Natural Philosophy to Social Mathematics*, Chicago and London, University of Chicago Press, 1975, pp. 272-274）。そこで主張される統治技法がすでに言及した「社会的技術（art social）」である。一七八九年協会会則には、「社会的技術」が「国民の幸福を保証し、増進するための技術」であり、教育、商業、統治などを含むものとされている（Paul Bastid, *Sieyès et sa pensée*, Paris, Hachette, 1939, p.371. バスティは、この会則がシエイエスの手によるものとしているが、ベイカーは、実質的にコンドルセの思想を表現したものと解釈している。Cf. Baker, *op. cit.*,

p. 457)。『一七八九年協会雑誌（*Journal de la Société de 1789*）』を発刊するなど、初期の活発な活動にもかかわらず、革命の過程で穏健派の立場が弱体化するにつれて、この協会も急速に影響力を失い、一七九一年以降はメンバーのほとんどがジャコバン・クラブに吸収されることで、同年に活動を終えた（Baker, *op. cit.*, pp. 284-285）。

（4） François Picavet, *Les idéologues : essai sur l'histoire des idées et des théories scientifiques, philosophiques, religieuses, etc. en France depuis 1789*, Paris, Félix Alcan, 1891, pp. 572-3. アンリ・グイエは「社会の科学」の源流として、「政治経済学（économie politique）」、コンドルセの「社会数学（mathématique sociale）」、カバニスの「社会生理学（physique sociale）」の三つを挙げている（Henri Gouhier, *La jeunesse d'Auguste Comte et la formation du positivisme*, t. 2, Paris, Vrin, 1970, pp. 43-48)。このうち「政治経済学」については第二章で扱う。なお、本章で展開されていないコンドルセとトラシなど第二世代との相違に関しては、以下を参照。安藤隆穂『フランス啓蒙思想の展開』名古屋大学出版会、一九八九年、二〇七―二一八頁。

（5） Roger Hahn, *The Anatomy of a Scientific Institution : The Paris Academy of Sciences, 1666-1803*, Los Angeles, University of California, 1971, pp. 97-101.

（6） 以上の点について、次の論文が優れた考察を行っている。隠岐さや香「一七八〇年代のパリ王立科学アカデミーと『政治経済学』」『哲学・科学史論叢』（東京大学教養学部哲学・科学史）第三号、二〇〇一年、九五―一一八頁。Cf. Eric Brian, *La mesure de l'Etat : administrateurs et géomètres au 18e siècle*, Paris, Albin Michel, 1994.

（7） ベーカーによると、一七七〇年代から八〇年代には、「道徳科学（science morale）」「道徳政治科学（sciences morales et politiques）」「政治科学（sciences politiques）」などの語が用いられていた。それ以降徐々に「社会の科学（sciences sociales）」「道徳社会科学（sciences métaphysiques ou sociales）」という語が好んで用いられるようになった、という（Baker, *Condorcet*, *op. cit.*, p. 197f.）。なお、「道徳政治科学」という語は、一七六七年フィジオクラットのニコラ・ボドーによって最初に用いられている。Nicolas Baudeau, *Principes de la science morale et politique sur le luxe et les lois somptuaires*, 1767.

（8） *Discours prononcés dans l'académie française, le jeudi février, MDCLXXXII, à la réception de M. LE Marquis de Condorcet*, Paris, 1782.

（9）Condorcet, *Sur l'élections et autres textes. Textes choisis et revues par Olivier de Bernon*, Paris, Fayard, p. 598.

（10）コンドルセ『人間精神進歩史第一部』前掲書、二三〇—二三二頁。

（11）ハッキングは、「コンドルセの手元には役立つデータがほとんどなかった」と指摘し、ベーカーは、コンドルセの人間に関する経験的研究は「断片的なものにとどまった」と評している（イアン・ハッキング（石原、重田訳）『偶然を飼いならす—統計学と第二次科学革命』木鐸社、一九九九年、五八頁。Baker, *Condorcet…*, *op. cit.*, p. 198）。

（12）Hahn, *The Anatomy of a Scientific Institution*, *op. cit.*, pp. 250-251.

（13）フランス学士院に関しては、次の論文に詳しい紹介がある。高木勇夫「ブルジョワ・イデオローグ研究—フランス学士院・道徳政治科学部門（一七九五年—一八〇三年）」長谷川博隆編『権力・知・日常—ヨーロッパ史の現場へ』名古屋大学出版会、一九九一年、一四七—一七四頁。

（14）一七五七年に生まれたカバニスは、テュルゴーやエルベシウス夫人の庇護の下で知的形成を行い、とりわけコンドルセに大きな影響を受けたとされる。革命期にはミラボーの主治医を務め、生理学者、医学者、哲学者として名を残している。カバニスの生涯については、Georges Poyer, «Sa vie et ses écrits, ses œuvres», dans *Cabanis : Choix de textes et introduction*, pp. 5-55 を参照。

二　「社会数学」と「社会生理学」

世紀転換期のイデオローグたちが用いた「社会」という語は、いかなる秩序像を含意していたのだろうか。以下ではその特徴を三点に要約する。

第一に、彼らが対象とするのは観察可能な「現象」のみである。「社会の科学」の目的は、「現象」相互の「関係（rapport）」を考察し、そこに一定の「法則」を導き出すことである。[1] カバニスは、次のように述べている。

「全ての現象は結びつき、均衡し、相互に必要としあっている。この規則正しいメカニズム、秩序、結合、連関は、いつの時代にも、それを把握し理解する賢明な精神を驚かせてきたにちがいない。[2]」

社会の諸現象は、一定の法則の下に均衡状態を形成している。現象の背後に隠れた規範的「自然法（loi naturelle）」を省察する代わりに、これらの現象相互の間に見出せる「社会法則（loi sociale）」を発見することが、「社会の科学」の役割である。

十八世紀末以降、それまでの思想に見られた「自然」と「社会」の対比は重要性を失い、「権利」とは、交換の体系である「社会」の内でのみ意味を持つようになる。例えばカバニスは、自然状態論を「精神のつくりあげた単なるフィクション」と批判し、「人間の本性（nature）」は、「社会関係」の中でのみ完成すると論じている。[3]「人間は孤独で孤立した状態で存在しているのではない。人間は、自然によって社会的存在（être sociable）とされた。…人間という存在は、社会の中でのみ生まれ、生活する」[4]。同様に、デステュト・ド・トラシは「社会状態こそが、我々の自然状態である」と述べ、デュノワイエは「社会」を「もうひとつの自然状態」と称した。[5]

第二に、現象相互の関係を規定する「社会法則」は、当時の知的エリートにとって操作可能な知の体系によってのみ発見され、表現される。コンドルセはそれを数学、とりわけ確率論によって表現しようとした。[6] カバニスによれば、「社会」とは単なる個人の集合ではなく、独自の属性を持つ「大きな塊（grandes masses）」である。「諸国の立法者が、人間本性について、ある種個人的な知識しか持ち合わせず、人々を大きな塊として行動する存在と見なさない」ならば、「それら全ての部分から、活力ある生気に満ちた機械を組織するかわりに、…全く動かない一つの機械を作り出してしまうのではなかろうか」[7]。この集合の秩序法則は、「人間［一般］…の必要や能力、それらが他の同胞とのあいだに必要とする関係についての分析」によって、明らかにされなければならない。[8] 人間一般の欲求や必要に関する知は、カバニスによって「生理学（physiologie）」と称される。それは

「人間科学」の重要な一部を構成し、「社会の科学」の基礎となる。[9]

第三に、以上のような「社会」観から導かれるのは、統治行為が「社会」に関する知に基づく「技術(art)」として捉えられることである。コンドルセは、個人の「啓蒙された」自己利益を結合し、「公益」を導き出すための「社会的技術(art social)」について、次のように述べている。

「各人の共通の利害をすべてのものの共通の利害に近づけ、これを同一視すること、…社会的技術の目的とは、この両者の明白な対立を打破することではなかろうか。…有用な技術が健全な理論に支えられて為される進歩、もしくは政治学の真理に基づいて制定された公正な法の進歩から生ずる幸福は、人間を人間性、仁愛、正義へと向けさせないであろうか。[10]」

個々人が、あらかじめ一定の秩序法則を内在させた「社会」の一部を担う存在とされる以上、公益と私益の間に根本的な矛盾は存在しない。統治行為とは、「社会法則」に沿った働きかけによって、正常な秩序を回復する行為である。それは医学的治療に喩えられる。[11]

カバニスにとって、統治行為の正統性は、社会全体の秩序にとって「有用」であるか否かを基準とする。「社会体…は自分自身のためにしか存在せず、自分にとっての有用性しか、法として認識しない。…社会体は、常にこの有用性から、道徳的原則と行動の規則・目的とを導く[12]」。

以上のようにして、革命期から世紀転換期にかけては、現象の観察と、現象相互の関係についての「法則」の認識に基づいて、統治権力の合理化を図ろうとする「社会の科学」が模索された。その思想は、知的権威を承認された公的機関に所属するエリートたちに担われ、彼らの観点から「社会」を統御するという目的の下で語られた。コンドルセは、「社会」の秩序を数学的に表現しようとし、カバニスは、生物のメタファーを用いて、それを有機体的集合と捉えた。彼らの「観察」の強調にもかかわらず、この時期の「社会の科学」は、現象相互の関係を、自然科学の比喩や類推によって語ろうとするものであった。

彼らの思想は、十九世紀以降の「社会」に関する思想の基本的枠組みを提供した。観察可能な「現象」のみを問題とし、その外部にある規範を問わないこと、「現象」相互の「関係」「法則」のみを問うこと、社会全体の秩序維持にとっての「有用性」を正統性や規範の根拠とすること、統治行為を「社会」に内在する秩序法則に従った「治療」と解することなどは、十九世紀以降の思想に引き継がれ、「社会」に関する知と統治権力との結びつきを準備した[13]。

フランス学士院第二部門の「道徳政治科学」は、自由主義的傾向を嫌うナポレオンによって、執政期の一八〇三年に閉鎖される。それは七月王政期において、ギゾーとヴィクトール・クザンの主導による「道徳政治科学アカデミー（Académie des sciences morales et politiques）」として復活する。この機関は、七月王政期を通じて、支配層による「社会問題」への対応を論ずるための中心機関として機能することになる。

（1） コンドルセ『人間精神進歩史第一部』前掲書、二二九頁。Georges Poyer, *Cabanis : Choix de textes et introduction*, p. 38. またコンドルセは「精神科学」について、次のように述べている。「われわれはこの用語を、人間精神そのもの、あるいは人間同士の関係を対象とするすべての科学を意味するものと理解する」（*Œuvres de Condorcet*, t. 2, Paris, 1847, p. 410）。
（2） Cabanis, «Rapports du physique et du moral de l'homme», 1802, *Œuvres philosophiques de Cabanis*, 1re partie, Paris, Presses Universitaires de France, 1956, p. 600.
（3） Cabanis, «Quelques considérations sur l'organisation sociale en générale et particulièrement sur la nouvelle constitution», dans *Œuvres philosophiques de Cabanis*, 2e partie, Paris, Presses Universitaires de France, 1956, p. 462.
（4） Cabanis, «Quelques principes et quelques vues sur les secours publics», dans *Œuvres philosophiques de*

Cabanis, 2e partie, *op. cit.*, p. 3.

（5）Destutt de Tracy, *Éléments d'idéologie*, 4e et 5e parties, Paris, 1815, p. 143 ; Charles Dunoyer, *L'industrie et la morale considérées dans leurs rapports avec la liberté*, Paris, 1825, p. 44. Cf. Claude Nicolet, *L'idée républicaine en France : essai d'histoire critique*, Paris, Gallimard, 1994, pp. 336-340.

（6）コンドルセ『人間精神進歩史第一部』前掲書、二三〇頁。

（7）Cabanis, «Quelques considérations sur l'organisation sociale...», *op. cit.*, p. 465.

（8）*Ibid.*

（9）ここで「人間科学（science de l'homme）」とは、ドイツ語のAnthropologieの訳とされている。Cabanis, «Rapports du physique et du moral de l'homme», *op. cit.*, p. 126.

（10）コンドルセ『人間精神進歩史第一部』前掲書、二七三―四頁。

（11）同上、二三〇頁。

（12）Poyer, *Cabanis*, *op. cit.*, p. 5.

（13）後にコントは、自らの「社会学」の先駆的試みとして、コンドルセ、カバニスなどを採り上げた（オーギュスト・コント（霧生和夫訳）「社会再組織に必要な科学的作業のプラン」『世界の名著36巻』中央公論社、一九七〇年、一一三頁、一二六頁）。ルロワはカバニスを「十九世紀の大部分の社会思想の起源であるだけでなく、生理学的心理学、実証主義…など、現代思想の出発点でもある」としている（Leroy, *Histoire des idées sociales*..., t. 2, *op. cit.*, p. 158）。

第四節　一八三〇年代――「社会問題」の登場

十九世紀初頭が、自然科学のメタファーを援用した抽象的な「法則」によって「社会の科学」を語ろうとした時期であったとすれば、一八三〇年代は、急速な都市化や産業化による都市貧民層の出現によって、「社会」の具体的「組織化」が問われた時代であった。

十九世紀前半のパリは、急激な人口流入を経験する。パリ市の人口は、約半世紀の間に五十五万人から百五万人へと増大し[1]、住宅・衛生環境の悪化、疫病の流布、犯罪の増加などがもたらされた[2]。七月王政期に入ると、繊維業や製鉄業の分野で本格的な産業化が開始されるが[3]、他方でそれは定期的な不況を惹き起こした[4]。ルイ・シュヴァリエの推計によると、一八四〇年当時、パリ市の人口のうち約三分の一から四分の一が貧困層であった[5]。

以上のような状況の変化は、七月王政期支配層の秩序を捉える視座に、いかなる変化をもたらしたのだろうか。以下ではまず、この体制の支配層の秩序像を、この時期の実質的指導者となるギゾーの思想を中心に、統治権力と「社会」との新たな関係づけという点に絞って考察する（一）。次に、一八三〇年代の貧困観の変容、すなわち「個人的貧困（pauvreté individuelle）」から「大衆的貧困（paupérisme）」観への変容について検討する（二）。最後に、「大衆的貧困」から導かれた「社会問題（question sociale）」という認識の特徴を、統計学の隆盛や治安への関心とのかかわりにおいて検討する（三）[6]。

一　七月王政期支配層の秩序像

一八三〇年七月革命は、支配層に属する論者の多くにとって、貴族階級に代わる中産階級の支配―「新しい社会（société nouvelle）」―をもたらしたと認識された。オーギュスタン・ティエリは、この革命を「十二世紀以来失われつつあった時代の…終焉」[7]と評し、トクヴィルは、「アンシャン・レジームから生きのびてきたすべてのものは、永久に破壊された。一八三〇年に、中産階級の勝利は決定的になった」[8]と評している。一八三〇年代以降、平準化された「社会」のあり方を指す語として「デモクラシー」が用いられたことは、この認識の一端を示している。アリストテレス以来「デモクラシー」とは、政治に参与する資格や財産をもたない民衆による専制を意味してきた。ロベスピエールは革命期において「デモクラシー」と「共和政（République）」とを同一視したが、こうした用法は恐怖政治の記憶と結びつくことで、一八四〇年代に至るまで忌避された。[9] 一方、一八三五年と一八四〇年に出版されたトクヴィルの『アメリカにおけるデモクラシー』では、「デモクラシー」とは、政治体制にとどまらず、身分関係や伝統的権威の衰退による諸階層の平準化という「社会状態（état social）」を指している。[10] 一八四〇年以降の実質的指導者となるギゾーもまた、一八四九年の著作『フランスにおけるデモクラシー』の中で、「デモクラシー」を「社会状態」ととらえている。[11]

七月王政期の支配層は、このような「新しい社会」の到来を前提としながら、統治権力の役割を再定義することによって秩序を具体化し、「革命を終わらせる」ことを課題とした。[12] 以下では、ギゾーの思想を中心に、統治権力と「社会」との関係に絞って、支配層の秩序像の特徴を三点指摘する。

第一に、七月革命後に支配層を構成したギゾー、ロワイエ＝コラール（Royer-Collard）、ジョフロイ（Joffroy）などのドクトリネール、折衷主義哲学の代表者ヴィクトール・クザンなど、いわゆる「一八二〇年世代」[13] は、「歴史」「文明化（civilisation）」という語彙を、思想上の鍵概念としている。[14] 世紀転換期の思想家、コンディヤック、デステュト・ド・トラシ、カバニスなどのイデオローグにおいては、人間論と社会論とが直接結合し、抽象的な「進歩」という啓蒙的観念を超えた「歴史」への関心は希薄であった。これにたいして一八二〇年以降、「歴史」の観念は「宗教に代わり、諸価値の源泉としての位置を占めた」。[15] 彼らにおいて「社会」とは、「文明化」へ向かって自己運動する集合として把握される。[16] ギゾーによれば、ヨーロッパ史とは、宗教的権力・世俗的権力、王権・貴族・ブルジョワジー・労働者など、複数の権力や階層間で不断の闘争が行われ、一方では社会の多元化と、個々人の「自由検討（libre examen）」の精神が進展し、他方では、複数の権力の競合を通じたより高次の政治的統一が実現される過程である。こうした歴史像から、彼は復古王政期の課題を、個々人の多様性と統一を同時に実現する体制、すなわち市民的平等と自由を保障する立憲主義体制の確立にあるとみなした[17]。

　第二に、ギゾーは市民的平等を肯定する一方で、「人民主権」論を批判し、「理性主権（souveraineté de la raison）」論を唱える[18]。彼は一八二一年の書簡で次のように述べている。「全能の政府（gouvernement tout fait）が存在している。これを受け入れた上で、規制しなければならない[19]」。一八二一年の著作『統治の方法について』では、「権力は社会を形成しない。それを見出すのだ」と述べている[20]。フランス革命期の「人民主権」論は、「多数者の少数者にたいする絶対的支配」「専制」をもたらした[21]。統治権力の「正統性」は、多数者による支配ではなく、社会の中に分散する優れた諸個人の「理性」を統治機構へと統合し、統治行為に反映させることに存する[22]。「政府の本質は…社会を支配する資格のある真理を発見し、それを人々に理解させ、自ら進んで採用させる、という意図をもって構想された、体系的な手段と力である[23]」。彼は政治的領域に機能的分業の観念を導入し、「大衆（masse）」に指導を行いうる政治的エリート層の創出を、同時代の主要な課題とする[24]。

　第三に、統治権力は社会から独立して存在するのではなく、代表や行政を通じて社会と不断に交流することによってはじめて機能する。「代表政がまさに意図していることは、社会と権力の間に自然で正当な関係を築くことである。すなわち、権力がたんなる事実的な力でしかない法にとどまることなく、真に優れた者たちの手中に常に収められ、［正しい］目的に従って行使されるようにすることである[25]」。ギゾーは「行政（administration）」についても、次のように論じている。「行政とは、できる限り迅速かつ確実に、中央権力の意思を社会のあらゆる部分に行き渡らせると同時に、社会の諸力を、中央権力へと上昇させる手段の集合である[26]」。一八三三年六月二八日法（ギゾー法）による初等教育の義務化も、統治権力が「社会」に働きかけ、それを理性的集合へと導くという統治像からもたらされたものであった。

　以上のように、七月王政期支配層の思想は、革命期の「人民主権」論に見られた「政治」による「社会」の包摂に対抗して、「社会」と「政治」の二領域を分離し、「政治」による「社会」の代表と指導という形で、両者の関係を新たに編成したものと位置づけられる。それは「社会」の自律的な運動法則（「文明化」）への信頼に支えられる一方、実質的には、中産階級の働きかけによる民衆層の指導と陶冶という形で、両者の幸福な結合を図ろうとするものであった。

（1） ルイ・シュヴァリエ（喜安朗ほか訳）『労働階級と危険な階級』みすず書房、一九九三年、一七七頁。十八世紀末まで漸増にとどまっていたフランス全体の人口は、一八二〇年から六〇年のあいだに倍増した（Richard Sennett, *The Fall of Public Man*, Alfred A. Knoph, 1976, chapter 7e）。

（2） 一八三二年のコレラの大流行は、都市の衛生環境の悪化が「社会的」問題と認識される契機となった（Georges Vigarello, *Le sain et le malsain : santé et mieux-être depuis le moyen âge*, Paris, Seuil, 1993, p. 201）。

（3） この時期に「産業革命」と称しうるほどの経済構造の変化が見られたのかどうかについては、議論が分かれている。本章の視角にとって重要なことは、当時の人々にとって、蒸気機関や工場機械に象徴される「産業的」設備が、過去の社会と切断された「全く新しい時代」をもたらしていると認識されたことである（William H. Sewell, *Gens de métier et révolutions : le langage du travail de l'ancien régime à 1848*, Aubier Montaigne, 1983, p. 199 et s.）。例えば、「産業（industrie）」という語は、十八世紀まで「勤勉な（industriel）」という個人的気質を表す形容詞として用いられていた。十九世紀初頭においても、この語は農業・商業などを含む経済活動全般を指すものとして用いられた（例えば、Destut de Tracy, *Elément d'idéologie*, 4e et 5e partie, Paris, 1815 の用法）。それが工場労働と結びついた経済活動を指すようになったのは、一八二〇年代のサン＝シモンによる用法以降とされる。Cf. Henri Gouhier, *La jeunesse d'Auguste Comte et la formation du positivisme*, t. 3, *Auguste Comte et Saint-Simon*, Paris, Vrin, 1970, pp. 34-37.

（4） ブローデルとラブルースによれば、少なくとも一八二八―一八三二年、一八三九―一八四〇年、一八四六―一八四七年の三度の大きな経済不況が発生した（Braudel et Labrousse dir., *Histoire économique et sociale de la France*, t. 3, *op. cit.*, p. 1004）。一八三〇年代には、三一年のパリ、三一年と三四年のリヨンなどで、民衆・労働者層の直接行動が繰り返された。

（5）シュヴァリエ『労働者階級と危険な階級』前掲書、三三七頁。

（6）本節の内容と直接関わる先行研究を挙げておく。フーコーの影響の下で、十九世紀前半の「社会問題」への認識を思想的に検討したものとして、François Ewald, *L'Etat providence*, Paris, Bernard Grasset, 1985, pp. 85-107 ; Giovanna Procacci, *Gouverner la misère : la question sociale en France* (*1789-1848*), Paris, Seuil, 1993 が優れている。プロカッチの研究への批判を行ったカトリーヌ・デュプラの議論については、第二章第一節で検討する。またこれらの研究を踏まえ、ヴィルヌーヴ＝バルジュモンの思想を中心に、この時期の「貧困」認識の特徴と、支配層の対応の偏差を検討したものとして、拙稿《La question sociale et la politique : une origine philosophique de l'Etat social dans les années 1830 en France (1)(2)》, *Hokkaido Law Review*, vol. 52, no. 4, pp. 327-382, no. 6, pp. 219-268, 2001-2002 も参照されたい。邦語文献としては、阪上孝『近代的統治の誕生』岩波書店、一九九九年、第五章がまとまっている。

（7）Maxime Leroy, *Histoire des idées sociales en France*, t. 2, *de Babeuf à Tocqueville*, Paris, Gallimard, 1950, p. 375. ルロワは、この時代の思想を、「社会的」解放への希求を表現する「社会ロマン主義」と特徴づけている。Maxime Leroy, *Histoire des idées sociales en France*, t. 3, *d'Auguste Comte à P.-J. Proudhon*, Paris, Gallimard, 1954, p. 134.

（8）Alexis de Tocqueville, *Œuvres complètes*, t. 12, *Souvenirs*, Paris, Gallimard, 1964, p. 30（喜安朗訳『フランス二月革命の日々―トクヴィル回想録』岩波文庫、一九八八年、一七頁）.

（9）第三章第一編を参照。

（10）トクヴィルはそれを、不可逆の「摂理的」傾向ととらえ、後の二月革命に通ずる両義的側面を見出していた。「条件の平等化の漸進は、神の御業（fait providentiel）である。その本質的性格とは、普遍的で、持続的で、日々人間の力を越えていくことである。…デモクラシーは、封建制を崩壊させ、王制を打ち倒した後に、ブルジョワと富裕層の前で後退すると考えることができようか？……／それでは、我々はどこへ向かおうとしているのか？ 誰も答えることはできない」（Alexis de Tocqueville, *Œuvre, papiers et correspondances*, 3e éd., t. 1, *De la démocratie en Amérique*, Paris, Gallimard, 1951, p. 4（岩永、松本訳『アメリカにおけるデモクラシー』研究社出版、一九七二年、一三頁）。一八四〇年代から十九世紀半ばにおける「デモクラシー」の用法については、第三章で改めて触れる。

（11） François Guizot, *De la démocratie en France*, Paris, 1849, p. 15. ギゾーによれば、七月王政期の王党派ですら、「我々の王政は、民主的王政（monarchie démocratique）である。まさにそれゆえに、この王政は過去の王政と本質的に異質であり、新しい社会に適合的である」と主張していたという（*ibid.*）。

（12） Rosanvallon, *Le moment Guizot*, Paris, Gallimard, 1985, p. 16.

（13）「一八二〇年世代」は、フランス革命期から総裁・統領政府期にかけて、哲学、歴史学、政治経済学などの分野で新しい思潮が議論された自由主義的環境の中で知的形成を行い、ナポレオン帝政への反対運動を担った世代である。その中には、ヴィクトール・クザンや、その哲学の影響を受けたノルマリアン（ジョフロイ（Th. Joffroy）、ダミロン（Ph. Damiron）、デュボワ（P.-F. Dubois）、ボータン（L. Bautain）、オーギュスタン・ティエリなど）、サン＝シモンの影響を受けた雑誌『グローブ』（*Globe*）の文筆家、レミュザ（Rémusat）など自由主義的貴族等が含まれる。Cf. Alan B. Spitzer, *The French Generation of 1820*, Princeton, Princeton University Press, 1987.

（14） Jacques Billard, *De l'école à la République : Guizot et Victor Cousin*, Paris, Presses Universitaires de France, 1998, pp. 3-24.

（15） Ceri Crossly, *French Historians and Romanticism : Thierry, Guizot, the Saint-Simonians, Quinet, Michelet*, London and New York, Routledge, 1993, p. 41. 一八二〇年代には、ティエール『フランス革命史』（Adolphe Thiers, *Histoire de la Révolution française*, Paris, 1823-30）、ミネ『一七八九年から一八一四年までのフランス革命史』（François Mignet, *Histoire de la Révolution française depuis 1789 jusqu'en 1814*, Paris, 1824）など、歴史を主題とした著作が数多く出版され、こうした関心はギゾーやキネへと引き継がれた。

（16） 例えばオーギュスタン・ティエリは、歴史を諸階級の闘争（conflits）による「進歩」の過程ととらえた。征服によって権力を獲得した貴族階級にたいし、第三身分（「人民（peuple）」）が力をつけ、最終的にフランス革命と七月革命によって後者が勝利し、「進歩」が実現したとされる（Augustin Thierry, *Histoire de la conquête de l'Angleterre*, 1826)。

(17) François Guizot, *Des moyens de gouvernement et d'opposition dans l'état actuel de la France*, 1821, reproduit chez Belin, Paris, 1988, pp. 37-38.

(18) *Ibid*., p. 118.

(19) Lettre du 7 juillet 1821, cité par Rosanvallon, *Le moment Guizot*, *op. cit*., p. 44.

(20) Guizot, *Des moyens de gouvernement*..., *op. cit*., p. 105.

(21) *Ibid*., p. 116.

(22) François Guizot, *Histoire générale de la civilisation en Europe, depuis la chute de l'Empire romain jusqu'à la Revolution française*, Bruxelles, Meine, p. 122（安士正夫訳、『ヨーロッパ文明史』上巻、角川文庫、一九五四年、一二七頁）.

(23) *Ibid*., p. 120（邦訳、上巻、一二六頁）.

(24)「統治行為とは、諸個人（individus）が、大衆（masses）にたいして力を行使することである」(Guizot, *Moyens de gouvernement*..., *op. cit*., p. 107)。

(25) *Ibid*., p. 126.

(26) Guizot, *Histoire générale de la civilisation en Europe*, *op. cit*., p. 342（邦訳、下巻、一七七頁）.

二　大衆的貧困

マルサスの影響を受けた政治経済学者デュシャテルは、一八二九年の著作の中で、次のように述べている。

「一般に今日では、社会が進歩の法則にしたがっていると認識されている。…この進歩は、文明化の歩みから成り、社会と人間に栄光を与えている。…しかし、こうした達成を賞賛する一方で、著述家たちは、あまりにも国民を集合的なものとしてしか考察せず、社会の劣った階層に目を向けようとしてこなかった。[1]」

デュシャテルによれば、「文明化」「進歩」という観念は、「国民」の一体性を前提としている。しかし実際には、むしろ富の蓄積とともに「人類の大部分を占める劣った階層」が出現している。[2]

七月王政以降、産業化とともに現れた貧困は、従来の貧困現象と区別されて「大衆的貧困（paupérisme）」と称されるようになる。[3] トクヴィルは、一八三五年にシェルブール王立アカデミー協会（Société Royale Académie de Cherbourg）で行われた講演を「大衆的貧困についての覚書」と題し、次のように始めている。[4]

「ヨーロッパの様々な国を周ってみると、きわめて奇妙な光景、一見したところ説明不可能な光景に驚かされる。／最も貧しく見える国は、実際には、最も貧民がわずかな国である。あなた方が裕福であると賞賛する人びとのあいだでこそ、人口の一部分が、生きるために、他者に救いを求めることを強いられているのである。[5]」

トクヴィルによれば、その原因は、産業化の下で人々の「欲求（désir）」が「必要（besoin）」を超えて煽動されることに見出される。その結果、上層階級の奢侈品の生産が、生活必需品の生産に優先され、生活必需品の価格が高騰することで、下層階級の困窮がもたらされた、という。[6]

この時代の思想家にとって、「大衆的貧困」とは、従来の枠組みによっては説明が困難な「まったく新しい現象」であった。[7] 一八三四年の段階で、この現象を最も体系的に論じたヴィルヌーヴ゠バルジュモン[8]は、それを「個人的貧困」と対照して、次のように論じている。彼によれば、従来の貧困は、生来の肉体的・精神的能力の不平等や、個人の悪徳・怠惰に起因した。それへの対応は、富裕階層の「慈善」と、労働能力を有する貧民への「労働」の強制によって行われてきた。[9] これにたいして、「大衆的貧困」は、個人の問題ではなく、「社会構造」によって引き起こされた「システム」の問題である。

「貧民―大衆的貧困という新しくも哀れな名前で呼ばれている―は、人口のあらゆる階層（classes）に広がっている。…赤貧は、もはや偶然ではなく、社会の大部分に強いられた条件である。そうだとすれば、我々はもはや、広範に見られる苦痛の兆候、社会の構成のあり方の奥深くに生じている問題、より重大で恐るべき混乱へのきざしを、見過ごすことはできない[10]。」

このような集合的問題への対応は、もはや個別の慈善や、個人への労働の強制に拠るだけでは十分ではない。第二に、それは「労働者階級（classes ouvrières）」全般に広がっている。「労働者階級における貧窮は、現代の問題となった[11]」。十九世紀初頭までの自由主義者や博愛主義者によれば、貧困とは、旧体制の誤った政策の帰結にすぎなかった。労働の自由を実現することで、それは消失するはずである[12]。ところが「大衆的貧困」は、「産業の生産の増大そのものによって、増え続ける傾向にある[13]」。この貧困は、むしろ工場における劣悪な労働環境、労働者階級の知的・道徳的衰退など、「労働」と結びついた場や環境から生まれている[14]。

一八三〇年代初頭には、一八三四年のイギリス救貧法改正に至る議論がフランスに導入され、救貧税や公的扶助への批判が、支配層の間で広く共有された[15]。これらの批判によれば、救貧法は、作業所（work house）で働く貧民に依存心を植え付け、自由な経済活動を阻害し、労働者の賃金を抑制することによって、貧民の数を増大をさせたにすぎなかった[16]。それは同業組合、徒弟制度などと同様に、個人の自由を抑圧する「専制的な法」であり[17]、私的慈善を衰退させ、富裕層と貧困層との間に存在した自発的な紐帯を破壊する官僚的・機械的な対応である。デュシャテルによれば、イギリスの「法的慈善（charité légale）」は「悲惨な失敗」を招いたにすぎなかった[18]。

以上のように、「大衆的貧困」は、宗教的慈善、自由主義、国家の介入（博愛主義、法的慈善）によっては対応できない問題である。その原因と対応は、宗教、経済、国家とは異なる領域、すなわち「社会」において見出されなければならない。ビュレは言う。

「大衆的貧困という語は…もはや貧困という悪を指すだけではない。それは、より一般的な事柄である。…大衆的貧困とは、貧困という現象の総体を包含する。…それは、社会的惨禍としての貧窮、公的貧窮のことである[19]」。

こうして「大衆的貧困」への認識は、「社会」秩序一般への問いへと向かう。

(1) M. S. Duchâtel, *De la Charité, dans ses rapports avec l'état moral et le bien-être des classes inférieures de la société*, Paris, 1829, p. 6.

(2) *Ibid.*

(3) 《paupérisme》の原語は、英語の pauperism である。それは一八一六年の William Clarkson, *An Inquiry into the Cause of the Increase of Pauperism and Poor Rates*, London において初めて用いられたと言われている。*Dictionnaire Robert* によると、この語がフランスに持ち込まれたのは、一八二三年であった。

(4) トクヴィルは、一八三三年、一八三五年のイギリスへの旅行でイギリス救貧法（Poor Law）改正の議論に立会い、「大衆的貧困」への認識を深めた。彼は一般に自由主義者に分類されているが、「大衆的貧困」への対応の場面では、国家による貯蓄組合・共済組合設立の奨励を主張し、貧民を農地に移住させる農業植民（colonie agricole）政策にも共感を示している（Alexis de Tocqueville, *Mémoire sur le paupérisme*, seconde mémoire, 1838）。トクヴィルの「大衆的貧困」への対応と、同時代の中での位置づけに関しては、次の文献が詳しい検討を行っている。Eric Keslassy, *Le libéralisme de Tocqueville à l'épreuve du paupérisme*, Paris, Harmattan, 2000.

(5) Alexis de Tocqueville, *Mémoire sur le paupérisme*, 1835-1838, repris dans *Sur le paupérisme*, Paris, Allia, 1999, p. 7.

(6) この議論は、マルサスやシスモンディによってすでに行われた議論の反復である。トクヴィルは、産業化とともに貧困が生まれるメカニズムを「経済学的」にではなく、上層階級の「欲求」の昂進と、下層階級の「怠惰」「先見性の欠如」という「モラル」の状態によって説明しようとしている。彼はこの時代を代表する政治経済学者J.-B. セイの著作をすでに読んでいたが（Keslassy, *op. cit.*, p. 43）、彼の説明には分配、人口政策、衛生などに関する議論が含まれていない。一八三七年に政治経済学者ナッソー・シーニア（Nassau Senior）に宛てた手紙の中で、トクヴィルは「政治経済学」に関する基礎知識が自分には欠けていることを次のように嘆いている。「あなたの仰るように、私はしばしば、人類の知のこの重要な部分について、十分な基礎知識（notions）を持ちあわせていないと思ってきました」（Lettre du 11 janvier 1837, cité par Keslassy, *Le libéralisme de Tocqueville*..., *op. cit.*, p. 45）。

（7） Alban de Villeneuve-Bargemont, *Economie politique chrétienne*, 2e éd. (1re éd., 1834), Paris, 1837, p. 16.

（8） ヴィルヌーヴ＝バルジュモンは、一七八五年にサン・トーバの大貴族の家に生まれ、一八二〇年代に北部ロワール地方、一八二八年から三〇年にリール地方の知事を歴任した。そこで当時最も産業の発展していた北部地方の貧困現象を目の当たりにし、行政職を辞して経済研究に没頭した後、一八三四年に『キリスト教政治経済学』を出版した。当時の行政統計を広範に利用し、産業化とともに生じた貧困の実態と、その原因や対策を初めて体系的に展開したこの書は、第二章で論じる「社会経済学」のさきがけとなり、多数の好意的な書評に迎えられた。ライエは、彼の著作を「新しい政治経済学派の登場」と評している。F. Lallier, «D'une nouvelle école d'économie politique», *Revue européenne*, t. 1, 1835, pp. 129-148, t .2, pp. 247-283. トクヴィルの議論も、ヴィルヌーヴ＝バルジュモンの著作の統計に依拠したものであった。ただしトクヴィル自身は、「彼［ヴィルヌーヴ＝バルジュモン］の理論全体を是認するわけではまったくない」と述べている（Tocqueville, *Sur le paupérisme*, *op. cit.*, p. 9. トクヴィルとヴィルヌーヴ＝バルジュモンとの影響関係についても、ケラシィの前掲書が詳しい）。なお、ヴィルヌーヴ＝バルジュモンの生涯と思想にたいする包括的な検討は、以下の拙稿で行っている。Takuji Tanaka «la question sociale et la politique...», *op. cit.* その他の研究として、以下のものがある。André Tiano, *Alban de Villeneuve-Bargemont (1784-1850) : le précurseur de l'Etat social ou un grand notable bien ordinaire ?*, Nimes, C. Lacour, 1911 ; Sister M. -I. Ring, *Villeneuve-Bargemont, Precursor of Modern Social Catholicism*, 1935.

（9） Villeneuve-Bargemont, *Economie politique chrétienne*, *op. cit.*, p. 52.

（10） *Ibid.*, p. 15.

（11） *Ibid.*, p. 16.

（12） 第一章第二節（三）のラ・ロシュフーコー＝リアンクール、カバニスの議論を参照。

(13) Villeneuve-Bargemont, *Economie politique chrétienne*, *op. cit.*, p. 15.

(14) Alban de Villeneuve-Bargemont, *Discours prononcé à la chambre des députés par M. le Comte Alban de Villeneuve-Bargemont, dans la discussion du projet de loi sur le travail des enfans dans les manufactures*, 1840, pp. 3-5.

(15) イギリスの救貧法批判については、以下を参照。Gertude Himmelfarb, *The Idea of Poverty : England in the Early Industrial Age*, New York, Alfred A. Knope, 1984, pp. 154-155 ; J. R. Poynter, *Society and Pauperism : English Ideas on Poor Relief, 1795-1834*, London, Routledge and Kegan Paul, 1969.

(16) アダム・スミス（大河内一男監訳）『国富論』第一巻、中公文庫、一九七八年、二二六頁以下。

(17) マルサス（永井義雄訳）『人口論』中公文庫、一九七三年、六二―六三頁。マルサスは次のように言う。「独立のできない貧民というものは、恥ずかしめておくのがいい。人類全体の幸福を増進するためには、こういう刺激は絶対に必要である」（同上、六七頁）。

(18) Duchâtel, *Considérations d'économie politique sur la bienfaisance ou la charité*, 2e éd., Paris, 1836, p. 160. 一八四〇年に『イギリスおよびフランスにおける労働者階級の貧困について』を執筆した著名な社会経済学者ユジェヌ・ビュレも、次のように指摘する。「キリスト教の慈善と公的慈善は…貧窮にたいして間接的原因として作用し、その拡大を防ぐ代わりに、増大させてしまった」（Eugène Buret, *De la misère des classes laborieuses en Angleterre et en France*, Paris, 1840, t. 2, p. 60）。

(19) Buret, *De la misère des classes laborieuses…*, *op. cit.*, t. 1, p. 108.

三　社会問題

「社会問題（question sociale）」という語は、一八三二年以降、共和派のみならず、保守主義、カトリシズム、統計学・公衆衛生学・政治経済学など、様々な立場の雑誌や著書の中で用いられはじめた。[1] ここでは、七月王政期支配層による公的秩序への認識とのかかわりから、「社会」に関する新たな知の成立、貧困と治安維持への関心との結びつき、という二つの論点を採りあげ、「社会問題」の意味内容を検討する。

（1）統計

この時期の公的秩序に関する問題は、支配層にとって操作可能な知の体系、すなわち社会統計学や衛生学などによって認識され、表象される。一八三〇年から四〇年代は、「統計の熱狂時代（l'ère d'enthousiasme statistique）」と称される[2]。十七世紀から十八世紀にかけて、「政治算術」、人口、生産、財政などの対象について、行政を補完する目的で利用された統計は[3]、一八三〇年前後から、衛生、法、医学など、民衆の具体的生活環境にかかわる多様な領域へと対象を拡大させ、技術者、衛生学者、医師、法学者などの実践的知の担い手によって用いられはじめた。例えば、理工科学校（Ecole polytechnique）を卒業した技師たちは、技術的・数学的な知を実践に応用することを主張した。一八二七年に発刊される『刑事司法省一般報告書（*Compte général de l'Administration de la Justice criminelle*）』では、法学者の手によって犯罪統計が収集され、同時代の知的世界に大きな反響をもたらした[4]。一八二九年『公衆衛生法医学年報（*Annales d'hygiène publique et de médecine légale*）』では、医師たちの手によって精神障害、自殺、民衆の健康状態などに関する統計調査が実施され、監獄の設計、都市の衛生設備、法医学への提言が行われた[5]。その創刊号では、次のように宣言されている。「医学は病気の研究と治療を目的とするだけでなく、社会の組織化と密接な関係を持っている[6]」。さらに、衛生学者パラン＝デュシャトレがこの時期に著したパリ市の下水道、売春の実態に関する社会調査は、公衆衛生行政に大きな影響を与えた[7]。

一八三五年に発表された統計学者ケトレの『人間とその能力の発展について―社会物理学論』は、個人と社会の関係や、社会規範についての新しいとらえ方を示している[8]。彼によれば、多数の人間を統計の対象とすることによって、人間の「一般的性質」を明らかにすることができる。例えば、出生・生育・死亡は一定の法則に従って起こる。それだけでなく、犯罪すら一定の確率で生じている。

「社会はその中に、犯されるであろう一切の犯罪のもと（germes）を含んでいる。ある意味では、社会こそが犯罪を準備するのであり、犯罪者はそれを実行する道具にすぎないのである。(9)」

このように、個人の振る舞いは、個人を取り巻く社会環境によって生み出される。さらに統計的法則は、善悪に関する道徳的な基準をも提供する。

「モラルにかんする我々の基準とは、かくの如きものであろう。陥りやすいあらゆる極端さから距離をとり、正当な限度内にとどまるとき、人間の性質は徳（vertu）となる…。ある時代に、自己のうちに平均的人間のあらゆる性質を備えた者は、あらゆる偉大なもの、美なるもの、善なるものを代表するであろう。(10)」

ケトレにとって、統計的な「平均」とは「社会の表現（expression de la société）」である。「善なるもの」は、ア・プリオリに与えられるのではなく、「社会」の現象間の統計的偏差—正常と異常—の中に表現されている。「社会」に関する知こそが、個々人の振る舞いの善悪を判別し、あるべき秩序を指し示すことができる。

（2）モラル

この時期の社会統計は、人民の「モラル」を読解するという目的と結びついている。ゲリーは、『フランスのモラルにかんする統計論』（一八三三年）で、自然科学的方法を導入した「モラル」の観察を唱えた。(11) ケトレの社会統計学、ダンジュヴィル『身体あるいはモラルとの関連からみたフランスの人口統計論』（一八三六年）、それを受けたデュフォー『統計学概論、あるいは社会的諸事実の生成法則に関する研究』（一八四〇年）などでは、身体や物質的環境と人々の「モラル」のあり方との関係が主題とされた。(12)

ここで「モラル」とは、日常の生活規範を意味する「道徳」よりも広い対象を指している。それは、人びとの振る舞いや生活態度を規定する集合的な精神のあり方を意味している。すでに述べたように、十八世紀後半には、伝統的な内的省察に基づく人間論としての「道徳哲学（moral philosophy）」と異なり、人間同士の関係の総体を扱う「社会の科学」の対象として、「モラル」という語が用いられた[13]。一八三〇年代に「大衆的貧困」への対応が問題となると、民衆の生活習慣、労働規律、衛生習慣、家族形態、飲酒・貯蓄習慣などが、公的秩序との関わりから問題化され、それらが統治権力による観察の対象として一括して把握されることで、「モラル」と総称される。

たとえばフレジエによれば、犯罪、売春、泥酔、擾乱などの「悪」は、「人間に感情が内在しているように、社会という組織に内属している」。それを廃絶することは不可能であるが、貧民の「習俗」に働きかけ、「モラル」を向上させることによって、その数を抑制することができる[14]。デュシャテルは、貧窮の原因を下層階級の思慮と計画性の欠如にあるとした[15]。ヴィレルメは、「工場の労働者は節制、倹約、予見、品性を欠いている」と指摘し、その原因を「大工場での労働者の定期的会合、移動労働者のたまり場、異なる性と年齢の混合」に見出した[16]。ビュレによれば、「貧窮（misère）とは、モラルにおいて現れた貧困（pauvreté dans la morale）のことである」[17]。これらの論者は、「社会問題」を「モラル」の問題ととらえ、下層階級の「モラル」を組織的に改善すること、すなわち「モラル化（moralisation）」を、統治権力の新たな課題とする[18]。

（3）危　険

支配層の「社会問題」認識において、貧困現象は犯罪・擾乱・伝染病など秩序を撹乱する多様な現象と結びつけられ、統治権力による指導や介入の対象として構成される[19]。ビュレの言うように、「貧困」とは積極的に定義することのできない状態である。それは何らかの必要物が「欠如」した「消極的」状態であり、その具体的内容は、文脈に応じて規定されうるにすぎない[20]。デュシャテルは言う。「ひとが貧困の原因を数え上げ、分類しようとすると、最初に驚かされ、悩まされるのは、その原因があまりに多種多様であることである。能力の欠陥、事故…、無規律、不摂生、長期の病気、災害、生まれ持った不幸…」[21]。貧困は、「社会的」環境にその原因が求められるだけでなく、秩序を脅かす要素と結びつけられることで、「社会問題」として認識される。一八三四年に公刊されたモログの『大衆的貧困について』では、次のように述べられている。「貧民を都市から遠ざけよう。彼らは都市において無為のうちに育ち、仕事があるときには放蕩のうちに堕し、仕事がないときには、乞食と窃盗にまで堕落する」[22]。

一八四〇年に「道徳政治科学アカデミー」の賞を受賞したフレジエの『大都市の民衆における危険な諸階級について』は、この時期の貧困認識の特徴を示している。彼は次のように主張する。

「貧しく、堕落した階層は、いつの時代にも、あらゆる種類の犯罪者の最も豊かな温床であったし、そうありつづけるであろう。これらの人々こそ、我々が特に『危険な階級（classes dangereuses）』と呼ぶ人々である。なぜなら、たとえ悪徳が背徳的行為を伴わない場合にも、その人間の貧困と結びつくことで、彼は社会にとって、まさに不安の対象となり、危険となるからである。貧困が、悪徳さらには怠惰によって生活条件を悪化させるにつれて、社会の危険はますます増大し、差し迫ってきている」[23]。

フレジエにとって重要なことは、犯罪行為そのものではなく、「危険（danger）」である。「危険」とは、犯罪や擾乱の兆候であり、その潜在的可能性である。「貧困」は、このような「危険」と識別不可能な形で結びついている。「貧民は、勤勉で規律づけられていない場合には、他の誰よりも悪徳と犯罪に接している。危険な階級を研究することで、我々は、貧民こそが危険な階級の大部分を構成していると確信する機会を、幾度となく得てきた」[24]。「社会問題」への対策は、こうした兆候を下層階級の中に読み取り、その顕在化を予防することに見出される。

以上のように、「社会問題」という認識は、七月王政期支配層の公的秩序を捉える視座の変化を示している。秩序を具体化するためには、個人を取り囲む集合的「モラル」を観察し、それらを組織的に改善することが必要である。「モラル」は、家庭から、地域の人間関係、仕事場、階層全体に至るまで、論者に応じて様々な広がりをもって語られる。この「モラル」の概念と対応するのが、「危険」という概念である。すなわち「危険」とは、秩序に反する犯罪、擾乱、伝染病などの兆候である。秩序を維持するためには、これらの兆候をあらかじめ認識し、予防と管理を行うこと、そのために下層階級の「モラル」を観察し、そこに組織的な働きかけを行うことが重要となる。社会的秩序とは、「公的」という規範的意味に支えられるのではなく、秩序を撹乱する諸要因を発見する知、そうした知の蓄積に基づく介入の絶えざる実践によって、事実的に保持されるものととらえられる。このように理解された統治権力のあり方を、本書では「社会化(socialisation)」と称し、それによって成り立つ秩序像を〈社会化された公共性〉と称する。

本章では、フランス革命初期に提唱された公と私、国家と個人の二元的構造から成る秩序像が、その後どのように問い直されたのかを、〈市民的公共性〉〈政治化された公共性〉〈社会科学の公共性〉〈社会化された公共性〉という類型を用いて考察した。フランス革命期に語られた規範的秩序原理は、産業化にともなう「大衆的貧困」の登場とともに、個人を「社会化」する権力のあり方への問いへと、問題構成を移行させていく。この時期以降、「社会」とは、自律した個人によって形成される規範的秩序を指すのではなく、個人の存立と秩序の安定を支える具体的な生活環境・労働習慣・衛生習慣・家族形態・交友関係などの集積を意味する。十八世紀末から十九世紀前半に「社会的技術(art social)」と称された統治実践は、このような「社会的」な場を対象とした権力のあり方を指している。十九世紀以降の思想の特徴は、国家がこのような統治実践を担う機関の一つとして、その他の中間集団、地方組織、家族などと同じ平面の上に位置づけられていくことである。次章以降では、以上のような問題構成の中で語られた十九世紀支配層の諸思想を、「政治経済学」「社会経済学」「社会的共和主義」「連帯主義」という四つの潮流に区分し、比較考察する。

（1）「社会問題」を使用した初期の例として、以下の雑誌が挙げられる。*Avenir*, 7 mai 1831 ; *Gazette de France*, novembre 1831 ; *Courrier Française*, novembre 1831 ; *Revue des Deux Mondes*, novembre 1831. Cf. David Owen Evans, *Le socialisme romantique : Pierre Leroux et ses contemporains*, Paris, Marcel Rivière et Cie, 1948, p. 26. 著作のタイトルでは、フーリエ主義者ルシュヴァリエによる一八三三年の著書が最初の例と思われる。Jules Lechevalier, *Question sociale : de la réforme industrielle considérée comme problème fondamental de la politique positive*, Paris, 1833.

（2）Bernard-Pierre Lecuyer, «Médecins et observateurs sociaux : les Annales d'hygiène publique et de médecine légale (1820–1850)», dans *Pour une histoire de la statistique*, Paris, INSEE, 1977, rééd. Economica, 1987, p. 448.

（3）国家が統計情報を積極的に利用するようになったのは、ブーランヴェリエ『フランスにおける国家』(Boulainvilliers, *L'Etat de la France*, 1727) 以来とされる。ネッケルによって一七八八年に設立された国際収支局（Bureau de la balance du commerce）は、公権力による統計の組織化を進めた。Cf. Pierre Rosanvallon, *L'Etat en France, de 1789 à nos jour*, Paris, Seuil, 1990, p. 41.

（4）Michel Perrot, «Premier mesures des faits sociaux : les débuts de la statistique criminelle en France (1789–1830)», dans *Pour une histoire de la statistique*, *op. cit.*, p. 128.

（5）『公衆衛生法医学年報』の詳しい構成に関して、Bernard-Pierre Lecuyer, «Médecins et observateurs sociaux...», *op. cit.*, pp. 445-468 を参照。

（6）Perrot, *op. cit.*, p. 129.

（7）Parent-Duchâtelet, *De la prostitution dans la ville de Paris, considérée sous le rapport de l'hyqiène publique, de la morale et de l'administration*, Paris, 1836.

（8）Quetelet, Adolphe, *Physique sociale, ou Essai sur le développement des facultés de l'homme*, 2 vol., Bruxelles

(1re éd. 1835), 1869（邦訳『人間に就いて』、全二巻、岩波文庫）. ケトレ（Lambert Adolphe Jacques Quetelet, 1796-1874）はベルギーのガン（Gand）に生まれ、同地で中等教育を受け、アテネ学院の数学の教職に就いた。一八二〇年に王立学士院会員に選出され、一八四一年のベルギー中央統計委員会（Commission centrale de statistique）設立、一八五三年のブリュッセルでの第一回国際統計会議（Congrès international de statistique）開催に尽力するなど、統計学者として活躍した。

（9） Quetelet, *Physique sociale...*, *op. cit.*, t. 1, p. 97.

（10） Quetelet, *Physique sociale*, *op. cit.*, t. 2, pp. 392-393. このように、ケトレにとって「徳」とは、卓越性ではなく、同時代の平均的傾向を代表することによって定義される。

（11） André-Michel Guerry, *Essai sur la statistique morale de la France*, Paris, 1833. ゲリー（André-Michel Guerry）は一八〇二年にトゥールで生まれ、ポワティエで法学を修めたのち、パリで統計学の専門家として活躍し、医学、衛生、犯罪、モラルなどにかんする統計書を数多く発表した。

（12） Adolphe d'Angeville, *Essai sur la statistique de la population française, considérée sous quelques-uns de ses rapports physiques et moraux*, Paris, 1836 ; P. A. Dufau, *Traité de statistique, ou Théorie de l'étude des lois d'après lesquelles se développent les faits sociaux : suivi d'un essai de statistique physique et morale de la population française*, Paris, 1840.

（13） コンドルセが一七八〇年代まで用いていた「道徳政治科学（sciences morales et politiques）」という表現は、統治行為に関わる領域と、人々の相互行為から成る「モラル」の領域を、同一の視点から考察することを意図していた。この表現は、コンドルセのみならず、当時一般に流通していた（cf. abbé Baudeau, *Ephémérides du Citoyen, ou Bibliothèque raisonnée des «Sciences morales et politiques»*, 1767 ; Robinet, *Dictionnaire universel des sciences morales, économiques, politiques et diplomatiques*, 1773-1783）。コンドルセが後に、それを「社会の科学（sciences sociales）」と称したことは、前節で指摘したとおりである。なおフランス語で「モラル」という場合、一般に「精神」と訳される男性名詞（le moral）と、「道徳」と訳される女性名詞（la morale）とがある。筆者の確認するかぎり、コンドルセは《le moral》を主に用いていたが、十九世紀以降の「道徳政治科学アカデミー」の分類などでは、《la morale》の方が用いられている。しかし、それは日本語の「道徳」より広く、「精神」と「道徳」の両方にまたがる意味を有するため、本書では、できる限り「モラル」と訳す。

(14) H. -A. Frégier, *Des classes dangereuses de la population dans les grandes villes et des moyens de les rendre meilleures*, Paris, 1840, pp. 185-187.

(15) Duchâtel, *Considérations d'économie politique*, *op. cit.*, p. 37.

(16) Villermé, *Tableau de l'état physique et moral des ouvriers employés dans les manufactures de coton, de laine et de soie*, Paris, 1840, t. 2, p. 351.

(17) Buret, *De la misère...*, t. 1, *op. cit.*, p. 113.

(18) これにたいして、七月王政期の著名な社会主義者ピエール・ルルーは、「社会問題」を上層階級と下層階級に共通する問題としてとらえた。一八三三年の「個人主義と社会主義」と題される講演では、「社会問題」の原因を、人びとが「物質的利益」を追い求め、「人民の道徳的・知的改善」を無視することに見出している(Pierre Leroux, 《De l'individualisme et du socialisme》, dans *Aux philosophies, aux artistes, aux politiques: trois discours et autres textes*, Paris, Payot et Rivages, 1994, p. 238)。「社会問題」とは、たんなる物質的な問題ではなく「上層階級の放蕩という不道徳(immoral)や悪徳、下層階級の自暴自棄という不道徳や苦しみ」を指している(Pierre Leroux, 《De l'économie politique anglaise》, *op. cit.*, p. 264)。

(19) ルイ・シュヴァリエ『労働者階級と危険な階級』前掲書、一三三―一四二頁。

(20) Buret, *De la misère...*, t. 1, *op. cit.*, p. 110.

(21) Duchâtel, *De la charité...*, *op. cit.*, p. 33.

(22) Bon Bigot de Morogues, *Du paupérisme, de la mendicité et des moyens d'en prévenir les funestes effets*, Paris, 1834.

(23) Frégier, *Des classes dangereuses de la population...*, *op. cit.*, p. 11.

(24) *Ibid.*, p. 611.

第二章　社会経済学——「新しい慈善」

「社会の中で不平等に配分された財が保護されるのは、その不平等自体が万人の利益につながる場合のみである。一握りの個人を最上の地位に就かせる方法、彼らの卓越性が万人に最大の利益をもたらす方法、すべての市民が等しく苦痛から庇護され、すべての人が他の成員の熱狂や利益追求による損害から免れる方法——こうした目的は、いずれも統治の学の一部を成す。なぜなら、これらすべては国民の幸福の発展にとって等しく重要だからである。」（Sismonde de Sismondi, *Nouveaux principes d'économie politique, ou De la richesse dans ses rapports avec la population*, 2ᵉ éd., 1827.）

第一節　導入

「社会経済学（économie sociale）」は、一八三〇年前後に「政治経済学（économie politique）」から分岐し、七月王政期を通じて支配層による「社会問題」への主たる対応を担った思想潮流である。その担い手は、行政官、経済学者、統計学者、衛生学者など、実践に近い立場にあり、主に「道徳政治科学アカデミー（Académie des sciences morales et politiques）」の周囲に集まった人々であった。社会経済学の内部にも、博愛主義、公衆衛生論、カトリシスム、プロテスタンティスム、左派など、様々な思想的立場の相違がある。しかしこれらは、「社会問題」を伝統的紐帯の衰退の帰結ととらえ、中間集団と家族の強化を通じた「モラル」の組織化を主張し、国家の役割を補完的に位置づけようとする点で共通する。

一　先行研究と視角

一八三〇年代の社会経済学は、これまで経済思想史では古典派経済学の「傍流」と位置づけられるにとどまり、政治思想史などではほぼ忘却されてきた。(1) そこに新たな秩序像の把握―「社会的なもの」の主題化―という特徴を見出したのは、フーコーの影響を受けたドンズロ、プロカッチ、エヴァルドなどによる八〇年代以降の研究である。彼らによれば、一八三〇年代における「大衆的貧困」「新しい貧困」の登場は、古典的自由主義を変容させる嚆矢となった。社会経済学は、国家の外部領域（「社会」）に貧民を規律する権力を拡散させ、秩序の効率的な統御を可能にする新しい形態の「自由主義」をもたらした、とされる。以下ではこれらの研究を整理し、その問題点を明らかにした上で、本章の視角を提示する。

ドンズロは、十九世紀における家族の強化を主題とした著作の中で、「新しい貧困」への対応として現れた二つの思想潮流の競合を指摘している。第一に「キリスト教政治経済学」は、富裕層と貧困層の伝統的な支配服従関係を維持し、「慈善」の拡張によって貧困問題に対応することを主張した。第二に「社会経済学」は、貯蓄・衛生などにかかわる新しい「モラル」を貧民に内面化させることを目的とし、抑圧や服従の強制ではなく、教育や助言を通じた貧民への働きかけを重視した。(2) 彼によれば、「十九世紀を通じて慈善〔キリスト教政治経済学〕と博愛〔社会経済学〕の競合があり」、最終的に「博愛が勝利した」。(3) この時期における家族の役割の強化は、私的領域の制度化ではなく、それが医学・衛生・教育にかかわる社会的規律装置として再編されたことを示している、という。(4)(5)

プロカッチの著作『貧民を統治する』によれば、七月王政期の社会経済学は、十八世紀までの「古典的政治経済学」を批判する一方で、「大衆的貧困」への対応を、博愛組織、パトロナージュ、家族などの中間集団に委ねようとする思想であった。(6) この思想では、貧民に扶助の権利を承認する代わりに、衛生・医学・貯蓄・労働などにかかわる「モラル」を内面化させる具体的なテクノロジーが探求される。(7) その担い手としては、博愛主義者、政治経済学者、衛生学者、カトリックなど、幅広い立場が含められている。(8) プロカッチによれば、彼らの語る「社会的なもの」の概念は、「自由主義理論の基盤を修正しようとしたものではなく、自由主義の内部で、社会の組織化に向けた解決策を構成したもの」であった。(9)

最後にエヴァルドは、主著『福祉国家』において、一八〇四年民法に表現された自由主義(個人の過失責任)原理の変容に焦点を合わせている。彼によれば、十九世紀末の「社会権(droit social)」の理念は「新しい政治的合理性」、「新しい存在論的状況」をもたらした。(10) それはおよそ以下のような過程を辿って成立したとされる。第一に、十九世紀初頭の自由主義者は、法的領域の外部に他者への共感に基づく相互扶助義務の領域が存在する、と捉えた。貧困への対応は、この「社会的」領域における「博愛」に委ねられる。自由主義者にとって「社会的なもの」の概念は「政治哲学上の本質的な関心対象」であった。(11) 第二に、一八三〇年代の「大衆的貧困」の登場とともに、貧困は個人的責任を越えた労働者階級全体の問題として認識される。(12) シスモンディ、ジェランドからル・プレに引き継がれる「社会経済学」は、国家ではなく家族・パトロナージュなどの伝統集団の役割を重視し、労働者階級への慈善や、貯蓄・労働の奨励を主張した。(13) 十九世紀初頭の自由主義と一八三〇年代の社会経済学とは同一の思想ではないが、両者とも、貧困への対応と扶助活動を「権利」の問題ではなく「社会」内部で処理されるべき「モラル」の問題ととらえる点で共通する。こうした考え方が世紀後半に一般化する「リスク」の統計的把握という考えと結びつくとき、病気や事故は「社会」に内在する「リスク」の偶発であり、個人ではなく「社会」こそがそれへの補償責任を担う、という「社会権」の理念がもたらされた、という。(14)(15)

以上の研究潮流では、十九世紀思想における「社会」の主題化が、国家の外部領域における規律権力の拡散という文脈によって把握され、それが「自由主義」と結びつけられている。他方、七月王政以降に「社会的なもの」を主題化した思想内部の相違、すなわち政治経済学、社会経済学、社会カトリシズム、連帯主義などの相違については、明確に論じられていない。[16][17] 例えばドンズロは、「慈善」（社会カトリシズム）と「博愛」（社会経済学）を区別し、それ以外の論者は両者を社会経済学の中に含めている。社会経済学と世紀後半の連帯主義は、ドンズロ、エヴァルドにおいて連続的に捉えられ、カステルによれば明確に区別されている。

こうした混乱は、とりわけ「自由主義」との関係について顕著である。十九世紀において、国家の外延に広がる「社会」という領域が問題化され、国家と社会の関係が問い直されたことは事実である。しかしそれが「自由主義者」の利害関心に基づく傾向として括られるならば、それらの思想のあいだに見られた産業化、法とモラル、国家と中間集団、自由と平等の意味づけなどをめぐる様々な偏差や対立は視野の外に置かれ、十九世紀の思想史的過程が、「自由主義者」の関心に沿った規律権力の拡散という単線的な像によって把握されがちになる。[18]

こうした問題点を回避し、十九世紀支配層内部の思想的対立を明らかにするためには、「自由主義」と「社会的なもの」とを直接結びつけるのではなく、複数の「社会的なもの」の拮抗、という視角を導入しなければならない。そこで本書では、十九世紀支配層の思想を、「政治経済学」「社会経済学」「社会的共和主義」「連帯主義」の四つの潮流に区分し、七月王政期支配層の主たる対立を「政治経済学」と「社会経済学」との間に見出す。ここで両者の区別を明らかにするためには、政治経済学が十九世紀初頭から七月王政期にかけて意味変容を蒙り、十八世紀末までに有していた含意の多くを捨象していく過程について触れなければならない。そこで以下では、政治経済学の生成と変容の中に七月王政期の政治経済学を位置づけ（第二節）、それとの対比において、同時期に政治経済学から分岐する社会経済学の思想内容（第三節）、および統治像（第四節）について検討する。

（1） 経済思想史では、シスモンディ以降の社会経済学は、古典派経済学への「倫理的」で「素朴」な批判を行ったとされるか、階級論やマクロ均衡論の原型が見出されるという理由で、「ケインズの『忘れられた先駆者』」という位置づけがなされてきた。例えば、シュムペーター（中山、東畑訳）『経済学史―学説ならびに方法の諸段階』岩波文庫、一九八〇年、一八三頁以下、馬渡尚憲『経済学史』有斐閣、一九九七年、一二七頁以下など。

（2） Jacques Donzelot, *La police des familles*, Paris, Minuit, 1977, pp. 62-66（宇波彰訳『家族に介入する社会―近代家族と国家の管理装置』新曜社、一九九一年、七一―七五頁）. ドンズロによれば、一八三〇年代の「新しい貧困」に対応した思想には三つの潮流があった。第一に、ユートピア社会主義は、私有財産と家族を廃止し、国家管理の強化による社会革命を主張した。第二に、「キリスト教政治経済学」には、「慈善協会（Société charitable）」に属するヴィルヌーヴ＝バルジュモン、ド・モログ（de Morogues）、ド・ポムーズ（de Pommeuse）などが含められる。第三に、「社会経済学」には、「キリスト教道徳協会」、「初等教育協会（Société d'éducation primaire）」などに属するラ・ロシュフーコー＝リアンクール、シスモンディ、ドロズ、ジェランド（Gérando）、デュノワイエ、ギゾー、ヴィレルメ、デュパンなどが含められている。

（3） *Ibid.*, p. 66（邦訳、七六頁）.

（4） 「家族は、社会的なもの（le social）の女王であり、囚人である。家族の変容過程全体は、我々の社会に、とりわけ秩序化（policé）という特徴を付与している現代的な統合形態を配置する過程でもある」（*ibid.*, p. 13〔邦訳、七頁〕）。彼は後の著作『社会的なものの発明』でも、十九世紀における「社会的なもの」の概念を、「民主体制を選択した社会を統治可能にするために必要な発明物（invention）」と解釈している（Jacques Donzelot, *L'invention du social : essai sur le declin des passions politiques*, Paris, Seuil, 1994, p. 13）。

（5） 同様に、十九世紀フランスにおける家族の強化に着目する研究として、Katherine A. Lynch, *Family, Class, and Ideology in Early Industrial France : Social Policy and the Working-Class Family, 1825-1848*, The University of Wisconsin Press, 1988 がある。リンチは、産業化と秩序の安定を両立させるために、家族の強化を通じた労働者階級の「モラル化」を図ろうとした潮流として、「モラル・エコノミー」と「社会カトリシズム」の二つを挙げている。前者は国家の介入に批判的であり、核家族を新しい社会秩序の中心と見なした。後者は国家の介入に両義的であり、伝統的な家父長的家族の再生を主張した（*ibid.*, p. 52f.）。しかしリンチによれば、両者とも、ブルジョワ的政策の枠内にあったことに変わりはない（*ibid.*, p. 5）。

（6）Giovanna Procacci, *Gouverner la misère : la question sociale en France*（*1789-1848*）, Paris, Seuil, 1993, p. 165.

（7）*Ibid.*, p. 228.

（8）*Ibid.*, p. 16, p. 22 et s. et p. 165. 例えば、ラ・ロシュフーコー＝リアンクール、ジェランドなどの博愛主義者、パラン＝デュシャトレ、ヴィレルメなどの衛生学者、シャルル・コント、デュノワイエ、ドロズ、アドルフ・ブランキ、シェルビュリエ、レオン・セイなどの政治経済学者、ヴィルヌーヴ＝バルジュモン、ル・プレなどのカトリック系社会経済学者など。

（9）*Ibid.*, p. 29. アンドレ・ゲランは、社会経済学を、自由主義国家を補完する思想と位置づけている（André Gueslin, *Gens pauvres, pauvres gens dans la France au 19ᵉ siècle*, Paris, Aubier, 1998, p. 173）。

（10）Ewald, *L'Etat providence, op. cit.*, p. 10.「社会権」の考えは、一八六八年のボーベルジェ男爵の言葉に端的に表現されている。「我々の社会システムは、巨大な保険、すなわち脆弱さ、不幸、無知にたいする保険以外の何物でもない」（le baron de Beauverger, Corps législatif, séance du 30 mai 1868, cité par Ewald, *L'Etat providence, op. cit.*, p. 13）。

（11）*Ibid.*, p. 78.

（12）*Ibid.*, p. 94.

（13）*Ibid.*, pp. 125-131.

（14）*Ibid.*, p. 111, p. 180.

（15）さらに、エヴァルドとプロカッチの議論を引き継いだ論者として、『社会問題の変容』の著者ロベール・カステルがいる。カステルによれば、一八三〇年代の「新しい社会問題」への対応の文脈で、「国家と異なる政治的」概念が登場した。国家の介入を制約し、私的な慈善や博愛に訴えるこの「社会」概念は、自由主義と社会カトリックによって担われたとされるが、両者の相違は重視されていない（Robert Castel, *Les métamorphoses de la ques-*

tion sociale, op. cit., pp. 379-386)。さらにカステルは、十九世紀末の連帯主義者に導入された「社会国家（Etat social）」と、世紀前半の「社会的なもの」の概念とを区別している。前者は「社会権」を認める代わりに、貧民への扶助を最小限に抑制し、慈善よりも監視や統制を重視した（*ibid.*, p. 431）。

（16）「社会経済学」を最も広い枠組みで理解する例として、ゲラン『社会経済学の発明』が挙げられる。彼は社会経済学を、政治経済学を批判して社会問題に対応しようとした思想と捉え（André Gueslin, *L'invention de l'économie sociale : idées, pratiques et imaginaires coopératifs et mutualistes dans la France de 19e siècle*, nouvelle éd, Paris, Economica, 1998, p. 2)、十九世紀に中間団体論を唱えた諸潮流—自由主義（デュノワイエ）、社会主義（ペクール、ヴィダル、マロン）、カトリック学派（ル・プレ学派）、連帯主義—を含めている。

彼の議論は、第四章で扱うシャルル・ジッドの一八九〇年の講演「社会経済学の四学派」（Charles Gide, *Quatre écoles d'économie sociale, Conférences données à l'aula de l'Univercité de Genève*, 1890, republié par H. Desroche, *Archives de sciences sociales de la coopération et du développement*, octobre-décembre, 1987, no. 82)に依拠している。社会経済学を唱えるジッドは、自らの「新学派」がその他の学派対立を止揚するものであることを示すために、四つの潮流を「社会経済学」に含めた。ゲランは、こうしたジッドの意図を考慮に入れていない。

（17）一九八〇年代以降の社会経済学研究にたいしては、次のような批判もある。十八世紀末から十九世紀前半のパリ市の博愛運動を、一次資料を用いて包括的に研究したカトリーヌ・デュプラは、近年の「社会経済学」研究について、「事実の検証に耐え」ない、と指摘している。「パリの博愛家たちの言説と実践を追跡した［本書の］章では、このような解釈的仮説は、しばしばまったく確証されないことが明らかとなるであろう」（Catherine Duprat, *Usage et pratiques de la philanthropie : pauvreté, action sociale et lien social, à Paris au cours du premier 19e siècle*, vol. 2, Paris, Comité d'Histoire de la Sécurité Sociale, 1997, p. 584)。彼女によれば、十九世紀前半の貧困問題への対応に、規律権力の登場を読み込もうとする研究潮流には二つのものがある。一つは、エヴァルドの「福祉国家」論である。それは、一八三〇年代の貧困認識の転換に、十九世紀末の「福祉国家」に結実するような、監視・予防・保障を目的とする新しい権力の登場を捉えている（*ibid.*, pp. 581-583）。二つめは、J・ドンズロやP・メイヤーなどの家族論である。これらの研究では、十九世紀の博愛主義運動が、社会統制の装置である家族を再編・強化するものであったと位置づけられる。

デュプラは、それぞれを次のように批判する。第一に、三〇年代の博愛家は、一貫して法的慈善に慎重であり、国家の介入を最小限に抑えようとしていた。彼らにとって、国家の役割は私的慈善の促進・協力・規制にとどまり、世紀末の「福祉国家」の起源をそこに読み込むことは不適切である。

第二に、七月王政期に家族の再編と貧民の規律化を唱える議論は、言説のレベルでは多く見られたものの、実践のレベルでは散発的な試みにとどまり、そのほとんどが失敗に終わった（*ibid.*, p. 585）。むしろ十九世紀前半の博愛実践は、「家族にたいする控えめで表面的な活動と、捨て子や孤児にたいする膨大な活動との対照」によって特徴づけられる（*ibid.*, p. 586）。

（18）こうした理解のひとつの帰結は、第三共和政期の思想にかんする英米圏の研究に現れている。そこでは、社会保険の制度化を導いた急進共和派の思想が、しばしば「社会的自由主義（social liberalism）」と称されている (cf. William Logue, *From Philosophy to Sociology : the Evolution of French Liberalism, 1870–1914*, Dekalb, Northern Illinois University, 1983 ; Sanford Elwitt, *The Third Republic Defended : Bourgeois Reform in France, 1880–1914*, Baton Rouge and London, Louisiana State University Press, 1986 ; Dan Warshaw, *Paul Leroy-Beaulieu and Established Liberalism in France*, Dekalb, Northern Illinois University, 1991 ; Janet Horne, «Le libéralisme à l'épreuve de l'industrialisation : la réponse du Musée social» dans Colette Chambelland dir., *Le Musée social en son temps*, Paris, Presses de l'Ecole Normale Supérieure, 1998, pp. 13-25 ; Janet Horne, *A Social Laboratory for Modern France : The Musée Social and the Rise of the Welfare State*, Durham and London, Duke University Press, 2002. Cf. Richard Bellamy, *Liberalism and Modern Society : A Historical Argument*, University Park, Pennsylvania State University Press, 1992)。「社会的自由主義」とは、個人の自由と国家の限定的介入とを和解させた思想であり、実質的には、第三共和政期に支配権を確立する中産階級による温情主義的な社会改革に対応する。社会経済学、社会カトリシズム、プロテスタンティズム、連帯主義の間に歴史的に形成されてきた対抗関係は、世紀末の「コンセンサス」からの遡及的視点によってとらえられ、その意味は軽視・捨象されてしまう（Cf. Elwitt, *The Third Republic Defended, op. cit.*, p. 11）。なお、「自由主義」の把握に関

する同様の問題点は、上記の研究潮流に依拠してデュルケームを論じたかつての拙稿についても指摘できる。田中拓道「西洋政治思想史におけるÉ・デュルケーム――『社会』概念による『政治』の再構成の試み――（一）（二・完）」『北大法学論集』第四十九巻第二号、二〇七―二五七頁、第三号、一七一―二二一頁、一九九八年。

二　言説の場――道徳政治科学アカデミー

それぞれの思想の検討に入る前に、この時期の支配層に属する論者が、「社会問題」への対応を論じた場に触れておきたい。後に述べるように、政治経済学は、一八四〇年代以降『経済学者雑誌（*Journal des économistes*）』や「政治経済学協会（Société d'économie politique）」に集まった人々に担われ、社会経済学は、博愛主義や宗教的慈善の実践の場である「キリスト教道徳協会（Société de la Morale Chrétienne[1]）」、「博愛協会（Société Philanthropique）」などに担われた。この両者の人脈に関わり、七月王政期の支配層の言説を集約する役割を果たした公的機関が、一八三二年に再建された「道徳政治科学アカデミー（Académie des sciences morales et politiques）」であった。

革命期に活躍したコンドルセやカバニスが、人間関係の総体について考察する学を「道徳政治科学」と称し、「王立科学アカデミー」を通じてその制度化を試みていたことはすでに指摘した（第一章第三節）。この学は、総裁政府期の一七九五年に「フランス学士院」第二部門において公式に採用されるが、自由主義的傾向を嫌ったナポレオンによって一八〇三年にいったん廃止される。[2]その再建は、七月王政樹立後の一八三二年、ジェランド、クザン、ギゾーなど、いわゆる「ドクトリネール（純理派）」と呼ばれる哲学者・政治家の手によってなされた。[3]彼らは、「精神の統治（gouvernement des esprits）」を主張し、上層階級や知的エリートによる社会の指導と理性の陶冶を、統治権力の新たな役割とみなした。[4]出版の自由、初等教育の義務化、歴史編纂事業と並んで、「道徳政治科学アカデミー」の再建は、そのための重要な手段であった。[5] ドクトリネールの一人は、クザンへの手紙に次のように記している。「この提案［道徳政治科学アカデミーの再建］の動機は、公共理性（raison publique）を基礎とする統治、という原理から引き出しました。…道徳政治科学は、つねに精神（esprit）に大きな魅力を与え、人びとに大きな影響を及ぼします」。[6] 一八四八年のアカデミーの会合で、セレールは次のように述べている。「モラルの秩序を再建せずに、力によって物質的秩序を再建するだけでは、十分ではありません。精神を啓蒙し、それを穏和化することが重要なのです」。[7]

このアカデミーは、哲学、モラル、法律学（立法・公法・法解釈）、政治経済学・統計学、歴史学・哲学、という五部門から構成される。それぞれは六名の会員から成り、会員や海外の学者を招いての定期的な報告・討論が行われ、毎年報告書が発刊された。[8] 一八三五年の時点では、哲学部門にトラシ、クザン、ジェランドなど、モラル部門にレドレル（Rœderer）、デュノワイエ、ドロズ、ジョフロイ、ラカネル（Lakanel）、政治経済学と統計学部門にはシエイエス、ラボルド、デュパン、ヴィレルメ、シャルル・コントなど、歴史学と哲学部門にはギゾー、ミネ（Mignet）など、当時を代表する知識人が顔を揃えていた。七月王政期の成員には、ジェランドやヴィルヌーヴ＝バルジュモンなどのカトリックと、ギゾーなどのプロテスタントが並存し、「キリスト教道徳協会」の成員も多く含まれている。さらに、イデオローグ、ドクトリネール、衛生学者、博愛主義者が含まれるなど、相対立する幅広い立場の論者が共存していた。[9]

七月王政期の「社会問題」論を主導したのは、とくに三〇年代から四〇年代初頭の「モラル」「政治経済学」の二部門である。[10] 両部門では、新しい貧困現象への対応が、懸賞論文という形で問われた。その課題は、貧困の「兆候」をどのように見出し、どのように効率的な秩序維持政策を行うか、というものであった。[11] 例えば「モラル」部門では、一八三四年に以下の課題が掲げられている。

「パリや他の大都市において、悪徳・無知・貧窮によって危険な階級（classe dangereuse）を形成している人ロの一定部分は、事実の正確な観察に基づけば、いかなる要素によって構成されているか。この堕落した不幸な階層を改善するためには、行政、裕福な人々、知的で勤勉な労働者は、いかなる手段に訴えることができるか。」

受賞に該当しうる論文がなかったことで、同じ課題が、一八三八年に次のような形で問われる。「多くの国々において、貧窮（misère）は何によって構成され、いかなる兆候によって示され、何がその原因であるか」。この受賞作が、著名な保守的社会経済学者フレジエの『大都市の住民における危険な階級について』である。[12] さらにボージュール（Beaujour）賞のために、一八三四年にも同様の課題が与えられている。「多くの国の貧窮は、何によって構成され、いかなる兆候によって示されるのかを確定せよ」。これも受賞論文不在のため、同じ課題が問い直され、一八三九年に入選したのが、この時期の社会統計学の代表作となるヴィレルメの報告書『労働者の道徳的・身体的状態についての一覧表』であった。[13]

（1） 一八二一年に設立されたこの協会は、後の道徳政治科学アカデミーの成員を数多く擁し、その前身となった。その中心はカトリシスムであったが、政治家、行政官、経済学者なども参加し、救貧や立法にかんする情報交換と提言がなされた。成員の中には、ラ・ロシュフーコー゠リアンクール、ギゾー、ジェランド、シスモンディ、メーヌ・ド・ビラン、ヴィルヌーヴ゠バルジュモン、デュシャテル、ドロズなどがいる。Cf. Sophie-Anne Leterrier, *L'institution des sciences morales, L'académie des sciences morales et politiques, 1795-1850*, Paris, Harmattan. 1995, pp. 26-27.

（2） *Ibid.*, pp. 6-16.

（3） その組織は、フランス学士院第二部門の組織を引き継ぎ、会員もできるかぎり同一であろうとしたとされている（*Mémoires de l'académie royale des sciences morales et politiques de l'Institut de France*, t. 1, Paris, 1837, «avertissement»）。

（4） Cf. Guizot, *Mémoires pour servir à l'histoire de mon temps*, 1860, p. 14, cité par Christian Nique, *François Guizot : l'Ecole au service du gouvernement des esprit*, Paris, Hachette, 1999, p. 90.

（5） Rosanvallon, *Le moment Guizot*, *op. cit.*, pp. 222-231.

（6） Anonymat, Lettre à Victor Cousin, cité par Leterrier, *L'institution des sciences morales*..., *op. cit.*, p. 62.

（7） Baron Seillère, *séance du 12 août 1848*, *L'Académie des sciences morales et politiques*, cité par Le Van-Lemesle, «Les économistes libéraux et la Révolution française» dans Actes du Colloque International de Vizille (6-8 septembre 1989), *La pensée économique pendant la Révolution française*, Grenoble, Presses Universitaires de Grenoble, 1990, p. 598.

（8） 設立のオルドナンスおよび会則は以下を参照。*Mémoires de l'académie royale des sciences morales et politiques de l'Institut de France*, t. 1, 1837, pp. V-XIII.

（9） 行政官としてヴィルヌーヴ＝バルジュモン、フレジエ、ジェランドなど、統計学者・衛生学者としてパラン・デュシャトレ、ヴィレルメ、ゲパン（Guépin）など、経済学者としてテオドール・フィクス（Théodore Fix）、デュシャテル、ビュレ、アドルフ・ブランキ（Adolphe Blanqui）、シュルビュリエ（Antoine Cherbuliez）などがいる。

（10） アカデミーが貧困問題を主題とすることには前例もあった。一八二七年のアカデミー・フランセーズではモンティオン賞（Prix Montyon）のために、「社会経済学との関連における慈善」という課題が設定されている（cf. Leterrier, *L'institution des sciences morales*..., *op. cit.*, p. 51）。

（11） *Mémoires de l'académie royale des sciences morales et politiques de l'Institut de France*, t. 2, 1839, p. 125.「モラル」部会の懸賞論文と成員の構成にかんして、以下の邦語論文がある。高木勇夫「ブルジョワ・イデオローグ研究（4）道徳政治科学アカデミー道徳部会の懸賞論文課題」『名古屋工業大学紀要』第四十四巻、一九九二年、一九一―二三〇頁。

（12） H. -A. Frégier, *Des classes dangereuses de la population dans les grandes villes, et des moyens de les rendre meilleurs*, Paris, 1840.

（13）ルテリエは、アカデミーにかかわりのある論者のうち、「社会問題」について論じた者を三つに区分している（Leterrier, *L'institution des sciences morales, op. cit.*, pp. 51-58）。第一は、衛生学者である。カバニスの影響を受けたアレ（Hallé）をはじめ、この時期のアカデミーには、『公衆衛生法医学年報』（*Annales d'hygiène publique et de médecine légale*）の創設者が名を連ねていた（その中には、パラン・デュシャトレがいる）。彼らにとって、「社会問題」とは、何より公衆衛生、社会環境の問題とされる。第二は、社会カトリシスムである。その代表者として、ジェランド、ヴィルヌーヴ＝バルジュモン（一八四一年入会）、ド・モログなどが挙げられる。第三は、博愛主義者である。旧体制との連続性も指摘されるこれらの人びとには、ドロズ、デュパン、キュヴィエ（Clémentaire Cuvier）などがいた。

第二節　政治経済学

七月王政期に公的秩序にかかわる主要な言説を構成したのは、国制論ではなく、法学と政治経済学である。とりわけ「社会問題」にたいしては、政治経済学が主要な役割を果たした。以下ではこの時期の政治経済学の特徴を明らかにするために、十九世紀初頭までの語義について簡略に振り返り（一）、七月王政期の思想内容について検討する（二）。

一　十九世紀初頭までの政治経済学

「政治経済学」という語が最初に用いられたのは、一六一五年のモンクレティアンの著書『政治経済学概論』

とされている。[1] 古代ギリシア以来、ポリスでの公的活動と区別される家政を意味していた「エコノミー（Œconomie）」は、近代以降、国家の統治行為一般を指す語として用いられるようになる。「政治経済学」が一般に普及する十八世紀後半においても、その内容は、国家の繁栄や人民の安寧を目的とした統治行為、とりわけ農業、租税、財政、価格統制などにかかわる管理・規制行為を指していた。[2] 一七五五年の『百科全書』のブーランジェによる項目「政治経済学」では、それが「社会内の人間を維持し、幸福にする技術と科学」と定義され、具体的には、国制の区別に応じた統治について論じられている。[3] ルソーの執筆による「エコノミー（Economie ou Œconomie）」の項目では、「政治経済」は、家政と区別された「国家という大家族の支配・管理（gouvernement）」を意味するとされ、「公共経済（économie publique）」とも言い換えられている。[4] 彼によれば、「政治経済学」の目的は「人民の幸福」にあり、その対象は、食糧価格維持、公教育、財政、不平等を是正するための税制などとされる。

本書では、十八世紀後半におけるこの語の意味変化を扱う余裕はない。ここでは十八世紀末までの意味内容として、以下の二点を確認しておきたい。第一に、「政治経済学」は、十八世紀を通じて「統治の学」を意味していたということ、[5] 第二に、その対象範囲は、公行政の対象の拡大とともに、国制論にとどまらず、生産、人口、交易、貨幣、財政、治安、公衆衛生などの多様な領域へと拡張していったことである。[6]

十九世紀初頭の「政治経済学」の意味変容に決定的な影響を及ぼしたのは、アダム・スミスの思想を受容したジャン＝バティスト・セイであった。彼は主著『政治経済学要綱』の冒頭で、次のように述べている。

「長いあいだにわたって、社会の組織化に関する科学、すなわち固有の意味での『政治学（politique）』と、社会の必要を満たす富の形成・分配・消費のあり方を教える『政治経済学』とは混同されてきた。しかし、富は本質的に政治組織から独立している。いかなる統治形態の下であれ、うまく管理されるなら、社会（état）は繁栄することができる。[7]」

セイによれば、「社会」は人間の身体と同じく、自律的な秩序法則を内在させている。それは統治機構の形態や活動と、直接的な関係を持たない。ここでは彼の経済思想ではなく、このような秩序認識の前提にある方法的特徴に絞って検討しておきたい。

セイは『政治経済学要綱』前文において、自らの方法を、それ以前の思想と区別して次のように述べている。彼によれば、十八世紀の「政治算術」や統計学は、いずれも過去に生じた事実や、現に存在する事実を観察し、整序するための「記述的（descriptive）」学であった(8)。それは博物学や植物学と同じく、諸事実を表（tableau）の上に配置し、分類するための経験的な知のあり方である。一方、政治経済学とは、諸事実を分類するだけでなく、それらのあいだにある因果関係、すなわち「一般法則（lois générales）」を明らかにする「実験的（expérimental）」科学である(9)。それは物理学・化学・生理学などと同様の確実性を有し、過去の事実だけでなく、未来に生じるべき事実をも決定することができる。個々の現象は「特殊な事実」にすぎず、それらを観察し、列挙したとしても、「一般法則」は明らかにならない。政治経済学では、個々の現象から離れた観察者の位置に立ち、因果関係を構成する「本質的事実」と、その法則を阻害する例外的な事実とを区別することによって、「一般法則」を推論することができる(10)。

セイの方法論では、現象の観察と推論から導かれた「一般法則」の確実性を、論理的に証明しえているわけではない。彼の議論の特徴は、富の生産・配分・消費という限定された領域においては、現象の背後に「一般法則」が存在する、という信頼を前提としている点にある。すなわち彼によれば、財の生産によって需要が喚起され、自由な市場の下で需要・供給は一致する。こうした循環は富のさらなる生産を促し、社会全体の繁栄を導く。不平等の拡大や社会問題の出現、公権力の介入などは、こうした「法則」を阻害する例外的現象として位置づけられる。彼の体系の中では、政府は非生産的な組織にすぎず、橋・道路・港・運河・記念碑の建築、子供の読み書き能力の育成など、生産の増大にとって「有用」な活動を除けば、最小に維持されるべきである(11)。むしろ不平等は、イギリスの救貧税のように、貧民の怠惰を助長させ、産業の自由を抑制する公的制度によって増大したとされる。[12]

セイの政治経済学は、十九世紀初頭以降のフランスに広範な影響を及ぼした。例えば、イデオローグの代表者デステュト・ド・トラシの政治経済学は、セイの議論をほぼ踏襲したものである。彼によれば、「社会とは純粋に交換の連なりでしかない」[13]。富の不平等は、競争を活性化させ、社会全体の富の拡大をもたらす以上、道徳的に悪ではない。政府は富の拡大に寄与しない非効率な組織にすぎない。彼らにとって政治経済学とは、統治機構の活動ではなく、財の「交換」から成る自律的秩序に関わる学と想定される。

一八二五年に『自由との関係から考察された産業とモラル』を著したシャルル・デュノワイエは、セイやトラシの思想をさらに推し進め、「政治」の役割を「社会」の中に解消しようとする。[14]

「政治学（politique）とは、しばしば政府（gouvernement）に関する科学と体系であると定義されている。この定義は、社会すべてが政府に包摂され、政府が社会の唯一の対象であった時代には正しかったであろう。…しかし今日、政府は社会の中で限られた場所を占めているにすぎない。政治学を政府に関する科学と定義することは、この語を矮小な意味で用いることになる。政治学は、…社会をそのあらゆる活動様式において考察するのである。[15]」

デュノワイエによれば、新しい「政治学」とは、政府の活動ではなく、「社会」全体を対象とし、「人間の道徳的な完成」にかかわらなければならない。「わたしは社会を、その政治的活動において考察する」[16]。「社会」とは、産業の発展を基礎として、「文明化」へと自己運動する集合である。「産業は、習俗を和らげ、純化し、高揚させる。産業は正義、尊厳、勇気に寄与する。さらにそれは、秩序とモラルの理念を含んでいる」[17]。平和をもたらすのは、政治体制ではなく、産業の発展であるから、産業に従事する者こそが、政治的支配者となるべきである。[18]

彼にとって、富の不平等は、自然的不平等の帰結にすぎない。努力した者がより多くの富を獲得することは、正義にかなうだけでなく、むしろ産業の進歩のためには、学者、資本家、労働者という社会階層の区別が必要である[19]。

（1） Montchrétien, *Traicté d'Œconomie politique*, 1615. Cf. Jean-Claude Perrot, *Une histoire intellectuelle de l'économie politique, 17e–18e siècle*, Paris, EHESS, p. 64.

（2） Perrot, *Une histoire intellectuelle…, op. cit.*, pp. 66-68.『アカデミー辞典（*Dictionnaire de l'Académie*）』では、「エコノミー」が次のように説明されている。一七六二年の段階では、「政治体（corps politique）が本質的に立脚する秩序」と簡明に定義され、一七九八年〜一七九九年版においてはじめて、「それは政治経済学と呼ばれる」と付記されている。

（3） 《Œconomie politique》dans *Encyclopédie*.

（4） 《Economie ou Œconomie》dans *Encyclopédie*.

（5） 木崎は、十八世紀半ばに「政治体の総体的秩序を維持するための統治」を対象としていた「政治経済学」が、十九世紀初頭以降、統治者の意思とは無関係な富の生産・流通・消費から成る「秩序」の学へと「大転換」を遂げた、と指摘している（木崎喜代治『フランス政治経済学の生成』未来社、一九七六年、一四頁）。

（6） Perrot, *Une histoire intellectuelle…, op. cit.*, pp. 74-75.

（7） Jean-Baptiste Say, *Traité d'économie politique, ou simple exposition de la manière dont se forment, se distribuent et se consomment les richesses*, 6e éd., Paris, 1841 (1re éd. 1803), reproduit chez Slatkine, Paris, 1982, p. 1. セイは次のようにも述べている。「政治経済学とは、社会に関する経済学（économie de la societe）以外のなにものでもない。…社会体のさまざまな部分の本性と機能についての研究は、一連の知、すなわち政治経済学という名で呼ばれる科学を生み出した。おそらくこれは、社会経済学（économie sociale）と呼ばれたほうが良かったであろう」(Jean-Baptiste Say, *Cours complet d'économie politique pratique*, 1843, reproduit chez Bizzarri, Roma, 1968, p. 1)。ここでセイが「社会経済学」という語を用いているのは、「政治経済学」と区別するためでは

なく、「社会」に関する学と、統治機構に関する政治学とを区別するためである。

（8）Say, «Discours préliminaire», *Traité d'économie politique*, *op. cit.*, pp. 5–6.

（9）*Ibid.*, pp. 6–9.

（10）この区別は、フーコーが『言葉と物』で展開した「古典主義時代の知」（博物学的な知）と、「近代のエピステーメー」（生物学、経済学、言語学的な知）との区別に対応する。フーコーは、十八世紀末に生じた認識論的転換について次のように述べている。「秩序も、それが空間化される場である表《タブロー》も、それによって規定される隣接関係も、その表面のさまざまな点のあいだでの可能な巡歴としての継起関係も、もはや表象同士、あるいは各表象の要素同士を結合する力をもたない。この結合の条件は、以後、表象の外部、その直接的可視性の彼方、表象それ自体よりも深く厚みのある一種の背後の世界に宿るのだ」（ミシェル・フーコー（渡辺一民、佐々木明訳）『言葉と物―人文科学の考古学』新潮社、一九七四年、二五九頁）。しかし、本書で述べるとおり、十九世紀においても「近代のエピステーメー」が「古典主義時代の知」を覆い尽くしてしまったわけではない。

（11）Say, *Traité de l'économie politique*, *op. cit.*, p. 220, p. 477.

（12）Jean-Baptiste Say, *Cours complet d'économie politique prqtique*, t. 2, Paris, 1840, p. 362 et s.

（13）Destut de Tracy, *Elément d'idéologie*, 4e et 5e partie, Paris, 1815, p. 354.

（14）シャルル・デュノワイエ（Dunoyer, Barthélemy-Charles-Pierre-Joseph, 1786–1862）は、ケルシィ（Quercy）の貴族の家に生まれた。自由主義的雰囲気の中で育ち、パリで法学・政治経済学などを学ぶ。ナポレオン体制を忌避し、ブルボン王朝の復古とともにシャルル・コントと雑誌『Censeur』を創刊した。さらに、ジャン＝バティスト・セイの影響の下で、一八二五年以降政治経済学に関する著作を発表し、その分野の代表者となった。一八三二年には、道徳政治科学アカデミー「モラル」部門の会員となっている。

（15）Charles Dunoyer, *L'industrie et la morale considérées dans leurs rapport avec la liberté*, Paris, 1825, «préface», p. iv.

（16）*Ibid.*, p. 8.

（17）*Ibid.*, p. 114.

(18) *Ibid.*, pp. 322-323, p. 347.
(19) *Ibid.*, pp. 390-391.

二　七月王政期の政治経済学

七月王政期の政治経済学は、セイやデュノワイエの思想を引き継ぎ、「道徳政治科学アカデミー」の「政治経済学」部門、「政治経済学協会」に集まった学者たちによって担われた(1)。「政治経済学協会」の目的は、経済現象に固有の法則への認識をフランスに普及させ、自由放任主義を実現することであった(2)。以下では、「社会問題」への対応という観点から、七月王政期の政治経済学の特徴を、四点において指摘する。

第一に、政治経済学者にとって、当時の社会は、産業の自由による「進歩」「文明化」が実現しつつある状況と認識される。テオドル・フィクスは言う。「例外は一般的事実の意味を失わせはしない(3)」。大工場で働く労働者のモラルの低下、衛生の悪化、家庭環境の悪化などによって、一部に「社会問題」が生まれているが、それは文明化という一般的傾向にたいする例外にすぎない。フィクスによれば、現代の労働者は、いかなる時代よりも物質的に恵まれた生活を享受し、親方の支配からも解放されている。デュパンは、フランス革命によって産業の自由が実現し、社会全体の繁栄と労働者の地位向上がもたらされた、と主張する(4)。デュシャテルは、「文明の進歩」によって、下層階級の「思慮(prudence)」が向上し「富の拡大と知的進歩」が可能となった、と言う(5)。

彼らにとって、貧困や不平等は、同業組合や古い慣習が残存することで産業の自由が阻害され、「文明化」が十分に実現されていないことの帰結にすぎない(6)。シェルビュリエによれば、「社会問題」の唯一の解決策とは、財の再配分ではなく、「資本の循環」による「生産力の新たな拡大」である(7)。

労働者階級の生活に関する社会調査は、こうした見方の根拠として用いられた。一八四八年に労働者の生活を調査したアドルフ・ブランキは、次のように結論づける。[8] 三〇年から四〇年代の「進歩は甚大」であり、「現在では、フランスの労働者はヨーロッパで最も裕福である」。[9] 衛生学者ヴィレルメは、一八四〇年当時の労働者の生活状況について、次のように言う。「フランスでは、産業の自由によって可能な限り多くの財が生産された」。「労働者の競争によって、人間の力の最終的な限界まで労働が課され、その賃金は可能な限り低く抑えられた」にもかかわらず、「労働者の生活条件は、今日では、過去のいずれの時代よりも良い」。[10]

第二に、不平等と階層化の進展は、産業の進歩を阻害するのではなく、その進歩に不可欠である。人間には生まれ持った能力の不平等が存在する以上、自由な体制の下で、財の多寡が生じることは避けられない。[11] さらに不平等は、社会の中に機能の違いに基づく新たな紐帯をもたらす。[12]

第三に、産業化にともなう貧困問題は、普遍的権利にかかわる問題ではなく、貧民の個人的「モラル」にかかわる問題である。政治経済学において、法の下での平等と、社会的不平等とは峻別される。ナヴィルやティエールは、貧民への公的扶助を「権利」と見なす考え(「法的慈善(charité légale)」)を、次のように批判している。ティエールによれば、国家の財は万人のものである。一部の者(貧民)を利するために、別の者(富者)に犠牲を強いることは「不正」である。[13] 国家の活動領域は、普遍的「正義」と「自由」の原理によって規制されなければならない。[14] ナヴィルもまた、次のように言う。「法は画一的に実施されなければならない。法を適用する者は、法によって定められていない相違を考慮に入れることはできない」。[15] 法的慈善は、性、年齢、収入など貧民の個別状況に応じた対応にはそぐわない。[16] 法は、普遍的・一般的事柄のみにかかわるが、貧困は、「怠惰、無規律、計画性の欠如」[17]、「無知と悪徳」[18] に起因する個別的・例外的な問題である。慈善や扶助を「権利」として認めるならば、貧民にさらなる依存心を与え、ますます「無為、[将来への]無頓着、放蕩」へと追いやることになる。[19] その結果、社会全体が困窮に陥り、[20] さらに貧民の数を増大させる。[21]

第四に、彼らの「社会問題」への対策は、個々の貧民の「モラル」に働きかけ、彼らに自己規律や自己責任の感覚を内面化させることに見出される。フィクスは、親方による労働者の生活指導、子供への無償教育を重視する。[22] さらに、アソシアシオンや共済金庫を通じて、労働者に「支出の節約」を教育する必要がある。[23] デュパンも、共済金庫と私的慈善の活性化を主張する。[24] ドロズは、初等教育と職業教育の充実を唱えた。[25]

（1）「政治経済学協会（Société d'économie politique）」は、一八四一年『経済学者雑誌（*Journal des économistes*）』を発刊した人々を中心に、一八四二年に設立された。初代会長はロッシ（Rossi）であり、同時期のメンバーには、ジョゼフ・ガルニエ（Joseph Garnier）、ギョーマン（Guillaumin）などがいた。また、事務局の代表は、デュノワイエとパッシー（Passy）であった。他のメンバーには、フィクス、バスティアなどがいる（cf. 《Société d'économie politique》, *Dictionnaire d'économie politique*, Paris, 1873）。本章では政治経済学者の中に、シャルル・デュパン、ジョゼフ・ドロズ、アドルフ・ブランキなども含める。

（2）Yves Breton, "The Société d'Economie politique of Paris (1842-1914)", in Massimio M. Augello and Marco E. L. Guidi ed., *The Spread of Political Economy and the Professionalization of Economics : Economic Societies in Europe, America and Japan in the nineteenth century*, London and New York, Routledge, 2001, p. 54.

（3）Théodore Fix, *Observations sur l'état des classes ouvrières*, Paris, 1845, p. 5.

（4）Dupin, *Bien-être et concorde des classes du peuple français*, *op. cit.*, p. 23, pp. 43-45. シャルル・デュパン（François-Pierre-Charles Dupin, 1784-1873）は、ヴァルジィ（Varzy）に生まれた。エコール・ポリテクニク卒業後、技師となりイギリス滞在を経験する。数学の政治への適用や、政治経済学にかんする著作によって名声を獲得し、一八二四年に男爵の爵位を受ける。七月王政下では、コンセイユ・デタの評定官、海軍大臣などを歴任し、『フランスの民衆諸階級の福利と融和』によって、当時の自由主義的政治経済学を代表する論者となった。

（5）Duchâtel, *Considérations d'économie politique sur la bienfaisance ou de la charité*, 2e éd., Paris, 1836, p. 322, p. 356. デュシャテル（Charles, comte Tanneguy Duchâtel, 1803-1867）は、ノルマンディーの政治家の家に生ま

れた。復古王政期に雑誌『グローブ』の創設に携わり、七月革命以降は政治家に転身する。商業大臣、財政大臣、内政大臣などを歴任し、内政に大きな影響力を持った。

（6）この点について、たとえば岩本吉弘「シャルル・デュノワイエと「二つの産業主義」―王政復古期フランスにおける産業主義と自由主義」『一橋論叢』一一七巻二号（一九九七年）、二五八―二七六頁、一一八巻二号（一九九八年）、二七一―二八五頁を参照。

（7）Cherbuliez, *Le socialisme c'est la berbarie : examen des questions sociales qu'a soulevées la Révolution du 24 février 1848*, Paris, 1848, p. 16, p. 46.

（8）ブランキ（Jérôme-Adolphe Blanqui, 1798-1854）は、ニースの司法官の家に生まれた。革命家のブランキの兄。パリで家庭教師をしていたが、セイの講義に接することで政治経済学を身につけ、一八三〇年に商業大学校（Ecole spêciale du commerce）の教授となり、一八三三年からは国立工芸学校政治経済学講座を担当する。政治的にはオルレアン派であり続けた。

（9）Adolphe Blanqui, *Des classes ouvrières en France pendant l'année 1848*, Paris, 1849, p. 247.

（10）Louis-René Villermé, *Tableau de l'état physique et moral des ouvriers employés dans les manufactures de coton, de laine et de soie*, Etudes et documentation internationales, Paris, 1989, pp. 367-368.

（11）Cf. Dunoyer, *L'industrie et la morale...*, *op. cit.*, pp. 372-375.

（12）Procacci, *Gouverner la misère*, *op. cit.*, p. 33.

（13）Adolphe Thiers, *Rapport général présenté par M. Thiers au nom de la Commission de l'assistance et de la prévoyance publiques*, Paris, 1850, p. 42.

（14）*Ibid.*, p. 105.

（15）François Naville, *De la charité légale de ses effets, de ses causes, et spécialement des maisons de travail, et de la proscription de la mendicité*, t. 1, Paris, 1836, p. 85.

（16）*Ibid.*, p. 90 et s.

（17）Duchâtel, *Considérations...*, *op. cit.*, p. 154.

（18）Ch. Dunoyer, *L'industrie et la morale...*, *op. cit.*, p. 381.

（19）Naville, *De la charité légale*, *op. cit.*, t.1, pp. 72-73 ; Joseph Droz, *Économie politique ou principe de la science de richesses*, 2e éd., Paris, 1846, p. 2.

（20）Naville, *De la charité légale*, t. 2, *op. cit.*, p. 35.

（21）Duchâtel, *Considérations...*, *op. cit.*, p. 146.

（22）Fix, *Observations sur l'état des classes ouvrières*. *op. cit.*, p. 8.

（23）*Ibid.*, pp. 40-44.

（24）Dupin, *Bien-être et concorde des classes...*, *op. cit.*, pp. 95-103.

（25）Droz, *Economie politique...*, *op. cit.*, p. 116.

第三節　社会経済学

一　社会経済学用法史

第一節で述べたように、これまでの研究では、「社会経済学」の同定を巡って様々な相違が見られる。その最大の要因は、十九世紀前半に「社会経済学」の用法が確立していたとは言えないことである。そこで以下では、「社会経済学」の用法史について、簡略に触れておきたい。

「政治経済学」「社会経済学」の用法史を整理した十九世紀半ばの政治経済学者J・ガルニエによれば、「社会経済学」という語の最初の使用は、フィジオクラットのビュア＝ナンシィ（le comte de Buat-Nançy）の手になる一七七三年の著作『政治学の諸要素、あるいは社会経済学の真の原理についての探求（*Eléments de la politi-*

que, ou recherche des vrais principes de l'économie sociale)』である。[1] ただし十九世紀半ばに至るまで、「社会経済学」と「政治経済学」は、同義語として用いられることが多かった。[2]

たとえばＪ・Ｂ・セイは、一八四三年の『実践政治経済学講義』の中で、「政治経済学」は「社会経済学と呼ばれたほうがよかった」と述べている。[3] アドルフ・ゲパンは、一八三三年の『社会経済学概論』の中で次のように論じている。[4]「『政治学』とは、ギリシャ語の police すなわち都市、cité すなわち国家に由来する。一方『経済学(économie)』は、『社会経済学(économie sociale)』に属する。この語は、一語の名詞として用いられている『政治学(politique)』とは、まったく異なる意味を有している。これまでのところ、『政治経済学』という名称しか用いられてこなかったにせよ、我々の思想を表現するにあたっては、『社会経済学』という名称の方が望ましかった」。このように、彼らによって重視されているのは、「社会経済学」と伝統的「政治学」との区別であり、「政治経済学」と「社会経済学」との区別は名辞の問題にすぎない。

しかし、ガルニエの議論にもかかわらず、十九世紀前半のテクストの中には、「社会経済学」と「政治経済学」とを対照させる用法も存在している。一八一六年の匿名の冊子『社会経済学によって正しく規制された乞食の利点について』では、社会が貧富の二つの「階級(classes)」に分かれ、相対立している現状にたいして、「すべての階級を超越した高み」にある「人民政府」の「主権」こそが、労働者階級を守る法的取り組みを行わなければならない、と主張されている。[5] 先に挙げたゲパンの著作でも、「社会経済学」は「人民全体」の「幸福」と結びつけられている。[6] 一八三二年のバルベの著作『社会経済学論集』では、それが「すべての市民(citoyen)の利益」と結びつけられている。[7] とりわけシスモンディの影響を受けた論者において、物質的富の拡大を目的とする「政治経済学」への批判を意識する形で、人民の「幸福」を目的とする「社会経済学」が対置された。[8] 例えば、「社会経済学」を主題に据えるジェランドの『公的慈善』(一八三六年)、ペクール『社会経済学』(一八三九年)、マルボー『社会経済学研究』(一八四四年)などの著作では、「大衆的貧困」とのかかわりで、「政治経済学」批判が展開される。ド・クーは、一八三二年の講義の冒頭において、物質主義に基づく「イギリス政治経済学」と、カトリシズムに基礎づけられた「社会経済学」とを対比している。[9] 政治経済学者アドルフ・ブランキは、『政治経済学の歴史』（一八三七年）において、アダム・スミスやマルサスの影響を受けた論者にたいして、産業化を批判する論者を「フランス学派の社会経済者たち（économistes sociaux de l'école française）」と称し、その中にシスモンディ、ヴィルヌーヴ゠バルジュモン、ドロズなどを含めている。[10] 一八四〇年のビュレの著作『イギリスとフランスにおける貧窮について』では、「政治」と「モラル」を分離する「イギリス政治経済学」にたいして、両者を再統合する「真の社会科学」「社会経済学」の必要性が唱えられている。[11]

ヴィルヌーヴ゠バルジュモンは、一八四一年の『政治経済学の歴史』の中で、二つの語について次のように語っている。「政治経済学」は、そもそも家政（gouvernement de la maison）、後には公的行政を対象とした。それは「社会体全体」の統治を対象するため、セイの言うように、「『社会経済学』という名称のほうが理に適っていた」。[12] しかし、アダム・スミス以降、「政治経済学」は変容を蒙り、もはや「物質的富」のみに関わる学となっている。彼は、イギリスで発展した「政治経済学」と、「より豊かで、キリストの教えに近い現代の社会経済学」を対比し、次のように言う。[13]

「真の社会経済学とは、労働と慈善をともに喚起し、富の生産よりも福祉（bien-être）の一般的普及を助け、必要を無限に増大させる代わりに、それを一定限度に定め、産業の拡大を正しい比率に割り当て、最後に国民の産業の…発展に基づく。[14]」

それは、十八世紀までの伝統的な「政治経済学」の用法を引き継ぎ、「社会の組織化と統治を構成する全て」を対象とする。[15]

両者の区別が一般に普及するのは、一八五六年フレデリック・ル・プレのイニシアティヴによる「社会経済学協会」（Société de l'économie sociale）の設立、さらには一八六七年のパリ万国博覧会における「社会経済学」部門の設置以降である。[16] しかし、これまで見てきたように、すでに「社会経済学」が制度化される以前の七月王政期において、両者の分岐が語られている。その分岐は、十九世紀初頭の政治経済学の意味変容に由来していたと考えられる。十八世紀末に至るまで、人民の「幸福」を目的とし、財政、衛生、監獄、人口などを対象としていた政治経済学は、十九世紀初頭以降、富の生産や消費から成る「自律的」秩序へと対象を限定し、その「法則」に適合しない現象を外部へと切り捨てるか、周縁へと位置づけていった。一八三〇年前後から、政治経済学において捨象された要素を引き受け、「幸福」を目的とする統治の学として再構成された思想が「社会経済学」であった。確かにこの時期には、ヴィルヌーヴ＝バルジュモンが「社会経済学」より「キリスト教政治経済学」という呼称を選好し、シスモンディは自らの思想を「新しい政治経済学」と語るなど、その名称は一定してない。しかし本書では、上記のような文脈の中で、支配層内部において政治経済学への批判を担った思想潮流を、「社会経済学」として一括することにする。

（1）H. Joseph Garnier, *De l'origine et de la filiation du mot économie politique et des divers autres noms donnés à la science économique*, Paris, 1852, pp. 22-24.
（2）*Ibid.*, p. 24.
（3）Say, *Cours complet d'économie politique pratique*, *op. cit.*, p. 1.
（4）Alphonse Guépin, *Traité d'économie sociale*, Paris, 1833, p. 6.
（5）Anonym, *Des avantages de la mendicité bien reglée dans l'économie sociale, des inconvéniens de sa supression absolue, et de la necessité de réformer la législation à cet égard*, Paris, 1816.
（6）A. Guépin, *Traité d'économie sociale*, *op. cit.*, p. 6.
（7）Auguste Barbet, *Mélanges d'économie sociale*, Rouen, 1832, «préface».
（8）Cf. Procacci, *Gouverner la misère*, *op. cit.*, p. 164.

（9）Charles de Coux, *Essai d'économie politique : discours prononcé à l'ouverture d'un cours d'économie politique*, Paris, 1832, p. 4.
（10）Adolphe Blanqui, *Histoire de l'économie politique en Europe depuis les anciens jusqu'à nos jours*, Paris, 4e éd., 1882, p. 423 et s.
（11）Buret, *La misère des classes laborieuses en Angléterre et en France*, t. 1, *op. cit.*, p. 7.
（12）Villeneuve-Bargemont, *Histoire de l'économie politique*, t. 1, *op. cit.*, p. 11.
（13）*Ibid.*, p. 21.
（14）Villeneuve-Bargemont, *Economie politique chrétienne*, *op. cit.*, p. 410.
（15）*Ibid.*, p. 12. ヴィルヌーヴ＝バルジュモンの場合、具体的には、慈善の組織化、教育、家族政策、相互扶助や共済金庫の設立、農業・産業政策などを意味する。
（16）André Gueslin, *Gens pauvres, pauvres gens...*, *op. cit.*, p. 3.

二　社会経済学の秩序像

（1）富と幸福

シスモンディは、一八一九年に出版された主著『政治経済学新原理』の冒頭で、アダム・スミスの政治経済学が富の拡大のみを目的としていたことを批判し、「政治経済学」は「すべての人々」の安楽と幸福を目的とする「統治の学（science du gouvernement）」でなければならない、と述べている。[1] シスモンディによれば、商業の発展は労働人口の増大と供給過剰をもたらし、最終的には「人類の大多数の階層をより不安定にし、より残酷な依存と、より多くの死亡率…をもたらす」[2]。万人の「幸福」を実現するためには、公権力の介入によって商業活動を抑制しなければならない。「政治経済学を最も単純な原理に還元し、一見リベラルな自由放任（laisser faire）

や放縦に委ねるのではなく、富の発展を規制するために、私は社会的権力の介入に訴えた」[3]。シスモンディの思想は、十八世紀までの「政治経済学」で語られた「人民の幸福」を目的とする「統治の学」を引き継ぎ、アダム・スミス以降、富の生産に関わる学と同一視されてきた政治経済学から、伝統的な「政治経済学」へと回帰しようとした試みとして位置づけられる。

「富」と「幸福」の区別は、一八三〇年代以降の社会経済学者へと引き継がれ、政治経済学批判の主要な論点となった。シャルル・ド・クーやヴィルヌーヴ＝バルジュモンは、イギリス政治経済学の「物質主義」と社会経済学とを対比し、真の富を「モラル」の豊かさであると主張した[4]。ビュレは、スミス以来の政治経済学の「最も完全な表現」としてリカードの思想を挙げ、「ここでは、あらゆる社会的傾向（tendance sociale）が消失した」と評する。この思想において、「国家は生産の工場でしかない。人間は消費と生産の機械でしかない。人間の生命は資本でしかない」。言い換えれば、「政治経済学が目指しているのは、政治とモラルとを完全に切り離すことである」[5]。それにたいして、真の「社会科学」は、政治とモラルを結合するものでなければならない。

「幸福」が、下層階級の物質的安寧ではなく、「モラル」のあり方を指すとすれば、社会経済学の目的は、シスモンディの主張したような国家の介入による商業活動の抑制や、農業への回帰にはとどまらない。ド・クーは、社会の一体性を強調し、ジェランドやヴィルヌーヴ＝バルジュモンは、上層階級による下層階級への教育を強調した[6]。彼らにとって「幸福」とは、上下の階層間の対面的関係に支えられた、共同性の感覚を意味している。

（2）新しい慈善

正統カトリシスムは、「貧困」を自然的不平等の帰結であり、人々の慈善行為を喚起することで信仰心を高揚させるための媒介ととらえていた。この認識は、「社会問題」が語られ始めた十九世紀以降も引き継がれる[7]。一八七〇年以前の「初期社会カトリシスム」研究を代表するデュロゼルは、十九世紀を通じて「神学者が社会問題をどれほど無視していたか」には「驚かされる」、と指摘している。[8] 正統カトリシスムが「社会問題」の存在を公式に認めるのは、一八九一年の教皇レオ十三世の回勅によってである。[9]

一方、十九世紀前半の伝統主義を代表する思想家ボナルドは、一八一〇年の「国富について」と題された論文で、すでにイギリス政治経済学批判を展開していた。ボナルドによれば、アダム・スミスは、国富を個人の物質的な富の集積と理解した。[10] しかし、「社会」とは、私的利益の集合を越えた「一般意思（volonté générale）」「精神的集合体（corps moral）」である。[11] 個人は、この集合の中に位置づけられたとき初めて「人間」となる。自由主義者の称揚する商業的秩序は、「私的利益」を解放し、「公共精神」を喪失させる。「特定の人間の富は、諸国民の富（richesse des nations）ではない。…一人の例外もなく、すべての個人によって、国民という集合体が形成されているのだから、万人が、少なくともこの富に参与すべきであろう」。[12] ボナルドは、真の「富」を「キリスト教の精神の発展」であるとし、商業的秩序を抑制することを説いた。

ボナルドの思想は、一八三〇年代の正統王朝派（légitimiste）の間に大きな影響力を及ぼした。[13] 社会経済学を代表するヴィルヌーヴ＝バルジュモンやジェランドは、「社会」を私的利益の集合ではなく「精神的集合」と見るボナルドの社会観を引き継いでいる。同時に彼らは、キリスト教精神の布教にとどまらず、貧民の「モラル」に働きかける「新しい慈善（charité nouvelle）」の組織化を唱えた。[14] 旧来の慈善と「新しい慈善」は、次の三点において区別される。

第一に、従来の慈善は直接の施しを行うにとどまり、扶助の効果を計測しなかった。[15]「新しい慈善」は、たんなる信仰や共感による施しにとどまらず、貧民に自律と勤勉の精神をもたらす効果がなければならない。[16] ジェランドは、慈善の本質を、現物の給付ではなく、「配慮、助言、励まし」であるとし、それを「能動的慈善（charité active）」と称している。[17]

さらに、「新しい慈善」は、できるかぎり少ないリソースで効果を挙げなければならない。ヴィルヌーヴ＝バルジュモンは、慈善の実践において「政治経済学および家計の経済学（sciences d'économie politique et domés-tique）」を導入すべきであると説いている。[18]

第二に、旧来の慈善は「予防（prévenir）」への関心を持たなかった。「新しい慈善」は、「予防」「予見（prévoyance）」を中心的な目的とする。[19] ビュレ、ジェランド、ヴィルヌーヴ＝バルジュモンらによれば、「大衆的貧困」の原因は、「モラル」の低下、「無知」、「予見能力の欠如」に見出される。「新しい慈善」は、貧民自らが未来の不確実性を予見し、現在においてそれに備えるという生活態度を身につけることを奨励する。

第三に、伝統的慈善は、場当たり的な対応にとどまり、公的権力や人道主義的アソシアシオンとの協力、組織化を十分に行わなかった。[20]「新しい慈善」では、個別の貧民に対応するだけでなく、貧民の住む地区ごとの特性に配慮し、異なる組織と協力することが必要である。[21]

（3）参与観察

セイ以降の政治経済学は、事実を観察し、分類するという十八世紀末までの知のあり方（博物学、自然史、統計学的な知）ではなく、現象の背後に働く一般法則を抽出し、自律した知的体系を構築すること（物理学、生理学的な知）を重視した。A・ブランキなど社会調査に従事した政治経済学者も、収集された事実の背後に「進歩」の法則を読み取り、労働者階級の貧困や秩序不安を、例外的で一時的な現象と見なした。

一方、社会経済学では、抽象的・一般的な法則の抽出ではなく、対象への参与観察にもとづく知の蓄積と、実践への適用が重視される。例えばジェランドは、私的慈善と公的扶助を媒介する役割を果たす「貧困相談員（visiteur du pauvre）」の役割として、次の点を挙げている。貧困相談員は、前もって、書物による専門的知識を有しておく必要はない。その資質は、「正しい感覚、観察の精神、洞察力…、世界と人間の心の秘密についてのいくらかの知識」にある。[22] 彼らの役割は、一般法則の認識ではなく、貧民の具体的生活環境について、できるかぎり詳細な観察を行うことである。すなわち、貧民の家庭環境（独り身であるか、結婚しているか、やもめであるか、家長であるかどうか、子供はいるか、いるとすれば何人か、子供の年齢は十歳以下か、未成年かなど）、性別、年齢、健康状態、労働能力、家計などである。観察は、一日だけではなく、複数の日に渡って、異なる時間帯に行われなければならない。また、それは本人だけでなく、家族、隣人、医者などにたいしても行われなければならない[23]。これらの結果に基づいて、貧民の労働能力、モラルの状態、扶助の必要度を分類し、より効率的な慈善、すなわち慈善の「エコノミー体制（régime économique）」を実現することが目指される[24]。

（4）　博愛主義批判

一七九〇年の「物乞い根絶委員会」の中で、ラ・ロシュフーコー＝リアンクールは、宗教的慈善に代わる公的扶助の組織化を主張した。彼によれば、これまでの「慈善」は「労働なき給与」に等しく、貧民の無為と退廃を導いたにすぎなかった[25]。「偽の貧民」に施しを与えるならば、彼らは「職業的な物乞いあるいは浮浪者」となり、「あらゆる労働を拒み、公共秩序を乱し、社会の災厄」となる[26]。それは、真に扶助を必要としている者（労働できない老人や子供、病気の者など）の財を奪い、貧民の数を増大させることによって、公的扶助の必要をさらに拡大させる。彼は、旧来の「慈善」に代わる対策として、公権力による「扶助のエコノミー」を主張する[27]。公的扶助は、貧民の生存を保障するだけでなく、その「一般的効果」を測定しなければならない[28]。救貧に関する立法は、「私的な徳（vertu privée）ではなく、一般的原理（principes généraux）の上に築かれるべきである」[29]。具体的には、「真の貧民」と「偽の貧民」を区別し、給付の代わりに労働を課すことで、「悪徳」を抑制しなければならない[30]。こうした「一般的原理」を支えるのは、宗教的原理ではなく、「新しい科学」、すなわち「政治科学（science politique）」である[31]。

七月王政期の社会経済学は、行政の合理化論と結びついた革命期の「博愛」論を批判し、「博愛」と「新しい慈善」を対照させる。ヴィルヌーヴ＝バルジュモンは、テュルゴー、ラ・ロシュフーコー＝リアンクールなどの唱えた「博愛」論を、「犠牲」の精神を欠いた冷淡な関係であるとして、ジェランドの次のような言葉を引いている。

「慈善に従事する正しい人間とは、たんに勤勉であるだけではない。彼は行政官でもなければならない。法の厳格さを、自発的に修正するからである。さらに、彼は司法官でもなければならない。窃盗を罰するからである。さらに、彼は金銭的助言者（financier）でもなければならない。［貧民に］労働を奨励することで、彼らが税を支払い、新たに消費することができるようにするからである。とりわけ、彼は人々の友人でなければならない。人々のあらゆる条件を改善しようとするからである。[32]」

社会経済学者によれば、貧困への対応は、合理性や効率性を重視する行政権力ではなく、自発的な共感に基づく上層階級のイニシアティヴによってなされなければならない。彼らは、「社会問題」への対応を「権利」の語彙で語ることを忌避し、国家の画一的な介入を批判する。「貧窮者の法的権利、国家による扶助、救貧税は、結局のところ、自発的な慈善を消滅させる[33]」。「新しい慈善」は、下層階級と対面する上層階級が、個々の場面で行政的・司法的役割を担い、下層階級への助言や教育的配慮を行うことによって成り立つ。

（5）　平等と階層化

このように、社会経済学者は、上層・下層階級のあいだの階層関係を「自然な」ものとして前提している。社会に現存する不平等の廃絶は、不可能であるのみならず、望ましくもない。ジェランドは言う。「不平等は、自由な労働の不可避の帰結であり、あらゆる繁栄の源泉である[34]」。ヴィルヌーヴ＝バルジュモンは、ルソーの平等論を批判し、「不平等はあらゆる美徳の、そしてモラルの完成の学校であり、あるいはむしろ母体である」と言う[35]。不平等が存在することによって、上層階級の「慈善」の精神が喚起され、富裕層と貧困層とのあいだに情緒的結合が生まれる。

しかし階層構造は、それが既存の関係を維持し、慈善の精神を喚起する限りにおいて許容される。ヴィルヌーヴ＝バルジュモンは言う。

「キリスト教政治経済学は、社会秩序の維持に不可欠な不平等を尊重する。同時に、社会の中で苦しんでいる者［の状態］が徐々に改善されていくことを要求する。少なくとも、社会的に不平等な階層から貧民（indigence）が消失し、彼らが人間（homme）となることを望む。[36]」

社会全体の発展のために、一部の人間が極端な貧窮状態に陥ることは避けなければならない。しかし、当時の社会では、産業の発展とともに富の集中が生じ、「中世の封建制よりもはるかに専制的で、抑圧的で、過酷な、新しい封建制（féodalité nouvelle）」が出現している。[37] それは社会を分断し、上層階級と下層階級の間に敵対関係を生み出している。その帰結を、ナヴィルは次のように表現する。

「貧民は富裕者を、自分たちのおかげで得た財を不正に所有する者と考える。そして、自らの人間性や、自らが行いうる奉仕によって得るべき扶助を、懇願や暴力によって富裕者からむしり取ろうとする。一方富裕者は、貧民を自らの敵とみなすようになる…。[38]」

社会経済学者の描く社会像は、一定の階層性を前提とした対面的関係の重なりによって成り立っている。ドクトリネールや折衷派の歴史哲学に見られるように、不平等を「進歩」「文明化」の観念によって正当化することは批判される。「それ［歴史哲学］は、進歩や文明化への過程としてのみ貧困を考察し」「歴史的オプティミズム」に依拠している。[39] ビュレによれば、「産業の進歩」が社会全体に利益を与えるのは初期の段階にすぎない。「産業システム」は常に発展し続けることを強いられ、供給が需要を超過し、「均衡」が失われる。システムの不均衡は労働者階級を犠牲にし、彼らをさらなる困窮に陥れる。[40] ジェランド、ビュレなどにおいて、「進歩」という観念はほとんど語られない。「社会問題」への対応は、単一の原理によってではなく、実践的な知の蓄積に基づいて、家族、宗教、パトロナージュ、アソシアシオン、公的機関のそれぞれの役割を同一の表の上に配分し、有機的に結びつけることによって行われなければならない。

（1）Simsonde de Sismondi, *Nouveaux principes d'économie politique, ou De la richesse dans ses rapports avec la population*, Paris, 1819, pp. 8-9. 同様の批判はマルサスによってすでに試みられていた。「国民の富の増大は、貧しい労働者の状態を改善する傾向をほとんど、あるいはまったくもたない」（マルサス『人口論』前掲書、一八一―一八二頁）。マルサスは、「諸国民の富」と「諸国民の幸福、あるいはすべての国民における最大多数をしめる階級である社会の下層諸階層の幸福と安楽」とを区別し、前者の増大が、食料や生活必需品の物価上昇を招くため、後者の増大にはつながらない、と論じた（同上、一七六―一八一頁）。しかし彼によれば、財の再配分のために国家が介入するならば、労働賃金の低下、人口の増大など、さらなる害悪がもたらされる。「財産の不平等が社会にとって必要あるいは有用だというのではけっしてない」（同上、二二七頁）にもかかわらず、不平等がもたらす「刺激は、人類の大多数の幸福を促進するために絶対に必要」である（同上、六二頁）。貧困への対策として実際に提案されたのは、労働者への道徳教育、貧民の結婚の禁止などの人口抑制策にすぎなかった。

（2）Sismondi, *Nouveaux principes d'économie politique*, *op. cit.*, p. 452.

（3）Sismondi, «Avertissement sur cette seconde édition» dans *Nouveaux principes d'économie politique*, 2e éd., 1827, p. 50.

（4）de Coux, *Essai d'économie politique*, *op. cit.*, p. 17 ; Villeneuve-Bargemont, *Economie politique chrétienne*, *op. cit.*, p. 62.

（5）Buret, *De la misère des classes laborieuses...*, t. 1, *op. cit.*, pp. 9-10.

（6）de Coux, *Essai d'économie politique*, *op. cit.*, pp. 10-12 ; Villeneuve-Bargemont, *Economie politique chrétienne*, *op. cit.*, p. 187.

（7）Pierre Pierrard, *L'Eglise et les ouvriers en France*（*1840-1940*）, Paris, Hachete, 1984, «Introduction».

（8）Jean-Baptist Duroselle, *Le début du catholicisme social*, Paris, Presses Universitaires de France, 1951, p. 702.

（9）この中でレオ十三世は、伝統的な慈善の不十分さと、同業組合の破壊による労働者の孤立状態、社会主義の危険を指摘し、「大部分が無産で極貧に陥っている下層階級」を助けることを、緊急の課題であると訴えた（Léon x iii, Pape, «De la condition des ouvriers : à tous nos vénérables frères les patriarches, primats, archevêques et évêques du monde catholique en grace et communion avec le siècle apostolique», *Etudes religieuses, philosophiques, historiques et littéraires : revue mensuelle*, no. 53, 1890, pp. 177-237）。

一八三四年にカトリシスムを破門されたラムネ、ビュシェ、カベなど、十九世紀前半に「社会問題」を主題とした論者の多くは、カトリシスムとの対抗関係において、自らの唱える「真のキリスト教」の正当性を訴えなければならなかった。

（10）«De la richesse des Nations» du 23 décembre, 1810, dans *Mélanges littéraires, politiques et philosophiques*, t. 2, *Œuvres complètes*, vol. 11, Paris, Slatkin, 1982, pp. 346.

（11）*Ibid.*, p. 348.

（12）*Ibid.*, p. 361.

（13）ちなみに、メストル（Joseph de Maistre）の思想が正統王朝派に影響を与えるのは、第二帝政期のことである（Hugues Carpentier de Changy, *Le parti légitimiste sous la Monarchie de Juillet*（*1830-1848*）, Thèse de l'Université de Paris Val-de Marne, 1980, p. 524）。

デュロゼルは、ボナルドのアダム・スミス批判が、ヴィルヌーヴ＝バルジュモンの論点の繰り返しにすぎないとしているが（Jean-Baptiste Duroselle, *Les débuts du catholicisme social en France*（*1822-1870*）, Paris, Presses Universitaires de France, 1951, p. 202 ; Bonald, «De l'industrie et du paupérisme», *Gazette de France*, 26 juin et 6 sep. 1837）、ボナルドの最初のアダム・スミス批判はヴィルヌーヴ＝バルジュモンの著作に二十年も先立つ一八一〇年に現れている。ヴィルヌーヴ＝バルジュモンとボナルドの関係については、André Jean Tudesq, *Les grands notables en France*（*1840-1849*）, Presses Universitaires de France, Paris, 1965, pp. 219-220 を、それ

への批判については Changy, *Le parti légitimiste sous la Monarchie de Juillet*, *op. cit.*, pp. 609-610 を参照。

(14) Villeneuve-Bargemont, *Economie politique chrétienne*, *op. cit.*, p. 271.

(15) *Ibid.*, p. 411.

(16) Joseph-Marie de Gérando, *Le visiteur du pauvre*, 3e éd., Paris, 1826, reproduit chez Jean-Michel Place, Paris, 1989, p. 107.

(17) «Avertissement», *op. cit.*, p. x.

(18) Villenouve-Bargemont, *Economie politique chrétienne*, *op. cit.*, p. 411.

(19) Ewald, *L'Etat providence*, *op. cit.*, p. 196 et s.

(20) Villeneuve-Bargemont, *Economie politique chrétienne*, *op. cit.*, p. 411.

(21) Gérando, *De la bienfaisance publique*, t. 2, *op. cit.*, p. 541.

(22) *Ibid.*, p. 502.

(23) *Ibid.*, p. 21.

(24) Gérando, *Le visiteur du pauvre*, *op. cit.*, p. 202 et s.

(25) La Rochefoucauld-Liancourt, *Premier rapport du comité de mendicité, exposé des principes généraux qui ont dirigé son travail*, Paris, 1790, p. 3.

(26) 河野健二編『資料フランス革命』岩波書店、一九八九年、二一九頁。

(27) La Rochefoucauld-Liancourt, *Premier rapport...*, *op. cit.*, p. 15

(28) *Ibid.*, p. 2.

(29) *Ibid.*, p. 13.

(30) 「賢明な法には、その待遇によって真の貧民を偽の貧民から区別し、正直で不遇な貧民を助け、また扶助の必要があるとしても労働によってその必要を消滅させ、真の貧民から生活の糧を奪い取り、浮浪者階級を増大させるような悪徳を抑える効果がなければならない」(河野編『資料フランス革命』前掲書、二一八頁)。

(31) La Rochefoucauld-Liancourt, *Septième rapport du comité de mendicité, exposé des principes généraux qui*

ont dirigé son travail, Paris, 1790, p. 4.

(32) Villenouve-Bargemont, *Economie politique chrétienne*, *op. cit.*, p. 275 et s.

(33) *Ibid.*, p. 412.

(34) Gérando, *De la bienfaisance publique*, t. 1, *op. cit.*, p. 150.

(35) Villeneuve-Bargemont, *Economie politique chrétienne*, *op. cit.*, p. 56.

(36) *Ibid.*, p. 58.

(37) *Ibid.*, p. 151.

(38) Naville, *De la charité légale*, t. 2, *op. cit.*, p. 34.

(39) Villeneuve-Bargemont, *op. cit.*, p. 195.

(40) Buret, *La misère des classes laborieuses*..., t. 1, *op. cit.*, p. 71 et s.

三　社会経済学の統治像

社会経済学は、上下階層のつながりを維持し、「新しい慈善」を組織化するために、貧民の生活状態にかんする知の蓄積を重視する。その目的は、社会の「一般法則」の発見ではなく、個別の実践を有機的に結合することである。ジェランドは次のように言う。「全体の幸福、人類という大家族の完成が、あらゆる社会科学の目的であるならば、不幸な諸階級にかんする社会科学は、その他の社会科学の前提条件ではないだろうか[1]」。この科学では、「行動が理論に優先」する。それは単なる抽象的思弁ではなく、貧民をめぐる個別状況を「記述」し、それらを同一の表の上で類比・対比し、分類することで、よりよい実践への指針を引き出すことを目的とする[2]。そこでは貧困現象が、できるかぎり多様な「異なる諸側面」から、「全体のシステムとの調和」「社会全体とのかかわり」において考察されなければならない。

このような「社会科学」に支えられた統治行為は、「公」と「私」の結合によってなされる。ジェランドは言う。「公的慈善事業と私的慈善が、互いに固有の活動領域で行われ、一般的・継続的な相互扶助をもたらすよう、両者のあいだにより緊密な協力を築き上げること」[3]。「新しい慈善」は、家族・パトロナージュ・共済組合・貯蓄金庫などによる私的イニシアティヴに依拠し、公権力はそれらを補完する役割を担う。以下では、このような統治の具体像を、(一)アソシアシオン、(二)国家の順に見ておきたい。

(1) アソシアシオン

革命期に、ル・シャプリエ法に代表される一連の立法によって、私的・職業的結社の規制がなされたことはよく知られている[4]。「アソシアシオン」は、旧体制から宗教的性格と反個人主義的性格を引き継いでいるとされ、十九世紀初頭まで否定的にとらえられていた[5]。帝政期に制定された刑法二九一条では、宗教的・政治的結社のみならず、文芸を含むあらゆる結社について、二十人を越える場合には政府の許可が必要とされた[6]。これにたいして復古王政期は、結社への「寛容」によって特徴づけられる。ナポレオン軍の帰還や産業化の進展を背景として、共済組合の秩序維持にたいする「有用性」が公権力に認められ、旧体制下の同業組合や信心会(confrérie)を引き継いだ共済組合の再建が、事実上進められた。例えば、一八二二年のパリでは、百三十二の共済組合に約一万一千人が所属していた[7]。

一八一八年に出版された保守主義者ラ・ボルドの『アソシアシオンの精神について』は、この時期の支配層によるアソシアシオンのとらえ方を示している。彼によれば、「コルポラシオン」とは、階層ごとの「水平的」集団であり、「アソシアシオン」とは、上下階層から構成される「垂直的」組織である。コルポラシオンは、過去のフランスにおいて、階層間の分断を生み出した。それにたいしてアソシアシオンは、「共通の目的に向けた…集合的で緊密な行動、異なる諸要素の一体性」によって特徴づけられる。すなわちそれは、下層階級に「啓発された、勤勉な」精神を植え付け、上下階層間の協調を維持し、「一般的利益」を生み出すための組織である。[8]ラ・ボルドは、イギリスにおけるアソシアシオンの役割を高く評価し、同様の制度をフランスに導入すべきであると説く。

七月王政期の社会経済学者は、こうした保守的社会観に基づく個人主義原理への批判と、中間集団の再生論を引き継いでいる。法的には、一八三一年、三四年のパリやリヨンでの労働者蜂起を背景に、一八三四年四月十日法によって、むしろアソシアシオンへの規制は強化された。[9]これにたいして、たとえばジェランドは、一八三四年の擾乱が、比較的裕福な親方層に担われたとし、労働者を含む共済組合の役割を次のように擁護する。「人々を結びつけ、利益を合致させ、互いを連帯させる紐帯には、常に良い点がある。共済組合とは、仲間同士の結合体(confraternité)である。相互扶助は、お互いの善意の表現である。…[仲間に]扶助を適用する際に課される条件は、放埒さへの警告となり、恥ずべき行いへの監視を促し、節制に忠実であるよう奨励する」。[10]ジェランドにとって、共済組合は、労働者同士の交流を通じて互いの「モラル」を向上させ、秩序を維持するために有用な組織と捉えられた。

王党派に近いカトリック社会経済学者フェルディナン・ベシャールは、「アソシアシオン」を主題に据えた著作の中で、次のように論じている。彼によれば、現在の社会問題は、「思想的物質主義、道徳的エゴイスム、政治的分断」によってもたらされている。[11]一方では、「慈善」という社会的義務を軽視する自由主義があり、他方では、個人の財産権を否定し、国家への集権化を主張する社会主義がある。個人と国家の二項対立を避けるためには、「社会という至高の原理」に訴えなければならない。[12]「社会」とは、個々人の労働と相互扶助の義務によって成り立つ自律的領域であり、国家の直接的介入にはなじまない。彼は、コミューンへの国家権力の分権化のほか、職域ごとのアソシアシオンの形成を重視する。アソシアシオンの目的は、労働者の「モラル化」にある。「アソシアシオンの精神は、エゴイズムを矯正し、国内の習俗と職業的徳を刺激する」。[13]それは自発的加入を原則とするものの、地方の公権力によって加入を奨励される必要がある。アソシアシオン、パトロナージュ、地方への分権化を組み合わせることで、秩序が実現される。[14]

この時期の社会経済学を代表するヴィルヌーヴ＝バルジュモンは、労働者のみから成る労働組合を認めたうえで、その目的を労使協調に限定し、地方権力の規制の下に置くことを主張する。

「旧来のコルポラシオンは、労働組合（syndicat）の形を選択して結成されることが認められた場合には、同じ職業の全労働者から成るアソシアシオンへと置き換えられるべきである。…この団体は、おそらく労働者のあいだに、共済金庫や節制協会の形成…を促し、協同の精神（esprit d'association）を発展させることに役立つであろう。[15]」

このように、七月王政期の社会経済学者の語るアソシアシオンとは、下層階級の「計画性（prévoyance）」「思慮（prudence）」を向上させ、彼らに労働規律や生活規律を教化することで、社会全体の秩序維持に役立てるための組織であった。[16]その役割は、たんなる相互扶助にとどまらず、下層階級の「モラル」への働きかけを通じた上下階層の結合にあった。こうした役割づけは、ギゾーの推進した初等教育義務化法（一八三三年六月二十八日法）にたいする社会経済学者の批判にも現れている。ヴィルヌーヴ＝バルジュモンは、公権力による教育の強制にたいして「教育の自由」を訴え、[17]ビュレは、読み書き能力の育成だけでなく、宗教・職業団体による宗教・モラルの教育、職業教育の重要性を訴える。[18]ジェランドによれば、教育はまず家族に担われ、性別、年齢、地域、知的教育や職業教育などの目的に応じて、子供の収容所、共済組合などの中間集団に担われなければならない。[19]国家はこれらの中間集団の働きを「補完する（subsidiaire）」役割を担うにとどまる。[20]

ビュレは一八四〇年の著作の中で、「アソシアシオン」論の隆盛を、次のように表現している。「アソシアシオンは、貧困階級の生活上の運命的苦難を終わらせるはずの、謎の社会的言語、魔術的文言である」。[21]この時期の社会経済学者は、パトロナージュ、共済組合、貯蓄金庫、飲酒習慣の改善を行う節制協会などを、社会問題への

「最も有効な対策」と見なした。その一方で、四〇年代以降は、フーリエやビュシェの影響を受けた職人・労働者層のあいだに、独自の生産協同組合、消費組合、貯蓄金庫、共済組合を形成する動きが広まっていく。[22]この二つの「アソシアシオン」論は、互いに交わることなく、四〇年代を通じて分岐を広げ、四八年には決定的な対立を迎えることになる。

（2）国　家

社会経済学において、公権力と私的団体は、「まったく同じ性質を有する」[23]。国家は、私的イニシアティヴによってなされた個別の実践にかんする知を蓄積し、それらをより効率的に配置し、有機的に結合する役割を担う。ヴィルヌーヴ＝バルジュモンは次のように述べている。「政府はすべてを行えるわけではないし、特に産業と慈善についてはそうである。しかし、政府は常に産業と慈善を奨励し、称揚する能力を有している」[24]。国家の役割は、直接的な介入ではなく、共済組合、貯蓄金庫などの形成を奨励し、それへの監視と助言を行うことである。ベシャールによれば、国家には二つの捉え方がある。ひとつは、強制力を有する行政権力という捉え方であり、もうひとつは、人々の慣習に働きかける「精神的権威」という捉え方である。[25]ベシャールは国家を、説得という手段を通じて人々に働きかける「モラルと共同性」を体現する組織ととらえている。ヴィルヌーヴ＝バルジュモンは、それを「神意を体現する機関（ministres visibles de la Providence）」と称する。[26]

七月王政期の社会経済学者は、こうした捉え方から、フランス革命以降の国家における「行政的集権化」を批判する。[27]ベシャールによれば、行政的集権化は、個人の抑圧ではなく、むしろ「個人主義」の発達とともに進展した。それは宗教革命とともに生まれた「個人主義的理性」に端を発し、十八世紀啓蒙哲学と、その帰結であるフランス革命において頂点を迎えた。[28]フランス革命では、貴族・教会・職業組合・大学など、あらゆる中間団体が破壊されたことによって、個人主義と集権化の両極化が進行した。「社会問題」とは、こうした二極構造において生まれたものにほかならない。ベシャールは、すでに述べたように、コミューンへの分権化、アソシアシオン、パトロナージュ、コミューンの協力による社会の再組織化を主張する。(29)

（1） Gérando, «Introduction», *De la bienfaisance publique*, t. 1, Paris, 1839, p. viii.

（2） *Ibid.*, p. xi.

（3） Gérando, *De la bienfaisance publique*, t. 2, *op. cit.*, p. 610.

（4） 「同一の身分や職業の市民によるあらゆる種類の同業組合の廃止は、フランス憲法の根本的基礎の一つであるから、これを事実上再建することは、いかなる口実や形式のもとであれ、禁止される」（ル・シャプリエ法第一条）。

（5） «Association», dans Ch. Coquelin et Guillaumin dir., *Dictionnaire d'économie politique*, Paris, 1854.

（6） Paul Nourrisson, *Histoire de la liberté d'association en France depuis 1789*, t. 1, Paris, 1920, p. 184. なお帝政期の貧困政策は、総裁政府期からの連続性によって特徴づけられる。それは、家庭内の扶助、施療院（hopitaux）や救済院（hospice）への貧民の収容を中心とする（Michel Guillaume dir., *La sécurité sociale : son histoire à travers les textes*, t. 1, *1780-1870*, Paris, Association pour l'étude de l'Histoire de la Sécurité Sociale, 1988, Ch. 3）。

（7） *Ibid.*, p. 256.

（8） Alexandre de la Borde, *De l'esprit d'association dans tous les intérêts de la communauté*, 3e éd., Paris, 1834, p. 25 et s.

（9） 政治的目的の結社を規制するため、二十人以下のセクションに分割されたアソシアシオンも刑法二九一条の対象に含められた。一八三四年法をめぐっては、七月王政の原理を「自由」であるとして、アソシアシオンの権利を擁護するギゾーやラマルティヌと、一国内に異なる政府を作る権利は「自然権」にあたらない、とするティエールやバロなどのあいだで、激しい議論が交わされた（cf. Nourrisson, *Histoire de la liberté d'association en France depuis 1789*, t. 1, *op. cit*, pp. 286-296)。

(10) Gérando, *De la bienfaisance publique*, t. 3, *op. cit.*, p. 100.

(11) Ferdinand Béchard, *La commune, l'Église et l'Éat dans leurs rapports avec les classes laborieuses*, Paris, 1849, p. ix.

(12) *Ibid.*, p. xi.

(13) Ferdinand Béchard, *Essai sur centralisation administrative*, t. 1, Marseille et Paris, 1836, p. 6.

(14) *Ibid.*, pp. 191-194.

(15) Villeneuve-Bargemont, *Économie politique chrétienne*, *op. cit.*, p. 480.

(16) Emile Laurent, *Le paupérisme et les associations de prévoyance : nouvelles études sur les sociétés de secours mutuels, histoire-économie politique-administrations*, t. 1, Paris, 1865, pp. 256-287. こうした見方は、当時の公権力にも共有されていた。内務省は一八四〇年に、以下のような通達を出している。「共済組織は、困難な状態にある階層をモラル化することで…悪徳を改善する傾向を有する。労働者の扶助組織が結成されたところでは、公的秩序と、施療院の貧民数の減少という観点からみて、好ましい効果を認めることができた」(Michel Radelet, *Mutualisme et syndicalisme : ruptures et convergences de l'Ancien Régime à nos jours*, Paris, Presses Universitaires de France, 1991, p. 36)。しかし、公権力による監視を前提とした共済組合の形成は、七月王政期を通じて停滞した。たとえば一八四二年の時点で、パリにおける組合への加入数は二万三千人にとどまり、八年前の調査から増加していない(Guillaum dir., *La sécurité sociale...*, t. 1, *op. cit.*, p. 286)。

(17) 一八三三年のいわゆるギゾー法では、地方自治体によって初等教育機関を設置する義務が定められた。ただし、初等教育と中等・高等教育との連続性は希薄で、その主たる目的は、秩序の安定化であったとされる(Félix Ponteil, *Histoire de l'enseignement en France : Les grandes étapes 1789-1964*, Paris, Sirey, 1966, p. 199)。

(18) Buret, *De la misère des classes laborieuses*, t. 2, *op. cit.*, p. 450 et s.

(19) Gérando, *De la bienfaisance publique*, t. 2, *op. cit.*, p. 451.

(20) Béchard, *La commune, l'Église et l'Éat*, *op. cit.*, p. 75.

(21) Buret, *De la misère des classes laborieuses*, t. 2, *op. cit.*, p. 296.

(22) これらの団体は、溶接工、皮なめし工、大工、時計職人などの手工業者を中心に形成された(Anne-Marie Thomazeau, *Le pari solidaire : histoire de la mutualité*, Montreuil, Viva éditions, 1998, p. 33)。彼らの用いた「アソシアシオン」の語彙については、以下を参照。Gaston Isambert, *Les idées socialistes en France de 1815 à 1848 : le socialisme fondé sur la fraternité et l'union des classes*, Paris, 1905.

(23) Villeneuve-Bargemont, *Economie politique chrétienne*, *op. cit.*, p. 280.

(24) *Ibid.*, p. 346.

(25) Béchard, *Esprit d'association*, *op. cit.*, p. vii.

(26) *Ibid.*, p. 345.

(27) 七月王政期の保守主義者による「分権」論については、次を参照。A. J. Tudesq, «La décentralisation et la droite en France au 19e siécle», dans *La Décentralisation, 4e colloque d'histoire organisé par la faculté des Lettres et des Sciences humaines d'Aix-en-Provence, les 1er et 2nd décembre 1961*, Aix-en-Provence, Publications des Annales de la Faculté des Lettres, 1964, pp. 55-71. テュデスクによると、「分権化」は七月王政期の王党派によって、最も議論された主題のひとつだった。トクヴィルの「行政的集権」批判も、こうした文脈の上に位置づけて理解されるべきである。

(28) Béchard, *Essai sur la centralisation administrative*, *op. cit.*, pp. 52-54.

(29) Béchard, *La commune, l'Église et l'Êat*, *op. cit.*, p. 132.

第四節　社会経済学の展開

カトリーヌ・デュプラは、「四〇年前後には、『博愛』一般を語ることにいかなる意味もなくなった」と指摘している。[1] 七月王政当初から自由主義と強く結びついていた博愛運動は、支配層の保守化とともに「進歩と保守、活動と無為、自律と社会統制、解放と抑圧」という単純な枠組みによっては語りえなくなり、「当初有していた同一性」を喪失していった。労働者たちにとって、博愛運動に見られた「モラル化への働きかけ、社会統制の試み、…貯蓄金庫制度」は、「嫌悪すべき体制の支配の道具」と見なされ、忌避されていった。実際、上層階級の主導する共済組合の形成は七月王政期を通じて停滞し、「道徳政治科学アカデミー」のモラル部門、政治経済学部門においても、一八四〇年のビュレの論文を境として、「社会問題」を主題とした議論は影を潜めていく。同じ一八四〇年には、プルードンの『財産とは何か』、ルイ・ブランの『労働の組織化』、共産主義者カベの『イカリア旅行記』など、この時期以降の労働運動を主導する重要な著作が相次いで出版される。[2] 両者の分岐は、一八四七年以降の経済不況を背景として決定的な対立を迎え、最終的に一八四八年二月革命による七月王政の転覆に至る。この革命において、「社会問題」への対応は、「モラル」の問題から政治体制の問題へ（王政から共和政へ）、さらには「権利」（扶助の権利と労働の権利）の問題へと転化する（第三章参照）。言い換えれば、七月王政期支配層の政治経済学と、被支配層の労働運動とを媒介し、法・国家領域と異なる「社会的」平面の上で穏健な問題の解決を図ろうとした社会経済学の試みは、ここで一旦潰えることになる。

第二帝政下では、かつて『大衆的貧困の根絶』[3]を著し、「社会問題」の解決に強い関心を寄せていたナポレオン三世のイニシアティヴによって、産業化の振興と限定的な社会政策の組み合わせが試みられた。ここでは、ナポレオン三世の統治に関わり、七月王政期の思想を引き継いで「社会経済学」の復権を担ったフレデリック・ル・プレ（Frédéric Le Play）の思想について、言及しておきたい。

ル・プレは、一八〇六年カルバドス（Calvados）地方の行政官の家に生まれた。パリの土木学校で技師の教育を受け、エコール・ポリテクニク、鉱山大学校（Ecole des mines）を卒業する。彼は後に、この時期サン＝シモン主義に接して、「社会科学」が全く未成熟であることを痛感したと回想している。[4] 七月王政期には、鉱山大学校の冶金学の教授などを務め、第二帝政期には国務院評定官としてナポレオン三世の統治に関与し、一八五五年パリ万国博覧会では総責任者となった。一八五六年には「社会経済学協会（Société d'économie sociale）」を設立し、労働者にかんするモノグラフィー『ヨーロッパの労働者（*Les ouvriers européens*）』（一八五五年、第二版は大幅に加筆され一八七七〜七九年）や機関紙『社会改革（*Réforme sociale*）』（一八六七年〜）の発刊を通じて、同時代の社会問題論に大きな影響を及ぼした。「社会経済学協会」には、アルマン・ド・ムラン、ミシェル・シュヴァリエ、オーギュスタン・コシャンなど、社会カトリック、経済学者、プロテスタントに及ぶ多様な人物が属した。

第二帝政期の社会政策とル・プレの思想とは、必ずしも重なるわけではない。両者は、伝統的慈善や国家主導の博愛主義に否定的であり、産業化に適合した形で、予防原則に基づく最小限の介入を許容するという点で共通する。第二帝政下では、施療院の設置、低所得者への住宅補助、共済組合、退職・労働被災害者を対象とする貯蓄金庫の設置など、公権力による限定的な社会政策が試みられた。一八五二年三月二六日のデクレにおいては、上層階級のイニシアティヴによって設立されたアソシアシオンのほか、労働者同士のアソシアシオンについても、その「有用性」が知事によって「是認される（approuvée）」場合には設置が認められた。[5] これにたいして、ル・プレは官僚制の肥大化を批判し、公権力ではなく、大企業のパトロンによる私的イニシアティヴと、家族の再建を重視する。彼の思想は、むしろ第二帝政下にシュネーデル（Eugène Schneider）などの銀行家、大企業家の手で進められた私的社会事業に対応している。

ル・プレによれば、「社会問題」の原因は、何より「モラルの無秩序」に見出される。「モラルの無秩序」とは、上下の階層が互いの依存関係を忘れ、「対立関係（antagonisme）」に陥っていることである。[6] 彼によれば、中世の社会では、上下の身分のあいだに安定した温情・依存関係が成り立っていた。フランス革命はこうした関係を破壊し、富裕層と貧困層のあいだに「対立関係」をもたらし、社会全体を無秩序に陥れた。その結果、自発的紐帯の欠如を埋めるために、行政権力の肥大化、ル・プレの表現では「官僚制」の「専制」がもたらされた。[7] 彼の思想は、こうした行政的集権化に対抗して、家族・パトロナージュ・コミューンの再建による「社会」の再組織化を唱えたものである。ここではその特徴として、二点を指摘しておきたい[8]。

第一に、ル・プレの議論では、実践的な提言を行うための「社会科学」の方法論に大きな部分が割かれている[9]。その方法は、七月王政期の社会経済学、とりわけジェランドの方法を引き継いだものと位置づけられる。すなわち、抽象的・思弁的な議論ではなく、社会生活にかかわる諸事実を自らの目で観察し、できる限り多くの事実を収集し、それらを分類することで、統治実践を有機的に組織化する、という方法である[10]。具体的には、社会の最小単位である家族の観察が重視され、ヨーロッパの各地域ごとの家族の財産（動産、不動産、貯蓄）、全収入・全支出、家族内関係、近隣関係、宗教生活などについての詳細なモノグラフィーを蓄積することが目指された[11]。

第二に、その実践的な提言は、「株家族（famille-souche）」の再建、パトロナージュの活性化、コミューンへの分権化から成る。ル・プレによれば、「社会の一体性」の中核となるのは、何よりも安定した家族である。彼は家族にかんするモノグラフィーを分類し、「家父長的家族」「不安定家族」にたいする「株家族」の優位を主張する。「家父長的家族」とは、子供が婚姻後も家にとどまり、家長が強い権限を有する家族（ロシア、中欧など）であり、「不安定家族」とは、子供が婚姻後に家を離れる家族（西洋の産業地域）である。これにたいして「株家族」は、子供のうち一人が婚姻後に全家産を引き継ぐ家族であり、自由と権威を均衡させる最も安定した型である（イギリスなど）。フランスにおいては、「家父長的家族」が残存する一方、産業化の進んだ地域では「不安定家族」が拡大している。彼は「社会問題」にたいして、「株家族」を緊急に組織化する必要性を訴える[12]。

さらに彼は、パトロンと労働者から成る「アソシアシオン」の役割を強調する。「集合的行為は、人々のあいだに、最も高い個人的義務・責任の観念、事業や社会関係への知識、正義感…、自発的な協力によって一般利益を実現しようとする態度を発達させる[13]」。資産を持たない労働者同士のアソシアシオンは、互いの状況の改善に役立たず、集団間の排他性や不平等を増大させるにすぎない。「大衆的貧困」の解決に適合するのは、土地所有

者・商工業の企業主が、労働者に節制や貯蓄を働きかける温情主義的な対応、「パトロナージュ」である。(14)

最後にル・プレは、国家への行政的集権化を批判し、「複数の家族や都市の集合的利益を結合する」コミューンの再建を主張する。(15) それは、地方に行政的集権をもたらすことではなく、利益の共同体を再建することである。国家の役割は、家族・アソシアシオン・コミューン・地方（province）によってなしえないことのみに限定されなければならない。(16)

以上のように、ル・プレの思想は、「社会問題」を「モラル」の問題ととらえ、観察を通じた実践的知の蓄積のための「社会科学」を唱え、国家の介入ではなく、家族・パトロナージュ・コミューンという中間集団の再建を通じた対応を模索するという点で、七月王政期の社会経済学を第二帝政期に引き継ぎ、組織化したものであった。第三共和政以降、ル・プレの形成した学派は複数の団体に分裂していくが、彼が体系化した社会経済学は、パトロナージュ論を受け継いだエミール・シェイソン、生産協同組合を唱えるシャルル・ジッド、ミュテュアリスム運動、「社会資料館（Musée social）」の設立に関わる人的ネットワークなどへと引き継がれ、第四章で論じるように、十九世紀末に隆盛を迎える。二十世紀に成立するフランス福祉国家は、この潮流の影響の下で、家族主義と共済組合主義という特徴を刻印されていくことになるであろう。

（1）Catherine Duprat, *Usage et pratiques de la philanthropie*, *op. cit.*, p. 1261.
（2）Joseph Proudhon, *Qu'est-ce que la propriété, ou Recherche sur le principe du droit et du gouvernement*, Paris, 1840 ; Louis Blanc, *Organisation du travail*, Paris, 1840 ; Etienne Cabet, *Voyage en Icarie*, Paris, 1840.
（3）Louis-Bonaparte Napoléon, «Extinction du paupérisme», 1844, dans *Œuvres de Napoléon III*, t. 2, Paris, 1854, pp. 107-161.
（4）Frédéric Le Play, *La réforme sociale en France. Déduit de l'observation comparée des peuples européens*, t. 1,

Paris, 1864, p. 30.

（5） Guillaum dir., *La sécurité sociale...*, t. 1, *op. cit.*, pp. 358-360. 一八五二年から六九年にかけて、全国の共済組合への加盟数は、二十七万一千人から九十三万三千人へと約三倍に増加した（Thomazeau, *Le pari solidaire...*, *op. cit.*, p. 47）。

（6） Frédéric Le Play, *La réforme sociale*, t. 1, *op. cit.*, p. 25.

（7） Le Play, *La réforme sociale*, t. 3, *op. cit.*, p. 241.

（8） 邦語によるル・プレおよびル・プレ学派の研究として、以下のものが優れている。廣田明「フランス・レジョナリスムの成立―ル・プレェ学派における家族、労働、地域―」遠藤輝明編『地域と国家―フランス・レジョナリスムの研究』（日本経済評論社、一九九二年）、四九―一〇一頁。高木勇夫「ル・プレー学派の系譜」『研究紀要（日本福祉大学）』八八号、一九九三年、二四一―二七一頁。その他の研究文献は、次の目録を参照。冨田輝司ほか「日本福祉大学所蔵ル・プレー関係文献目録」『研究紀要（日本福祉大学）』八八号、一九九三年、二七五―三〇九頁。

（9） ル・プレを「社会科学の祖」と位置づける論者もいるが（cf. Bernard Kalaora et Antoine Savoye, *Les inventeurs oubliés : Le Play et ses continuateurs aux origines des sciences sociales*, Paris, Champ Vallon, 1989）、参与観察によるモノグラフィーの蓄積というル・プレの方法は、抽象的・一般的法則の探求を目的とするその後の社会科学（例えば十九世紀末の社会学）とは異なる系譜に属する。

（10） Frédéric Le Play, *La méthode sociale, abrégé des Ouvriers européens*, Paris, Méridiens Klincksieck, 1989.

（11） *Ibid.*, p. 225.

（12） Le Play, *La réforme sociale*, t. 2, *op. cit.*, p. 24 ; Frédéric Le Play, *L'organisation de la famille selon le vrai modèle*, Paris, 5e éd, 1895, pp. 6-10.

（13） Le Play, *La réforme sociale*, t. 1, *op. cit.*, p. 366.

（14） Le Play, *La réforme sociale*, t. 2, *op. cit.*, pp. 25-32.

（15） *Ibid.*, p. 274.

(16) *Ibid.*, p. 338.

第三章　社会的共和主義――「友愛」

「人類の究極的な社会的目標は、万人の身体的・精神的能力を完全かつ平等に充足させること、すなわち友愛によって万人の平等と自由を実現することである。」(Dupon, «Introduction» *Revue républicaine*, 1834.)

「貧民、弱者、被抑圧者、そして人民は、…彼らの支配者よりも常に真理と善とに接近しやすい。」(Lamennais, *Politique à l'usage du peuple, recueil des articles publiés dans Le Monde du 18 février au 4 juin 1837.*)

第一節　導　入

ピエール・ノラは、『フランス革命事典』の中で、「共和国はその二重の誕生以来、充実した政治文化であると同時に空虚な政治形式でもある、という根本的な矛盾を抱えつづけてきた」と指摘している(1)。革命以降のフランス共和主義は、私的自律を有する平等な市民から構成される共和国、という理念を担う一方で、それを具体化するための統治形式を模索し続けた。革命期の共和主義は、国民主義的教育、排外的「友愛」精神（愛国心）の強調、国家による生存権の保障によって、理念的平等主義と、事実的に存在する不平等（貧民としての「人民」）とを媒介することを試みた。こうした〈政治化〉された対応が安定した秩序形成に失敗すると、世紀転換期以降の思想家は、政治的領域と「社会的」領域を区別し、産業化とともに現れた貧困問題への対応を、下層階級のモラルへの働きかけを通じた「社会化」に委ねた。

一八三〇年代以降の共和主義者は、人民主権論を復権させ、都市労働者層を中心とする貧困を、政治的原理にかかわる問題として問い直した。彼らは「社会」の構成自体の変革を訴え、その延長上に、「社会的共和国(République sociale)」の樹立を目指す。本章では、革命期の共和主義と区別される一八三〇年以降の共和主義を「社会的共和主義」と称し、それを政治経済学・社会経済学に対抗する「社会問題」への対応の一類型として考察する。

一　先行研究と視角

最初に、これまでの研究を整理したうえで、本章の視角を提示しておきたい。革命期の共和主義と比較すると、十九世紀フランス共和主義への関心は、これまで比較的希薄であった。共和主義者に関する古典的研究は、二十世紀初頭に書かれた二つの著作―一八一五年から一八七〇年までを扱ったヴェイユの研究、七月王政から第二帝政までを扱ったチェルノフの研究―である。[2] ヴェイユの研究が政治史の叙述を中心とするのにたいし、チェルノフの研究は、主要人物の思想と行動を叙述し、四八年に権力を握る共和主義者たちが、普通選挙や共和政というシンボルを越えた具体的な政治プログラムを持たなかったことを指摘している。[3] 近年の研究では、第三共和政期を、代表制と政党制の導入による近代民主政治の確立期と位置づけ、そこに至った要因を十九世紀史の内に探るという関心が主流を占めている。『リパブリカン・モーメント』を著したノードは、「フランスで一八七〇年代に民主的制度が根づいたのはなぜか」という問いを立て、そのひとつの要因を、国家からの「市民社会」の文化的自律に求めている。[4] ハザレーシンハは、第三共和政期の義務教育制度の導入によって近代シティズンシップ概念が成立した、とする通説を批判し、その起源を、第二帝政期の政治文化、とりわけ自由主義者、王党派、共和派などによって主張された分権論に見出そうとしている。[5] さらに彼は近著において、第三共和政期の共和主義の「知的起源」として、第二帝政期の五人の共和主義思想家―エミール・リトレ、デュポン＝ウィット（Dupon-White）、エティエンヌ・ヴァシュロ（Etienne Vacherot）、ユジェヌ・ペルタン（Eugène Pelletan）、ジュール・バルニ―を採り上げ、彼らが公共善への志向、エリート主義、教育の重視などを共有するにもかかわらず、文脈に応じてその思想内容が多様であることを指摘している。[6] また、近年の十九世紀フランス思想史研究を代表するロザンヴァロンは、普通選挙制（一九九二年）、代表制（一九九八年）にかんする思想史研究につづいて、同時期の民主主義研究の集大成である『未完のデモクラシー』（二〇〇〇年）を著している。そこでは、十九世紀の「民主主義の臨界例（bords de la démocratie）」として、「理性主権」に依拠する十九世紀前半のドクトリネール、民衆の革命運動に立脚するブランキ主義、民衆の直接的政治参加を主張する一八五〇年前後の共和主義、人民投票に基づく第二帝政期の皇帝支配の四つが挙げられている。彼によれば、こうした試行錯誤を経て、第三共和政以降に代表制やレファレンダムなどが導入され、「中庸の民主主義（démocratie de moyen）」が確立していった。[7]

以上の研究において、三〇年代から四〇年代の共和主義思想は、大きく言えば、第三共和政へ至る「習熟過程」[8]、「過渡期」として位置づけられる。近代フランスの共和主義研究を代表するニコレの『フランスの共和主義思想一七八九―一九二四年』では、その叙述の多くが第三共和政期の思想に割かれ、四〇年代の共和主義は、数頁しか採り上げられていない。[9] キュヴィリエは、四八年を中心とした共和主義への一般的評価を次のように指摘している。それは「曖昧模糊とした、ユートピア主義的性格」の思想であり、「素朴で夢想的な人びと」によって担われた。歴史的には、農業を中心とした「古いフランス」から、産業を中心とした「一八六〇年のフランス」へ至る「過渡期のイデオロギー」であった、と。[10]

こうした位置づけは、一八三〇年から十九世紀半ばの共和主義にたいする主に二つの解釈によっている。第一は、それが具体的な政治的プログラムを持たず、政治的・社会的運動に付随した「ロマン主義的」表出にとどまった、という解釈である。マクシム・ルロワは、十九世紀フランスのロマン主義が、道徳的規制からの情念の解放を謳う一八三〇年以前の文学的ロマン主義から、一八三〇年以降、社会的な従属関係からの解放を主張する「社会ロマン主義」へと変質した、と指摘する。[11] 文学史を研究するベニシュによれば、この時代は、未来への解放を謳う「預言者の時代(le temps des prophètes)」であった。[12] そこでは「科学的ユートピア」が唱えられ、詩や美術によって「新しい世界」が表現された。[13] 第二共和政研究を代表するアギュロンによれば、四八年世代のロマン主義は、フランスの「民俗(folklore)」と「ナシオン」の「発見」を伴うものであった。[14] それは下からの民衆の情念や運動を代弁した運動であり、しばしば「宗教的」色彩を伴った、という。[15]

第二は、この時期の共和主義が、ブルジョワ思想とユートピア的社会主義との過渡的な混合であった、とする理解である。マルクスは、二月革命を検討した『フランスにおける階級闘争』において、その運動が金融貴族の寡頭支配に対抗する産業ブルジョワジー、小ブルジョワジー、プロレタリア、農民などの諸党派に担われ、内部に階級的利害対立を「潜在」させていたことを指摘した。彼によれば、第二共和政とは、「ブルジョワジーの代表間の妥協」の産物にすぎず、そうした融和の象徴が、この時期に称揚された「友愛」であった。[16] 十九世紀フランス共和主義を社会経済構造との関連で考察したピルビームも、その過程に、思想上の同一性や収斂ではなく、むしろ多様性や対立を見出している。[17] キュヴィリエは、四八年世代の社会主義者の提唱した社会改革プログラムが、論者の数だけ多様であったことを指摘している。[18] 以上の指摘に見られるとおり、四八年二月革命に至る運動は、ナシオナル派(穏健共和派)、レフォルム派(急進共和派)、社会主義者(サン＝シモン主義、フーリエ主義、ビュシェ主義、共産主義、プルードン主義など)など、多様な勢力による協働の産物であった。二月革命直後から翌年の六月蜂起にかけて顕在化していくこれらの勢力の分岐を重視するならば、それ以前の「共和主義」とは、本来異なる思想が共存した「過渡期」の現象であった、ということになる。

本章では、以上の研究状況に対して、七月王政から第二共和政にかけての共和主義を、社会主義と区別される「社会問題」への対応の一類型として考察する。ここで主たる対象とするのは、自らの生活利害に立脚してアソシアシオン・政治運動を展開した職人・労働者層ではなく[19]、一八四八年以降に一時的に統治層を構成することになる共和派知識人（政治家、法律家、著述家、ジャーナリスト）たちを中心とする言説である。以上のような対象の設定を行う狙いは、次の二点にある。

第一は、共和派知識人の思想に見られる「ロマン主義的」傾向と、彼らの「社会問題」への把握を関連づけて理解する、ということである。ベレンソンの指摘するとおり、この時期の共和主義における「人民」の神聖視、宗教へのコミットメントは、共和派知識人による民衆層の心性・利害の「代表（représentation）」という機制とかかわっている[20]。アギュロンはこうした傾向を、フランス革命でキリスト教が否定されたことから生じた民衆層の精神的「空白」の充足、あるいは、民衆層に根強く残るカトリック信仰を共和主義の伝播のために利用したもの、と解釈している[21]。共和派知識人は、「友愛」「人間主義」などの「ロマン主義的」概念を媒介することで、「社会問題」をナシオンという政治統合の象徴と結びつけ、それを「労働の権利（droit au travail）」および「普通選挙権」という権利の問題や、「社会的共和国（République sociale）」の樹立という政治体制の問題へと転化していった。彼らの「社会問題」論は、民衆層の生活利害に即した具体的構想を離れることで、政治経済学・社会経済学とは異なる民衆層の統合の論理として機能した。本章の一つの目的は、このような思想展開の論理を明らかにすることである。

第二は、第二帝政下の哲学者による共和主義への問い直しを、「友愛」批判という観点から採り上げ、「友愛」から「連帯」への概念的変化を、「社会的共和主義の再構成」という文脈において考察することである。この作業によって、十九世紀半ばの共和主義が、民主主義の未成熟や、労働者の「階級意識」形成に至る前史を示すにとどまらず、ロマン主義的傾向の言わば〈脱色〉によって、第三共和政期の社会統合論へと批判的に引き継がれていくことを明らかにしたい。

以下ではまず、三〇年代以降の共和主義者の言説の場について検討し、社会経済学との相違を明らかにする（一）。次に、共和主義者による「社会問題」認識を採り上げ（第二節）、「友愛」概念の意味について検討する（第三節）。その上で、「社会的共和国」の統治像について考察し（第四節）、第二帝政以降の展開について論ずる（第五節）。

（1）ピエール・ノラ「共和国」『フランス革命事典（二）』みすず書房、一九九五年、九一二頁。

（2）Georges Weill, *Histoire du parti républicain en France de 1815 à 1870*, Paris, 1900 ; J. Tchernoff, *Le parti républicain sous la monarchie de Juillet*, Paris, 1901 ; *Le parti républicain au coup d'Etat et sous le Second Empire*, Paris, 1906.

（3）Tchernoff, *Le parti républicain sous la monarchie de Juillet*, *op. cit.*, p. 454 et s.

（4）ノードは、この問いにたいする既存の研究による応答として、三つの通説を挙げている。①ジャコバン主義的政治文化の超克と、フェリーやガンベッタなど新しい「実証主義世代」の登場、②中産階級の支配の確立（Elwitt, E. Weber など）、③大ブルジョワ層や地主層などの旧エリートと、新エリート層であるブルジョワとの妥協の成立。Phillip Nord, *Republican Moment*, Cambridge, Harvard University Press, 1998, pp. 1-4.

（5）Sudhir Hazareesingh, *From Subject to Citizen : The Second Empire and the Emergence of Modern French Democracy*, Princeton, Princeton University Press, 1998.

（6）Sudhir Hazareesingh, *Intellectual Founders of the Republic : Five Studies in Nineteenth-Century French Republican Political Thought*, Oxford, Oxford University Press, 2001, p. 18, p. 281, p. 286.

（7）Pierre Rosanvallon, *La démocratie inachevée : histoire de la souveraineté du peuple en France*, Paris,

Gallimard, 2000. ロザンヴァロンによれば、特に四八年前後のロマン主義は、「フランス民主主義の本質的に非自由主義（illibéralisme principal）」的な性格を表すものとされる（Rosanvallon, *Le sacre du citoyen*, Paris, Gallimard, p. 288）。同様の視角による研究として、次を参照。Ronald Aminzade, *Ballots and Barricades : Class Formation and Republican Politics in France, 1830-1871*, Princeton, Princeton University Press, 1993.

（8）アギュロンによる一八四八年の歴史研究の表題である。Maurice Agulhon, *1848, ou l'apprentissage de la République, 1848-1852*, Paris, Seuil, 1973.

（9）Claude Nicolet, *L'idée républicaine en France* (*1789-1924*), Paris, Gallimard, 1982, pp. 135-146.

（10）Armand Cuvillier, *Hommes et idéologues de 1840*, Paris, Librairie Marcel Rivière et Cie, 1956, p. 227.

（11）Maxime Leroy, *Histoire des idées sociales en France*, t. 3, *op. cit.*, p. 134. 特にこの時代の「社会的」傾向と文学的・芸術的ロマン主義との結合については、以下の研究が詳しい。H. -J. Hunt, *Le socialisme et le romantisme en France : étude de la presse socialiste de 1830 à 1848*, Oxford, Clarendon Press, 1935. ハントによれば、「いかなる時代も、十九世紀前半ほどに社会的技芸（art social）に関する学説が熱心に教えられた時期はなかった」（*ibid.*, p. 339）。

（12）Paul Bénichou, *Le temps des prophètes : doctrines de l'âge romantique*, Paris, Gallimard, 1977.

（13）*Ibid.*, pp. 10-12.

（14）Agulhon, *op. cit.*, p. 21.

（15）*Ibid.*, p. 22など。四八年世代の左派の宗教性についてはベレンソンの以下の研究を参照。Edward Berenson, *Populist Religion and Left-Wing Politics in France, 1830-1852*, Princeton, Princeton University Press, 1984 ; "A New Religion of the Left : Christianity and Social Radicalism in France, 1815-1848", in François Furet and Mona Ozouf ed., *The Transformation of Political Culture, 1789-1848*, London, Pergamon Press, 1989, pp. 543-560.

（16）マルクス（中原稔生訳）『フランスにおける階級闘争』大月書店、一九六〇年、三八頁、四六頁。

（17）ピルビームによれば、共和主義の理念は、一七八九年人権宣言の受容、自由・平等・友愛へのコミットメント、反教権主義、愛国主義などによって特徴づけられる。しかし、「これらは共和主義の独占物とは到底いえない」(Pamela M. Pilbeam, *Republicanism in Nineteenth-Century France, 1814-1871*, London, Macmilan, 1995, p. 22)。彼女によれば、十九世紀フランス「共和主義」とは、時々の状況の中で規定されうるにすぎず、何らかの同一性を有するわけではない。

(18) サン＝シモン主義者の唱える生産の集合的・階層的組織化、フーリエ主義者の唱えるファランステールによる資本・労働のアソシアシオン、カベの主張する財の共有に基づく平等主義的共同体、ビュシェによる労働者の生産協同組合、ルイ・ブランによる社会作業所、ペクール(Pecqueur)とヴィダル(Vidal)による国家社会主義、プルードンによる信用制度の変革など。Cf. Cuvillier, *Hommes et idéologues de 1840, op. cit.*, p. 231. 邦語の代表的な研究として、阪上孝編『一八四八—国家装置と民衆』(ミネルヴァ書房、一九八五年)に所収された諸論文がある。このうち第二共和政期の共和主義を主題とした論文において、田中は次のように指摘している。「『共和政』に託された内実は多様にして対立をはらんでいたのであり、『共和主義』は多義的なイデオロギーであった、ということができる」(田中正人「共和主義と第二共和政」『一八四八—国家装置と民衆』、二三一頁)。

(19) この時期の運動の主たる担い手は、工場労働者ではなく、印刷職人、仕立て屋、靴屋、石工などの手工業者であった(Branciard, *Société française et luttes de classes, 1789-1914*, t. 1, Lyon, 1967, pp. 59-66)。

(20) Berenson, *Populist Religion and Left-Wing Politics..., op. cit.*, p. 44.

(21) Agulhon, *1848 ou l'apprentissage de la République, op. cit.*, p. 23, p. 249.

(22) 十九世紀半ばにおける労働者の「階級意識」の形成については、以下が詳しい。Ronald Aminzade, *Ballots and Barricades, op. cit.*

二 言説の場

すでに触れたように(第二章第四節)、七月王政初期には、ブルジョワジー、文学者、弁護士、学生、労働者などの手によって、「秩序・進歩協会（société de l'ordre et du progrès）」「ユニオン（union）」「七月の宣言（réclamants de juillet）」など、様々なアソシアシオンが生まれた。これらのうち最も重要なアソシアシオンは、穏健共和派の「天は自ら助けるものを助く（société Aide-toi, le ciel t'aidera）」、急進共和派の「人民の友協会（société des amis du peuple）」であった。これらは、労働者の境遇改善、初等教育の充実、累進課税、アソシアシオンの自由などを掲げ、しばしば街頭での示威行動を行った。こうした運動は、三三―三四年の「人権協会（société des Droits de l'homme）」の結成において頂点を迎える。しかし、一八三一年、三四年のリヨン、パリでの民衆蜂起を経て、三四年にアソシアシオン規制の強化が、三五年には新聞の発刊規制と検閲の強化などが定められると、一部の共和派は秘密結社において活動し、多くの者は雑誌や新聞を通じた言論活動、議会における改革運動へと重心を移していった。この過程で影響力を獲得したのは、穏健共和派の『ナシオナル（*National*）』誌、急進共和派の『レフォルム（*Réforme*）』誌などであった(1)。

一八四〇年代には、公権力と結びついた秩序維持装置としてのパトロナージュや共済組合にたいして、労働者同士の生産協同組合、消費組合、共済組合などを結成する動きが強まる。しかしこれらも、アソシアシオンへの法的規制の下では「限定的で、孤立した試みにとどまった(2)」。公権力や上層階級によって、温情主義的な管理の対象と見なされがちであったこれらの人々は、徐々に経済的目的を越えた体制全体にたいする対抗意識を強め、やがて「社会的共和国」設立に向けた政治運動を担う勢力として共和主義者と合流していく。

本章では、このうち主に前者の共和派知識人によって書かれた雑誌・パンフレット・著書・第二共和政下の議会討論を検討対象とする。

（1）『ナシオナル』誌はティエールらによって創刊され、クレミュー、カルノなどの協力者を擁する。『レフォルム』誌はカヴァニャックの手で創刊され、ルイ・ブラン、ラムネ、アラゴ、ルドリュ＝ロランなどが協力者が名前を連ねる。
（2） Nourrisson, *Histoire de la liberté d'association*, t. 1, *op. cit.*, p. 346.

第二節　社会問題と共和主義

一　未完の革命

フランス革命では、階層的諸身分から構成される社会に代わり、私的自律を有する平等な個人によって構成される秩序像が提起された。そこで想定される秩序主体とは、身分制や職業団体などから析出された個人である。革命期における表現の自由、労働の自由の規定は、こうした理念を具体化したものととらえられる。シエイエスは、代表を通じた個人の「抽象化」によって、政治体を支える「市民」が生み出される、と主張した。「デモクラシーとは、個人を公的な事柄へと捧げ尽くすこと、すなわち、感性的存在（être sensible）を抽象的存在（être abstrait）へと捧げ尽くすことである」[1]。個別状況に埋め込まれた個人が「抽象化」されることによって、公的人格として立ち現れ、このような「市民」から構成されることで、「ナシオン」の同質性と一体性が保障される[2]。シエイエスにとって、この「抽象化」を成り立たしめるのは、「受動的市民」と「能動的市民」の機能的分業であり、能動的市民による「代表」という機制であった。

革命中期以降の共和主義者は、共和国を構成する「人民」と、権力行使の主体としての「市民」を等置した。ロベスピエールによれば、「市民」とは、公的な事柄を私的な事柄より優先しうる者である。こうした「市民」は、「友愛」の精神（祖国愛）を内面化した全「人民」と重なるはずである。彼の「友愛」概念は、共和国に敵対する貴族や、愛国心の欠如した個人、外国人の排除を前提としたものであった。

一七九三年のジャコバン支配と、その後のテロルの記憶に結びついた共和主義は、十九世紀に入って以降も長く忌避される。例えば、一八一四年の時点で共和政を望む者はほぼ皆無であったと言われている(3)。一八三〇年九月二十一日の新聞『ジュルナル・ド・デバ』では、次のように述べられている。「共和政とは、商人にとっては[利益の]最大化であり、プロレタリアにとっては略奪と死刑である。つまり万人にとってみれば、無秩序であり、内戦であり、対外戦争である(4)」。

七月王政期支配層は、市民的平等の原理を受容しつつも、革命期の「人民主権」論を批判し、一七九一年と一七九三年を切り離そうとした。ティエリやギゾーなど、「歴史」「文明化」の観念を中心に思想を展開した自由主義者は、フランス革命を以下のように解釈する。彼らによれば、革命の意義は、絶対王政から自由な体制への転換にあった。その本質は一七九一年憲法に体現されており、一七九三年のジャコバン支配は、革命からの逸脱にすぎない(5)。七月王政期のドクトリネールは、シエイエスの思想を引き継ぎ、市民的権利の平等と、政治的権利とを区別する。政治的権利を担いうるのは「人民」ではなく、一定の財産と教養を持った中間層である。制限選挙に基づく代表制によって、「理性」を有する新しいエリート層を選出し、統治機構に彼らの「理性」を集中化するとともに、エリートによって社会を教育・陶冶することで、新たな秩序が実現される(「理性主権」論)。産業化によって現れた「社会問題」への対応は、法的領域と区別された「モラル」の領域の問題とされ、階層的社会観を前提に、上層階級のパターナリズムによる下層階級の「モラル化」へと委ねられる。

「社会的共和主義」は、七月王政期において、支配層の政治経済学・社会経済学に対抗する共和派知識人に担われた。彼らはフランス革命の「人民主権」論を復権させ、それを実質化することを主張する(6)。彼らにとって、一七九三年の持つ意味は、自由主義者による革命解釈から区別されなければならなかった。一八三〇年代以降、共和派の歴史家の手による多くのフランス革命論が現れる。これらによれば、一七九一年と一七九三年は連続した過程であり、一七九三年のジャコバン憲法はその頂点となる成果である。フランス革命の意義は、アリストクラシーに代えて「人民による人民の支配」をもたらそうとした点にある。ビュシェは一八三四年から三八年にかけて、全四十巻の『フランス革命議会史』(Buchez, *Histoire parlementaire de la Révolution française*)を発刊し、その「趣意書」において、フランス革命を「平等と新たな社会的目的」を勝ち取るための革命であった、と位置づけた。(7) 一八四五年にはキネの『キリスト教とフランス革命』(Quinet, *Le Christianisme et la Révolution française*)が発刊され、一八四七年にはルイ・ブランによる全十五巻の『フランス革命史』(Blanc, *Histoire de la Révolution française*)、ミシュレの『フランス革命史』(Michelet, *Histoire de la Révolution française*)が発刊された。(8) ブランは一七九三年憲法を「人類の友愛の理念を実現した世界で最初の社会協約(pacte social)」と称し、ミシュレは、一七八九年全国三部会の招集を「人民生誕の紀元」と呼び、(9) 革命の終焉をロベスピエールの死去に置いた。

この時期の共和主義者によれば、人民の平等を実現しようとしたフランス革命は、未完の革命にとどまった。ルイ・ブランは言う。「抽象的に捉えられた法=権利(droit)とは、一七八九年以来、人民を酷使する蜃気楼であった。法=権利とは、人民にとって、彼らが有していた生きた保護に代わる、抽象的で死んだ保護である」。(10) 法=権利によって把握された個人は、実際には、「飢え、寒さ、無知、偶然に取り憑かれた人間」である。彼らに真の自由をもたらすために必要なことは、これらの条件を抽象する「法=権利」の宣言ではなく、彼らを取り巻く条件自体を変革する「社会革命」でなければならない。

「人権協会」のソリアックは、「社会」内部にはらまれた分裂を、次のように指摘している。「社会の成員が、習俗と利害によって完全に分裂し、一方が教育と偏見を、他方が無知と夢想を有している。一方が全てを所有し、休息と享楽に興じており、他方が何も所有せず、絶え間なく働き、貧困によって死んでいる」。(11) こうした状況にたいして、「観念的平等」ではなく「社会的平等」が必要である。(12) 同じ一八三四年に、共和派の主要雑誌の一つ

『共和派雑誌（*Revue républicaine*）』の中で、デュポンは次のように宣言する。「政治体制に終始するのは正しい考えではない。社会問題こそが第一である[13]」。

このように、この時期の共和主義者は法の「抽象性」を批判し、「社会」それ自体を平等な共同体へと「再生」させることを主張する[14]。彼らの目指す「社会的共和国」とは、このような「社会」の変革の延長上に再定義された体制である。

（1） *Papier Sieyès*, Archives nationales : 284 A. P. 5, dossier 1, cité par Rosanvallon, *Le peuple introuvable*, *op. cit.*, p. 37.
（2） シエイエス『第三階級とは何か他』前掲書、一一一頁以下。
（3） Weill, *Histoire du parti républicain*, *op. cit.*, p. 1 et s.
（4） *Journal des Débats*, 21 septembre 1830, cité par Borgetto, *op. cit.*, p. 231.
（5） Cf. François Furet, *La gauche et la révolution au milieu du 19e siècle : Edgar Quinet et la question du jacobinisme, 1865–1870*, Paris, Hachette, 1986, p. 17.
（6） 例えば、«L'Union, association des hommes libres», *Doctrines Unionistes*, no. 1, 1833 ; Félicité Lamennais, *De l'esclavage moderne*, 4e éd., Paris, 1840, p. 105 ; Ledru-Rollin, «Discours prononcé au banquet démocratique de Dijon pour la réforme électorale, 21 novembre 1847», *Discours politiques et écrits divers*, t. 1, Paris, 1879, p. 544.
（7） Buchez et Roux, «Proscriptus», *Histoire parlementaire de la Révolution Francaise, Journal des Assemblées Nationales depuis 1789 jusqu'en 1815*, t. 1, Paris, 1833, p. 6.
（8） Louis Blanc, *Histoire de la Révolution Française*, t. 15, nouvelle éd., Paris, 1878, p. 317.
（9） ミシュレ「フランス革命史」『世界の名著37 ミシュレ』中央公論社、五一頁。
（10） Louis Blanc, *Organisation du travail*, Paris, 1840, p. 19.

（11）Xavier Sauriac, *Réforme sociale, ou cathéchisme du prolétaire*, 1834, p. 37.
（12）*Ibid.*, p. 53.
（13）Weill, *Histoire du parti républicain…*, *op. cit.*, p. 144.
（14）例えば、一八四八年のリモージュ人民協会の代表者は、「友愛と連帯の原理」に沿った「社会の再生（régénération sociale）」を訴える（*Exposé sur l'organisation du travail*, par Les délégués de la société populaire de Limoges, 1848, dans *Les révolutions du 19e siècle, 1848, La révolution démocratique et sociale*, t. 1, Paris, EDHIS, 1984, pp. 1-4)。

二　人類という宗教

一八三四年、雑誌『デモクラシー』の論説の中で、ロベールは次のように記している。「人民の心を揺り動かした数々の熱望の中でも、とりわけよく語られた言葉がある。それは共同体（communauté）である。この言葉こそ、フランス革命以来発せられた、最も宗教的な言葉であると言えよう[1]」。この時期の共和主義の特徴は、真の「共同体」を実現するものとして、フランス革命期に否定された宗教の復権を語ることである。

ミシュレ、ルルー、キネ、コンシデラン、カベなどによれば、平等の観念を強調したキリスト教は、誤ったドグマであったわけではなく、不十分であったにすぎなかった。ロベールは、キリスト教について次のように言う。キリスト教は「天上における平等、地上における不平等」という二分法に立脚し、人間世界の外部に完全な平等を置いた[2]。フランス革命はこの二分法を攻撃し、法的な平等を実現しようとした。しかし、「社会的な平等」は未だ達成されていない。フランス革命の限界を超克するためには、「人類＝人間性（Humanité）という新たな宗教」に基づいて、真の共同体を実現しなければならない[3]。

この時期に、「人類」という宗教について最も体系的な議論を展開したのは、共和主義左派の思想家ピエール・ルルーであった。[4] 彼によれば、キリスト教は過去において最も優れた宗教であったが、不完全なものにとどまった。なぜなら、そこで自己と他者は本質的に分裂しているからである。自己と他者は、それぞれ神への愛を媒介することで互いに関係している。しかし、神が人間を超越した存在である以上、神への愛は、他者をそれ自体として受容することにならない。[5] 宗教的「慈善」とは、自他の本質的な分裂に基づくため、内実を欠いた形式的で不平等な関係にすぎず、実質的には「憐れみ（pitié）」と異ならない。[6]

ルルーは、キリスト教を越える理念が「人間性＝人類（Humanité）」であるという。「人間性」は、個々の人間に内在し、自己と他者の各々に分有された理念である。[7] 自己と他者は、それぞれ個別で特殊な存在であると同時に、「人類」という「永遠の存在」の一部分を構成している。「人類とは、無数の現実的存在から構成された理念的存在であるが、現実的存在それ自体が、潜在的には人類の萌芽である」。[8]「人類」への宗教を前提とするとき、自己と他者は互いの実在を目的として認識し、「連帯（solidarité）」の絆を形成する。

ルルーにおいて、キリスト教的な「友愛」と、新しい「連帯」「友愛」（ルルーは両者を互換的に用いている）とは、以下のように区別される。キリスト教的「友愛」では、神の下で万人が平等であるという意味で「兄弟」であった。[9] これにたいして、現代の「友愛」は、各人が異なる「機能」を果たすことから生まれる。

「友愛の原理のもとで組織化された社会を想定してみよう。万人が平等で、万人が兄弟である。しかし、万人が同じ機能を果たすわけではない。むしろ万人は、異なる機能を果たしている。すなわち、彼らのあいだには、年齢や性別のみならず、機能の相違が存在する。一言で言えば、兄弟の間には、階層が存在する。それでは、いかなる意味で彼らは兄弟なのだろうか？　各人が、彼らを結合し集合させる社会と祖国を媒介して、万人の善と悪とに貢献するという形で、互いに結びつき、連帯するという意味においてである。[10]」

人間は互いに「異なる利害、異なる思想」を有している。それは「人体を構成する異なる諸器官」と同様である。これらの諸器官は、「一致協力して全体（un tout）を生み出すことに貢献する」時にのみ、「統合」を生み出す。人間社会において、異なる諸個人を結びつけるのは、「人間性」の完成という目的への一致したコミットメントである[11]。

他の共和主義者は、ルルーほど哲学的に「友愛」概念を掘り下げて論じているわけではない。しかし、キリスト教と「人間性」への宗教とを区別し、後者と「友愛」を結びつけて語る点では共通する。例えばデザミィは、「友愛」を「同じ家族の一員として生活するよう人間を導く崇高な感情」と述べ[12]、ラムネは、「人間は同じ父から生まれたのだから、友愛という温情の絆に結ばれて、ただひとつの大きな家族を形成するべきである」と述べている[13]。

以上のように、「友愛」の観念は、十八世紀に語られたアダム・スミスの「共感」や、ジャン＝ジャック・ルソーの「憐れみ」とは異なる[14]。アダム・スミスは経済的関係を補完する対面的・情緒的絆として「共感（sympathy）」を扱った。ルソーによれば、「憐れみ（pitié）」とは「理性に先立つ二原理」のうちの一つであり、「われわれの同胞が滅び、または苦しむのを見ることに、自然な嫌悪を起こさせる」感情である[15]。これらは、反省化以前の具体的・対面的な関係における他者との感性的な絆を指している[16]。他方「友愛」とは、直接的・対面的な関係における紐ではなく、互いの関係を「人間性」の進歩に向けた相互依存関係として反省的にとらえなおされたときに認識される想像的な絆である。

（1） Robert, «Du caractère de la démocratie moderne», *La démocratie, revue mensuelle*, repris dans *Les révolutions du 19ᵉ siècle*, t. 4, *La propagande socialiste de 1835 à 1848*, Paris, EDHIS, 1979, p. 15.

（2） *Ibid.*, p. 3.

（3） *Ibid.*, p. 15.

（4）ピエール・ルルー（Pierre Leroux, 1798-1871）はパリの貧しい行商人の家に生まれた。エコール・ポリテクニクに入学するも、兄弟を養うために中退し、印刷工として働く。一八二四年に雑誌『グローブ』の協力者として文筆活動を開始し、サン＝シモン主義の影響から出発して、七月王政期の共和主義左派を代表する思想家となる。第二共和政下では左派の政治家として活躍するが、ルイ＝ナポレオンのクーデタによって亡命を強いられた。なお、彼は「社会主義」という語を発明した「初期社会主義者」として知られているが（«De l'individualisme et du socialisme», 1833, dans *Aux philosophes, aux artistes, aux politiques : trois discours et autres textes*, Paris, Payot et Rivages, 1994, pp. 235-255）、実際にはこの論文の中で「社会主義」（サン＝シモン主義）を批判し、諸個人の「アソシアシオン」に基づく新たな社会の建設を主張している（*ibid.*, p. 254）。

（5）Pierre Leroux, *De l'Humanité*, Paris, Fayard, 1985, 1re éd., en 1840, pp. 158-162.

（6）*Ibid.*, p. 163. 神という超越的存在を媒介した自他の関係を、真の関係からの「疎外」ととらえ、神に代わる「人間主義」の理念によって疎外を乗り越える、というルルーの思想は、同時代のドイツ・ヘーゲル左派の神学者フォイエルバッハの思想と同型である（フォイエルバッハ（船山信一訳）『キリスト教の本質』全二巻、岩波文庫、一九三七年）。

（7）Leroux, *De l'Humanité, op. cit.*, p. 191.

（8）*Ibid.*, p. 196.

（9）Pierre Leroux, *Réfutation de l'éclectisme*, Paris et Genève, Slatkin, 1979, p. 43 et s.

（10）*Ibid.*, p. 45.

（11）*Ibid.*, p. 46.

（12）Dezamy, *Code de la communauté*, 1842, cité par G. M. Bravo, *Les socialistes avant Marx*, 1970, p. 155.

（13）ラムネ（田辺貞之助訳）『民衆に与ふる書―キリスト教社会主義について』創元社、一九四九年、三頁。

（14）これらの概念は、しばしば混同されてきた。一例として、「同情（compassion）」「憐れみ」「友愛」を同一に論じる次の論文を参照。Claudine Haroche, «La compassion comme amour social et politique de l'autre au 18e siècle», dans *La solidarité : un sentiment républicain ?*, Paris, Presses Universitaires de France, 1992, pp. 11-

25.

（15） Rousseau, «Discours sur l'origine et les fondements de l'inégalité parmi les hommes», *Œuvres complètes de Jean-Jacques Rousseau*, t. 3, Paris, Gallimard, 1964, pp. 125-126（本田喜代治、平岡昇訳『人間不平等起源論』岩波文庫、一九七二年、三〇―三一頁）. また、次のようにも述べられている。「憐れみの情（pitié）は…人間が用いるあらゆる反省に先立つものであるだけにいっそう普遍的な、またそれだけ人間にとって有用な徳であり、時には禽獣でさえも、そのいちじるしい徴候を示すほど自然な徳である」（*ibid.*, p. 154〔邦訳、七一頁〕）。

（16） ただし両者において、「共感」や「憐れみ」が社会関係を構成する最も重要な要素であるわけではない。スミスにとって、秩序を成り立たしめるのは、「効用」に基づく交換の体系であり、必ずしも「共感」は本質的ではない。例えば彼は、「異なる成員の間に何ら相互的な愛情も愛着も存在していないとしても、社会は、…お互いのもつ効用の感覚から存立することもできる」と述べている（Adam Smith, *The Theory of Moral Sentiments*, London, Rinsen Book, 1992, p. 147〔米林富男訳『道徳情操論 上』未来社、一九六九年、二〇三頁〕）。ただし、「交換」は国家の強制力を背景にした「正義」によって支えられねばならず、さらにそれらは「共感」によって補完されることが望ましい、とされる。また、ルソーの体系全体の中で、「憐れみ」の位置は必ずしも明確ではない。それは自然状態において、人間同士の関係を規制する「自然法」ではあるが、「社会契約」による国家設立の場面で、「憐れみ」が本質的な役割を果たしているようには見えない。Cf.ロベール・ドラテ『ルソーとその時代の政治学』九州大学出版会、一九八六年、一三八―一三九頁。

第三節　「友愛」の共和国

ラマルティンは、「友愛」に基づく新たな「共和国」を、「階級的特権に基づく分離に代わる、人民の統一体」と称し、あらゆる階級の消失を宣言した。「平等の前に、あらゆる階級間の区別は撤廃される。同じ祖国の子供たちを生み出すこの聖なる友愛の前で、あらゆる対立は緩和され、消失する[1]」。臨時政府の広報誌『ビュルタン・ド・ラ・レピュブリク』において、ルドリュ＝ロランは次のように宣言する。

「共和国を設立することで、政府はあらゆる正当な利益を充足し、…階級間のあらゆる区別を廃棄し、あらゆる特権を廃止し…すべての市民が政治的権利を完全に行使するよう呼びかける義務を負った。…一人の権力に代わって、万人の権力を。一家族の特権にかわって、すべての市民が兄弟であるような国民の権利を[2]。」

彼によれば、ルイ・フィリップの体制が没落したのは、「人民」の支持を失ったからであった[3]。共和政は、「人民」という「集合的存在の統一性、単一性」によって支えられなければならない[4]。それは、「ナシオン」の下に帰属する人びとの「友愛」、万人の相互扶助による普遍的「アソシアシオン」の樹立、労働の権利・普通選挙制の導入によって実現される。

一　アソシアシオンからナシオンへ

手工業の親方と職人から成る職人組合（campagnonnage）は、七月王政期を通じて影響力を持ち続けた[5]。しかし熟練労働者のみを対象とするこれらの団体は、産業化とともに増大する未熟練労働者を救済するものではなかった。一部の職人のあいだで、職能を超えたより普遍主義的な「アソシアシオン」を形成する原理として、「友愛」が語られる。ペルディギエは『職人組合の書』の中で、伝統的な職人組合の閉鎖的習慣を批判し、職能を超えた「友愛」を次のように主張した。「我々は共通の父の子供である。我々は皆兄弟として生きなければならない。自由、平等は、人類の大家族の中で結びつき、協調しなければならない[6]」。一八三三年の「一仕立工の考察」では、旧来の職人組合と異なる職能を超えたアソシアシオンの結成のために、「われわれは団結して友愛の絆を固めよう。もっとも貧しい人びとを救済するために団結しよう[7]」と語られている。同年の『あらゆる職能組織の労働者によるアソシアシオンについて』というパンフレットでは、「友愛」の概念が次のように語られる。

「これらのさまざまな職種別組織が分散し解散しないようにしよう。それらを個人主義と孤立的利己主義に落ち込ませないようにしよう。職業の別なくわれわれ相互のあいだに友情の関係を打ちたてよう。代表者の派遣を通じて、兄弟愛の関係をうち立てよう。これらの代表者たちは相互に理解しあい、仲良く暮らし、われわれを団結させるべき友愛のシンボルであってほしい。(8)」

一八四〇年以降の共和主義者は、職能ごとの「アソシアシオン」を国家へと拡張することを主張した。ルイ・ブランは仕事場相互を結合し、国家の下に普遍的「アソシアシオン」を形成する原理として「友愛」を用いた。(9)同様にコンフェは、四八年に職業ごとのコルポラシオンを結合した「アソシアシオン」の組織化を提案している。(10)ルルーによれば、「友愛」という抽象的観念を具体化するためには、「祖国」の媒介が必要である。(11)この時期の共和主義者は、「人間性」という普遍主義的概念に訴えかけて「友愛」を語ったとしても、その背後に想定されていたのは、境界を有した「祖国」であり、フランスという「ナシオン」であった。

ラムネは、平等な「真の社会」と「祖国」とを同一視して、次のように論じる。「自然の平等観に基礎をおく真の社会は、その本質において友愛の社会であり、また事実そうでなければならない。これ以外の政治制度は、その形式がどのようなものであろうと、必ず不幸で不正なものを含む。…したがって、祖国にたいする諸君の第一の義務は、決して倦むことのない熱意を傾けて、権利の絶対的平等という、偉大で有効な原理を完全に達成するために努力すること、および特権なるものを完全に打破するまで、絶え間なくこれと戦うことである(12)」。ミシュレによれば、「フランスとはひとつの宗教である(13)」。「世界の避難所と考えられたこの国民は、はるかにひとつの国民という以上のものである。それは生きた友愛である(14)」。

この時期の「友愛」とナシオンとの結びつきは、社会主義や共産主義を唱える論者においても同様に見られる。フーリエ主義者ヴィクトール・コンシデランは、一八四七年の「社会主義の原理」の中で、次のように言う。

「友愛と統一。これらは社会科学のアルファにしてオメガであり、また偉大な人間の政治全体の基礎であり頂点である。」「汝らはすべて兄弟であり、同じ家族の構成員である。」「汝らはただ一つの肉体、ただ一つの魂、唯一つの精神を形づくるべきであり、また、神とともに一つであらねばならない[15]」。この統一体は、「人類」という集合であり、「フランスは人民の解放と人類という目標に向けた道を、先頭に立って歩かなければならない[16]」。共産主義者カベは、「友愛」を「例外なく万人の幸福を希求するよう促し、いかなる者の苦痛も許さないようにさせる宗教」と語り[17]、「友愛の絆で結ばれた」社会を、「兄弟から成る一つの人民、一つの国民である」と述べている[18]。

四八年二月革命に引き続き、イタリア、ドイツなどで革命運動が勃発すると、臨時政府は不介入政策を取り続けた[19]。他国の革命への援助を積極的に主張したのは、アラゴ、ルルー、フロコンなどの一部の共和主義者にとどまった。彼らは三月四日の「ユマニテ宣言（Manifeste à l'humanité）」において、臨時政府の不介入政策を批判し、次のように論じている[20]。「自由、平等、友愛という永遠の原理を侵犯する政府は、人民の敵」であり、介入は「最も神聖な義務」である、と。しかし、こうした主張は少数にとどまり、多くの共和主義者は、国内の外国人や、国外の民衆運動にたいして、冷淡な態度を採るにとどまった[21]。

「アソシアシオン」の対象は、職種ごとの職人同士の相互扶助から、「人民」全体を対象とした相互扶助、公的貯蓄、共済制度へと一般化され、その延長上に、国家の「社会的」役割が定義される。第二共和政期においては、労働条件の改善、初等教育の充実、累進課税の導入、アソシアシオンの自由、労働手帳の廃止、労使調停委員の設置などが主張された[22]。中でも「友愛」の理念を具体化する権利とされたのが、「労働の権利（droit au travail）」と「普通選挙権」であった。

（1）クレミューの演説の要約。Lamartin, *Histoire de la Révolution de 1848*, Paris, p. 35.
（2）*Bulletin de la République*, 15 mars 1848.

（3）*Bulletin de la République*, 13 mars 1848.

（4）*Bulletin de la République*, 21 mars 1848.

（5）Nourrisson, *Histoire de la liberté d'association*, t. 1, *op. cit.*, pp. 306-307.

（6）Agricol Perdiguier, *Livre du Compagnonnage*, 1841, cité par *1848 Les utopismes sociaux*, *op. cit.*, p. 15.

（7）「仕立て工の考察」『資料初期社会主義』前掲書、一九七頁。

（8）「あらゆる職能組織の労働者によるアソシアシオンについて」『資料初期社会主義』前掲書、二〇三頁。

（9）Blanc, *Organisation du travail*, *op. cit.*, p. 107, p. 117.

（10）«Organisation du travail, proposée par confais», dans *Les révolutions du 19e siècle, 1848, La révolution démocratique et sociale*, t. 1, Paris, EDHIS, 1984, p. 9.

（11）Leroux, *De l'Humanité*, *op. cit.*, pp. 136-139.

（12）ラムネ『民衆に与ふる書』前掲書、一〇二頁。

（13）ミシュレ（大野一道訳）『民衆』みすず書房、一九七七年、二六八頁。

（14）同上、二七〇頁。

（15）Victor Considérant, *Principes du socialisme : manifeste de la démocratie au 19e siècle*, Paris, 1847, p. 63.

（16）*Ibid.*, p. 67.

（17）*Le populaire*, 14 mars 1841.

（18）Cabet, *Voyage en Icarie*, *op. cit.*, p. 35.

（19）『レフォルム』紙の一八四八年五月五日の記事には、次のように書かれている。「共和国政府はこれまで、国家理性の古い因習のもとにとどまってきた。…フランスの政治はあらゆる場面で、外国人に否定的な態度を示している」（*La Réforme*, le 5 mai 1848）。

（20）Cf. Lamartine, *Histoire de la Révolution de 1848*, Paris, 1848, pp. 186-188.

（21）Borgetto, *La notion de fraternité...*, pp. 274-280. Cf. Agulhon, *Les Quarante-huitards*, *op. cit.*, p. 108 et s.

（22）Droz, *Histoire générale du socialisme*, t. 1, *des origines à 1875*, Paris, Presses Universitaires de France,

1997, pp. 398–399.

二　普通選挙と労働の権利

「普通選挙」は、民衆とブルジョワジーが「平等な政治的尊厳」を有することを象徴する制度であった[1]。それは、たんに「人民」の意思を政治に反映させる装置ではなく、むしろ普通選挙を通じてはじめて、孤立し分断された「人民」の一体性が見出される[2]。一八四八年三月十九日の臨時政府の宣言では、普通選挙について、次のように言われている。「この法律より後には、もはやフランスに、プロレタリアは存在しない[3]」。個別状況において、「労働者」「プロレタリア」として存在する個人は、選挙権の行使を通じて、「主権」を担う「市民」として立ち現れる。この権利の行使によって、万人の平等性と、単一の「人民の意思」が保障される。当時の民衆の歌謡「投票の歌（chant de vote）」では、「投票は神の声」と謳われ[4]、『ビュルタン・ド・ラ・レピュブリク』では、「新たな選挙において、人民の意識が、喝采を通じて雄弁に一致団結して語っている」と述べられている。一八四八年二月革命の勃発によって七月王政が倒れると、新たに樹立された「友愛の共和国」は、階級対立を超えた融和や調和の象徴と考えられた。

さらに、「労働の権利」は、市民的平等という法的原理を超えて、「人民」のあいだに実質的な平等をもたらす最も重要な権利と考えられた。ヴェイユによれば、「労働の権利とは、すべてのフランス人が法の下に平等である、という原則の唯一の実践的な翻訳である[5]」。一八四八年憲法制定議会において、ルドリュ＝ロランは「扶助の権利」と「労働の権利」を対照して、次のように論じている。たんなる公的扶助は、「人民」のあいだに平等をもたらさない。扶助を請う者は、他者の気まぐれに従属しており、主権を有する「平等」な一員として扱われていないからである[6]。彼によれば、労働不能貧民には公的扶助を与え、健常貧民には「労働」を保障するという法的義務は、すでに一七九三年憲法に記されている。「労働の権利」こそが「大革命の真の継承」である。(7) 彼は四七年の改革宴会でも、次のように論じている。「友愛は、信用・アソシアシオン・連帯の諸組織の無尽蔵の源である。そこにおいて、労働はたんなる権利であるのみならず、義務となるであろう(8)」。

「友愛」は、当初同質的な職業集団の相互扶助を支えるものとして語られた。しかし、「社会問題」への対応の文脈で、社会的分裂や個々人の孤立化が問題化されると、それらを乗り越え、「人民」の一体性を創出するシンボルとして、それはより宗教的な色彩を帯びて語られた。「友愛」とは、家族やアソシアシオンのイメージを拡張した想像的紐帯であり、「人類」という普遍主義的概念に訴えかけられたとしても、実際には、「祖国」「ナシオン」への帰属を前提としたものであった。「友愛」概念の「ロマン主義的」「ユートピア的」「宗教的」性格は、「人民」の事実的不平等と理念的平等との乖離を、感性に訴えかけることで媒介し、民衆層の政治的統合を実現しようとするところにもたらされた。この時期の共和主義者の言説は、演劇、文学、祝祭などと切り離すことができない(9)。その性格を最もよく表すのが、二月革命後の四月二十日におこなわれた「友愛祭（Fête de fraternité）」であり、それは「友愛」の称揚の頂点であると同時に、最後の局面でもあった。

（1） Agulhon, *Les Quarante-huitards*, *op. cit.*, p. 84.
（2） この点について、Rosanvallon, *Le sacre du citoyen*, *op. cit.* pp. 285-294 を参照。
（3） *Bulletin de la République*, 19 mars 1848.
（4） Agulhon, *Les Quarante-huitards*, *op. cit.*, p. 75.
（5） Weill, *Histoire du parti républicain en France*, *op. cit.*, p. 191.
（6） Ledru-Rollin, «Discours de M. Ledru-Rolin», dans Joseph Garnier éd., *Le droit au travail à L'Assemblée Nationale : recueil complèt de tous les discours prononcés dans cette mémorable discussion*, Paris, 1848, p. 115.

（7） *Ibid.*, p. 117.
（8） Ledru-Rollin, *Discours politiques...*, t. 1, *op. cit.*, p. 339.
（9） Cf. Weill, *op. cit.*, pp. 215-229.

第四節　「友愛」の隘路

「友愛」の称揚は、二月革命後、わずか数ヶ月で消失する。「友愛祭」の三日後に実施された普通選挙では、農村部を中心に多数の王党派・中道派（「翌日の共和派」）が当選し、共和主義者は議会内で少数派に転落する（この選挙で、有権者の数は二十五万人から九百万人に増大した）。「労働の権利」を保障するために設置された国立作業所（ateliers nationaux）は、財政的基盤の欠如によってほとんど機能せず、貧民を増大させているという非難によって、五月には閉鎖を強いられた。これをきっかけに起こったパリ労働者による六月蜂起は、臨時政府によって厳しく弾圧され、急進共和派や社会主義者と穏健共和派との分岐が決定的となる。同年十一月四日に公布された共和国憲法では、「労働の権利」は明記されず、私的扶助の補完としての貯蓄制度の整備や公共事業などが、国家の義務として記されるにとどまった[1]。さらに、四〇年代の共和主義運動において大きな役割を果たした相互扶助の普遍化としての「アソシアシオン」という理念は、四八年にはむしろ閉鎖的な利害に基づく「コルポラシオン」の語彙へと取って代わられていったと指摘されている[2]。

「友愛」に基づく秩序形成の困難は、階級対立の顕在化や、民主主義の未成熟という点のみに原因を求められるわけではない。それは「法」と「モラル」の関係、「人民」の意思の「代表」をめぐる思想的問題として、四八年以降に論じられた。

一　「法」と「モラル」

七月王政期の支配層が「法」と「モラル」の領域を区分し、「モラル」を対象とした統治の理念を探求したのにたいし、共和主義者は、法的平等と、事実的不平等の乖離を問題化し、平等を実質化するための新たな「権利」を主張した。彼らは、「友愛」という社会的紐帯の概念に訴えながらも、それを「社会的共和国」「労働の権利」「普通選挙権」という法的・政治的概念と一体のものとして語った。例えば、共和主義者ルヌーヴィエによれば、「真の政治はモラルに基づく」。「友愛の共和国」は、「労働の権利」「教育の権利」の承認によってのみ可能となる(3)。

「友愛」を「権利」の語彙で語ることの困難は、「労働の権利」をめぐる四八年憲法制定議会における、トクヴィルやティエールなどの自由主義者による批判に示されている(4)。彼らの批判は、「権利＝法（droit）」の定義に向けられた。ティエールによれば、「法は、市民の階級のあいだに例外を作らない。…法は万人に関係する。一階級の法にすぎないのならば、それは法ではない。ある者に適合し、ある者には適合しないならば、それは法ではない(5)」。「労働の権利」の対象となる貧民は、全市民の一部にすぎない。彼らは国家による一時的な扶助の対象ではあっても、「権利」の対象ではない。「権利」とは、恒常性と一般性を有する対象のみに限定されなければ、「正義」に反する。トクヴィルによれば、フランス革命の原理とは、諸身分の区別の撤廃であり、「すべての市民が平等となること」であった。二月革命は、その延長上に、万人の平等を実現しようとした。ところが「労働の権利」は、「平等」ではなく「階級」の分断を持ち込もうとしている(6)。貧困の問題は、私的・宗教的次元における「慈善」の対象でなければならず、それを「権利」の対象とするなら、国家の介入の範囲は無制限に拡大し、「新たな形の隷従」がもたらされる、という(7)。

政治経済学者バスティアの「友愛」批判は、こうした議論を端的に要約している。[8]
「友愛の限界点はどこにあるのか。その限度はどこにあるのだろうか。それはどのような形式なのか。友愛は、明らかに無限定である。結局のところ、友愛とは他者のために犠牲を強い、他者のために労働することにほかならない。友愛が自由で自発的で自主的であるなら、私はそれを賞賛しよう。…しかし社会の中核にこの原則を押し付けるならば、すなわち友愛を法によって課す――より正確に言えば、労働権（droit du travail）を考慮せずに労働の果実の再分配を法によって強いる――ならば、はたして社会は存続しうるであろうか。」
「友愛」が「社会的」な紐帯を意味するものであり、普遍的な対象と明確な限定を有するべき「法」にはなじまない、とする批判は、その後も繰り返されることになる。

（1）「社会は、無償の初等教育、職業教育、雇用者・労働者の平等な関係、互助及び信用制度、農業施設、自発的結社により、また失業者（bras inocupé）を雇用するための公共事業の国・県・コミューンによる施設により、労働の進展を促進し、奨励する。」（一八四八年十一月四日フランス共和国憲法第十三条）
（2）Cf. Sewell, *Gens de métier et révolutions*, *op. cit.*, p. 263.
（3）Charles Renouvier, *Manuel républicain de l'homme et du citoyen*（*1848*）, Paris, Garnier, 1981, p. 108, p. 115.
（4）Cf. Pierre Rosanvallon, *L'Etat en France*, *op. cit.*, pp. 157-162.
（5）«Discours de M. Thiers», dans Garnier éd., *Le droit au travail...*, *op. cit.*, p. 216.
（6）«Discours de M. Tocqueville», dans Garnier éd., *Le droit au travail...*, *op. cit.*, pp. 99-113.
（7）トクヴィルの論点全体は、おおむね次のとおりである。「労働の権利」は社会主義的思想から来ている。それは①物質主義に基づき、②個人の財産権を脅かし、③人間の自由を侵害して隷属へと貶める。彼はこの思想を、フランス革命の思想と対比する。フランス革命は、物質的必要よりも高貴な自由の精神に基づき、諸身分の不平等を撤廃しようとしたものであった。

（8） Frédéric Bastiat, *Propriété et loi : justice et fraternité*, Paris, 1848.

二 「人民」の「代表＝表象（représentation）」

四八年に活躍した共和主義者にとって、普通選挙とは、「人民」の平等性と一体性を現前させ、階級間の融和を実現するための象徴的制度であった。しかし実際には、四月の憲法制定議会選挙によって選出された議員の多くは急進共和派と立場を異にしており、普通選挙は、議会内外の対立を可視的にしたにすぎなかった。一八五〇年前後の共和主義者は、普通選挙と代表制を批判し、「人民の意思」をより直接的に統治機構に反映させるための「直接統治」論を展開する。(1) コンシデラン、リッティングハウゼン、ルドリュ＝ロランによれば、「人民主権」と「デモクラシー」を実現するために、参政権の平等では不十分であり、「人民の人民自身による直接統治（gouvernement direct du peuple par lui-même）」が必要である。彼らの念頭にあったのは、一八三〇年七月革命や一八四八年二月革命における「人民の意思」の直接的現前の経験であった。「フランス人民が［一八三〇年の］三日間公式にその主権を行使した時…彼らの権利と自律に異議を唱えることのできた者がいただろうか？…正統な主権はすでに見出された。これ以降、憲法（Constitution）とは、普遍的人民の存在、思考、意思、自律的行動を意味するにすぎない」(2)。具体的には、各コミューン（コンシデラン）、あるいは千人のセクション毎に（リッティングハウゼン）住民投票で意思決定を行うか、中央議会で提案されたすべての法を国民投票にかける仕組み（ルドリュ＝ロラン）が提案された。

これにたいしてルイ・ブランは、一八五一年に発刊された『一にして不可分の共和国』(3)の中で、次のような反論を行う。第一に、彼らの主張する直接投票の制度は、実際には「多数者による支配」へと帰結する。[4]「人民」とは、たんなる多数者ではなく、「市民の総体（universalité des citoyens）」でなければならない。こうした単一の意思を見出すためには、直接参加ではなく、命令する者と従う者との分業関係を導入すること、すなわち代表制の媒介が必要である。第二に、コミューンや小集団を単位とした意思決定は、「共和国」の一体性を解体する。[5]「一にして不可分の共和国」とは、地方の個別事情に介入する地域的権力の集積ではなく、単一の権力、すなわち「政治的集権化」に基づく。「一方では、政治的集権化がある。これは、人民全体にかかわる一般利益の力強く生き生きとした指導である。他方では、行政的集権化がある。これは、曖昧で近視眼的で貪欲な権威が、地方生活の細々とした事柄や出来事に介入することである[6]」。

両者の論争は、「人民」の意思をどのように見出すかという点にかかっていた。ルイ・ブランの議論は、シエイエス以来の「代表」論を忠実に反復している。一方、ルドリュ＝ロラン、コンシデラン、リッティングハウゼンの「直接統治」論は、普通選挙と代表制が、現実には共和派の分裂を導いた、という経験を背景にしたものであった。これらの論争に示されているのは、普通選挙制の導入によって、一体の「人民の意思」を表象し、それを軸に政治的統合を実現しようとする共和主義者の試みが成功しなかった、ということであった。第二帝政以降、現に存在する個々人の背後に想定される「人民」の意思を見出すための方策が、新しい世代の共和主義者によって探求されることになる。

（1） Victor Considérant, *La législation directe par le peuple*, Paris, 1850 ; *La solution ou le gouvernement direct des peuples*, Paris, 1850 ; Ledru-Rollin, «Du gouvernement direct par le peuple», «Plus de président, plus de représentants», dans *La voix du proscrit*, Paris, 1848 ; Emile Girardin, *L'abolition de l'autorité par la simplification du gouvernement*, Paris, 1850. それへの反論として、Louis Blanc, *Plus de Girondins*, Paris, 1851 ;

La république une et indivisible, Paris, 1851. Cf. Pierre Rosanvallon, *La démocratie inachevée op. cit.*, pp. 157–179.
（2）Victor Considérant, *La solution ou le gouvernement direct du peuple*, Paris, 1851, 3e éd., p. 42.
（3）Louis Blanc, *La république une et indivisible*, Paris, 1851.
（4）*Ibid.*, p. 60.
（5）*Ibid.*, p. 53.
（6）*Ibid.*, p. 88.

第五節　第二帝政期――「友愛」から「連帯」へ

一　第二帝政の成立

一八四九年に大統領の地位に就いたルイ＝ナポレオン・ボナパルトによる一八五一年十二月二日のクーデタが成功すると、多くの共和派は、彼の統治を支持する側に回った。(1) ナポレオン三世の統治は、たんなる帝政への復古を志向するものではない。それは一八三〇年代以降の共和主義者の思想を取り入れることで、基盤を強固にしようとしたものでもあった。ここでは、ルイ＝ナポレオンの統治像の特徴を、秩序観（皇帝の象徴的役割）、直接普通選挙（plébiscite）、「秩序」と「繁栄」による「社会問題」への対応、という三点について指摘する。

ルイ＝ナポレオンは、一八四〇年の著書『ナポレオン的理念』において、自らの秩序観を簡明に論じている。彼によれば、フランス革命は、民衆の解放という「政治的」目的を達成したが、貧困の廃絶という「社会的」目的には失敗した。[2] これにたいして、ナポレオン一世による統治は、「秩序」と「繁栄」を同時に保障することで、「社会革命と政治革命の成功」をもたらした。[3] しかし一八一五年以降、旧体制の復古がもたらされ、一八三〇年の革命も、「無秩序」と「混乱」を招いたにすぎなかった。「ナポレオン的理念」とは、こうした状態に終止符を打ち、フランス革命を引き継ぎつつ、「秩序と自由、人民の権利と権威の原則を和解させる」ための理念である。[4] 彼はその秩序像を、次のように説明する。

「それ［ナポレオン的理念］は、政治的諸党派から超越し、国家的偏見から免れることで、フランスの中にたやすく和解できる兄弟のみを見出し、ヨーロッパ諸国の中に、ただ一つの大家族の成員のみを見出す。[5]」

一人の「偉大な人物」が、あらゆる分裂や党派を超越する立場に身を置き、統治を行うことで、「ナシオンを統合」し、「和解」をもたらすことが可能となる。共和主義者にとって、「友愛」とは、「人類」「ナシオン」を宗教的象徴として措定し、その下に帰属することで、人びとを「兄弟」として表象しようとするものであった。「ナポレオン的理念」においては、一人の「偉大な人物」が、統合の宗教的象徴となる。「ナポレオン的理念とは、福音的観念（idée évangélique）の如きものである[6]」。その下に帰属することで、「人民」が平等で単一の「家族」として表象され、「友愛」の絆が実現する。

この統治は、直接普通選挙による皇帝への信任を通じて支持を調達する。ルイ＝ナポレオンによれば、「それ［ナポレオン的理念］の武器は、人民全体である[7]」。皇帝の超越的権威は、「デモクラシー」によってこそ実現される。「デモクラシーを基礎とする政府では、ただ首長のみが統治権力を有する。道徳的力（force morale）は彼からしか引き出されないし、憎しみであれ愛情であれ、すべては彼を直接の起源とする。こうした社会では、他のいかなる社会よりも、強力な集権化が行われなければならない[8]」。人民が平等に権利を行使する社会でこそ、「集権化」が必要となり、皇帝は超越的な権威を獲得する。一方、こうした権威の下に帰属することで、「人民」の平等と一体性が実現する。「ナポレオン的理念」とは、万人の平等という「デモクラシー」の理念と、万人に優越する一人の支配者の超越的権威とが結合することによって、はじめて成立するものであった。

ナポレオン三世は、「秩序」と「繁栄」による「社会問題」の解決を目指した。一八四四年に著した『大衆的貧困の根絶』では、国家の主導による公共事業（特に農業植民）と、最低賃金の規定などによって、貧民の生活水準を向上させ、それを通じて国内全体の消費の活性化させ、全体の「繁栄」を実現する、という社会改革プログラムが提唱された[9]。こうした政策を実現するためには、富裕層のみの支持する政府ではなく、「デモクラシー」に基づく強力な政府が必要である。「デモクラシーの理念が勝利することで、大衆的貧困は根絶される」[10]。ナポレオン三世の統治の下では、サン＝シモン主義の影響を背景に[11]、国家主導の下で、鉱山・炭鉱労働の拡大、鉄道網の整備、保険の導入、共済組合の奨励などが行われた。経済発展と権威的な社会政策を組み合わせたこの統治の下で、帝政末期に至るまで、労働運動や「社会問題」への議論は、相対的に活性化しなかった。

（1） Weill, *Histoire du parti républicain en France*, *op. cit.*, p. 402.
（2） Louis-Bonaparte Napoléon, «L'idée napoléonienne», 1840, dans *Œuvres Napoléon III*, t. 1, Paris, 1854, p. 3.
（3） *Ibid.*, p. 4.
（4） *Ibid.*, p. 8.
（5） *Ibid.*, p. 9.
（6） *Ibid.*, p. 11.
（7） *Ibid.*, p. 10.
（8） Louis-Bonaparte Napoléon, «Des idées napoléoniennes», 1839, dans *Œuvres de Napoléon III*, t. 1, *op. cit.*, p. 56.
（9） Louis-Bonaparte Napoléon, «Extinction du paupérisme», 1844, dans *Œuvres de Napoléon III*, t. 2, Paris, 1854, pp. 107–161.

(10) *Ibid.*, p. 151.

(11) Georges Weill, *Histoire du mouvement social en France (1852-1924)*, Paris, 1924, p. 5.

二 共和主義の再構成

一八五一年十二月二日のクーデタの後、帝政に反対した共和主義者は、「知的な危機」を経験した。[1] ジュール・ヴァレ(Julle Vallès)は次のように回顧している。「十二月二日の草刈り(coup de millet)のあと、ある者は気が狂い、ある者は死んだ…。別の者は、それでも[現実を]直視し、理解したが、貧困によって力を奪われ、辛苦に喘ぎ、疲弊した」。[2] ルドリュ＝ロラン、ルイ・ブラン、ミシュレ、ユゴーなど四八年世代に共通するのは、ロマン主義的傾向、宗教的なものへのコミットメント、直接民主制への親和性であった。[3] これにたいして、第二帝政期以降に活躍する共和主義者―エミール・リトレ、デュポン＝ウィット、エティエンヌ・ヴァシュロ、ユジェンヌ・ペルタン、ジュール・バルニ、アルフレッド・フイエなど―は、絶対的なものやドグマティスムを拒否し、理性と「科学」に基づくデモクラシーの哲学的弁証を模索する。[4] 彼らは、共和派知識人が民衆層を統合するために援用した共和体制の論理が、そのまま帝政の正当化に用いられていったプロセスを目の当たりにした。第二共和政以前の共和主義者と異なり、四八年以降の世代は、帝政と共和政とを区別する指標を、「友愛」の共和主義、普通選挙制、社会政策の漸進的実現という点のみに求めることはできなかった。彼らの拠って立つべき地点は、より原理的な次元における「共和主義」の弁証でなければならなかった。[5] この時期における「友愛」批判、「デモクラシー」論、カント主義と「人間性」へのコミットメントは、このような文脈における「社会的共和主義の再構成」の試みとして把握することができる。

（1）「友愛」批判

新しい世代の共和主義者に共通するのは、宗教と距離を取り、十九世紀前半の「友愛」概念を批判することである。ラルースは『十九世紀大事典』において、「友愛（fraternité）」を、自由・平等と異なり「特定の成文法の対象となりえないもの」と述べた[6]。「友愛」とは、あらゆる法の背後にあって、社会秩序を支える「相互の愛と慈善の感情（sentiment）」であるが、同時に「曖昧で、不正確なもの」にとどまる。バルニは、「友愛」を「隣人を己自身の如く愛せ」というキリスト教的格律と同列のものと論じた。彼によれば、「友愛は、厳格な法に関する事柄ではなく、むしろ慈善（bienveillance）や愛（amour）に関する事柄であり、立法というよりむしろ習俗に依存する[7]」。

こうした「法」と「モラル」「習俗」との対比は、この時期の共和主義者に共通する図式であった。明確に限定されない「モラル」を法的概念で表現するならば、国家の介入の範囲を制約することは不可能となる。ヴァシュロは次のように言う。「自由・平等は原理であるが、友愛は感情にすぎない。ところで、あらゆる感情は、どれほど強く、深く、一般的であろうとも、法ではない…。愛情というモラルはどこへ至るだろうか？　正義を踏みにじる盲目の慈善である。友愛の政治はどこへと導くことができるだろうか？　自由と人間の尊厳の無視である[8]」。ヴァシュロは、「あるがままの社会（société de nature）」と「正義に基づく社会（société de justice）」とを区別する。「友愛」とは、現に存在する諸個人のあいだの平等を求める「自然的感情」である[9]。これにたいして、「正義」が求めるのは、人びとが権利の平等（「市民的平等（égalité civile）」もしくは「政治的平等（égalité politique）」）を尊重しあうことである[10]。これらの平等は職業や役割の多様性を否定しない。彼の前の世代に欠けていたのは、「友愛という自然的感情」と区別された「政治的概念（notion politique）」への理解であった[11]。

アルフレッド・フイエは、一八八〇年の時点で次のような「友愛」論を展開している[12]。彼によれば、革命以降の社会思想のキーコンセプトである「友愛」には、様々な理解が存在した。しかし、「法」「理念」としての「友愛」は、「愛情」「感情」としてのキリスト教的「慈善」とは、明確に区別されなければならない。キリスト教的「慈善」を成り立たしめるのは、人間同士の関係ではなく、個々の人間を超越した「神」への愛である。[13]「キリスト教は、人びとを統合するために、いわば人びとの外部、人びとを超越したものを考慮に入れる」。[14]こうした超越的存在の下に帰属することで、人びとが単一の共同体を形成し、「慈善」という感情で結ばれる。一方近代の特徴は、「人間（homme）の価値と尊厳を、超越的目的や神学的信仰に従属させ」ないことである。[15]「友愛」とは、神や自然などの超越的・外的価値ではなく、人間同士の自発的関係の内部に見出される理念でなければならない。[16]この内在的理念としての「友愛」は、「正義」に基礎づけられてはじめて明確な「対象・目的・規則」を与えられる。[17]フイエによれば、こうした「正義」は「社会科学」によって導出される。[18]

バルニ、ヴァシュロ、フイエに共通するのは、現に存在する諸個人を結びつける無制約な「感情」「愛情」と、政治的秩序を成り立たしめる限定された「正義」との区別である。ヴァシュロは言う。「社会を構成する［あるがままの］諸個人は、市民、すなわち自らの権利と義務を認識している人びとと同列には扱えない」。[19]言い換えれば、諸個人は、四八年世代の共和主義者の主張したように、情緒的「友愛」で結ばれることによって、「人民」という単一の政治的集合を形成するのではない。むしろ「正義」を認識することによってはじめて、政治体を担う「市民」となる。「正義」は、自然や神といった外的・超越的価値によって与えられるのではなく、「社会」に内在する原理であり、「科学」によって発見される。ヴァシュロは、絶対的権威を前提する宗教と、個人の自由な検討を前提する「デモクラシー」とは両立しない、と論じている。[20]ヴァシュロやバルニにとって、「デモクラシー」とは、人びとの関係に内在する原理によって規制された「社会」である。

（2）「デモクラシー」

すでに指摘したように、十八世紀末に至るまで、「デモクラシー」という語は、無教養な民衆による専制支配として、否定的な含意を有していた。一八三〇年代以降の用法では、特定の政治体制というよりも、あらゆる条件の平等化へと向かう社会的傾向や運命的な力を指すものとして、この語が用いられた[21]。四八年前後の社会主義者や共和主義者は、平等の行き渡った社会状態と、人民主権の実現した政治体制とを混同し、共和政のみならず、社会主義の目指す社会と同じものとして、「デモクラシー」を用いた。例えば、フーリエ主義者コンシデランの編集する『デモクラシー・パシフィック』では、「すべての社会主義者は共和主義者であり、すべての共和主義者は社会主義者である」と宣言されている[22]。コンシデランの一八四七年の著作『十九世紀における社会主義者のデモクラシーの宣言』では、政治的権利の平等のみを唱えるデモクラシー、私有財産の撤廃を唱える社会主義者のデモクラシーと区別された、穏健な社会の組織化による「平和的デモクラシー」(démocratie pacifique)の実現が主張された[23]。

第二共和政が挫折すると、第二帝政下の共和主義者のあいだでは、「レピュブリク」に代わって「デモクラシー」という語の使用が一般化する[24]。ナポレオン三世自身が、皇帝支配を「デモクラシーという社会」と結び付けていたことは、すでに指摘した。帝政に反対する共和主義者の間でも、ヴァシュロ、バルニ、プレヴォスト＝パラドルなどにおいて、この語が好んで用いられた[25]。彼らにとって「デモクラシー」とは、人民主権や普通選挙権という政治的権利によって特徴づけられるのではなく、正しい「習俗」「モラル」によって支えられる社会である。プレヴォスト＝パラドルは、王政であれ帝政であれ共和政であれ、「民主的体制…を持たずとも、社会はデモクラティックでありうる」と主張する[26]。バルニによれば、「善きデモクラシーは、…モラルに依拠する時にのみ、悪徳を避け、あるべき姿を示すことができる」[27]。ヴァシュロは、「自由」の精神が根づいた社会状態を「デモクラシー」と称した。彼らは、普通選挙権や労働の権利によって成り立つ「共和国」の挫折を踏まえ、自らの求める社会状態を、「レピュブリク」ではなく「デモクラシー」と称した。それを成り立たしめるのは、特定の政治制度や国制ではなく、善き「習俗」「モラル」である。「モラル」を根づかせるためには、「科学」に基づく教育、家庭の役割、コミューンを中心とした分権化が必要である。あるべき「モラル」を導出し、哲学的に正当化するためにこの時期の共和主義者たちに受容された思想が、カント哲学であった（第四章参照）。

以上の議論を踏まえ、第二帝政末期の共和主義の問題構成を、以下の三点にまとめておこう。

第一は、「政治的なもの」の再検討である。これまで論じてきたように、法的・政治的領域と「モラル」の領域とを区別しようとした政治経済学や社会経済学は、「社会問題」への対応を、公権力の介入ではなく、私的扶助の組織化と下層階級の「モラル化」に委ねようとした。しかし、階層的社会観を前提としたこの対応は、個人の自発性や自律性の位置を与えず、一八四〇年代以降、問題を「政治化」することへと帰結した。他方で、法的・政治的領域と「モラル」の領域とを同一視し、「社会的なもの」を「政治的」な語彙で語ろうとした「社会的共和主義」は、「友愛」の法制化の不可能性に直面し、強い国家と秩序の安定を実現すると称する権威主義体制へと転化することになった。第二帝政末期の共和主義者は、「モラル」の哲学的探求を通じた「法」の再定義という形で、両者の関係を問い直していく。

第二は、「平等」観の再検討である。革命以降のフランスにおいて、「人民」概念をめぐる理念的平等主義と事実的不平等との乖離が問われ続けたことは、これまで論じたとおりである。「人民」の「代表」という機制によって、実質的に上層階級と下層階級の階層関係を肯定しようとした政治経済学・社会経済学にたいし、社会的共和主義は、「人類」への宗教的コミットメントを介して、平等の実質化を主張し、国家の介入による諸権利の実現を訴えた。第二帝政から第三共和政期にかけての共和主義者の課題は、これらとは異なる論理によって、共和国を支える「人民」の意思を規定し、理念的平等と事実的不平等との乖離を媒介することにあった。彼らは一方で、「友愛」の理念を引き継ぎ、普遍的平等を実現するために公権力の一定の介入を認めつつ、それを制約する論理を探求する。他方では、労働者階級の「モラル化」という課題を「新しい慈善」から引き継ぎ、教育を通じた「市民」の育成を、最も重要な課題と見なす。家族の強化、国家権力の分権化に加え、国家による公教育が、社会カトリシスム、社会経済学などとのあいだで、第三共和政期における主要な政治的争点を形成する(28)。

最後に、以上の変化の基層に見出せるのが、「社会」観の問い直しである。革命期の共和主義における、抽象的個人から成る単一の政治的集合体という理念、「社会経済学」に見られる、権利の平等と区別された階層的社会集団の複合体という捉え方、そして一八四八年を中心とした「社会的共和主義」に見られる、共通の象徴によって結ばれた想像的共同体という理念にたいし、第二帝政から第三共和政にかけての共和主義者は、不平等と差異をはらんだ具体的諸個人の関係に内在する秩序原理を「科学的」に表現する新しい「社会科学」を唱える（社会学の制度化）。このような「社会」観の哲学的前提として、カント主義と実証主義が導入される。以上のような知的動向を背景として、十九世紀末に「連帯主義」が生まれ、政治的イデオロギーとして広範に受容されると同時に、フランス福祉国家の原型をもたらしていくことになる。

（1） J. Tchernoff, *Le parti républicain au coup d'Etat et sous le Second Empire*, Paris, 1906, p. 165.
（2） Cité par Tchernoff, *op. cit.*, p. 166.
（3） Cf. Nicolet, *L'idée républicaine en France*, *op. cit.*, p. 152.
（4） Weill, *Histoire du parti républicain en France*, *op. cit.*, p. 429 et s. ; Tchernoff, *op. cit.*, p. 167, p. 288.
（5） さらに、帝政下で言論・結社の自由が奪われ、雑誌『ル・シエクル（*Le siècle*）』など一部を除くと、共和派の雑誌や運動拠点が国内で失われたことで、共和主義者の活動は思弁的な方向へと向かわざるをえなかった。
（6） «fraternité» dans Pierre Larousse, *Grand dictionnaire universel du 19e siècle*, Paris, 1866-1878.
（7） Jules Barni, *Manuel républicain*, 1872, repris dans *La morale dans la démocratie*, Paris, Kimé, 1992, p. 281.
（8） Etienne Vacherot, *La démocratie*, Paris, 1860, p. 9.
（9） *Ibid.*, p. 37.

(10) *Ibid.*, pp. 30-31.

(11) *Ibid.*, p. 37.

(12) Alfred Fouillée, *La science sociale contemporaine*, Paris, Hachette, 1880, pp. 326-378.

(13) *Ibid.*, p. 330.

(14) *Ibid.*, p. 330.

(15) *Ibid.*

(16) *Ibid.*, p. 332.

(17) *Ibid.*, p. 342.

(18) *Ibid.*, p. 343.

(19) Vacherot, *La démocratie*, *op. cit.*, p. 24.

(20) *Ibid.*, p. 59.

(21) 例えば、Tocqueville, *Démocratie en Amérique*, 1835-1840 ; Guizot, *De la démocratie en France*, 1849.

(22) *Démocratie pacifique*, 25 février 1848.

(23) V. Considerant, *Manifeste de la démocratie au 19e siècle*, 1847. その他の例として、*La République démocratique et sociale : exposition des principes socialistes et de leur application immédiate en France*, 2e éd., 1849 など。トクヴィルは、一八四八年に社会主義とデモクラシーを同一視する用法を批判し、「社会状態、習俗、法」が平等でありながら、諸個人が独立を享受しているような状態を、「デモクラシー」と称している。Cf. Tocqueville, «Discours de M. de Tocqueville», Garnier éd, *Le droit au travail à l'Assemblée nationale*, *op. cit.*, p. 107.

(24) Nicolet, *L'idée républicaine en France*, *op. cit.*, p. 20.

(25) Vachelot, *La Démocratie*, 1868 ; Barni, *La Morale dans la démocratie*, 1868 ; Prévost-Paradol, *La France nouvelle*, 1868.

(26) Prévost-Paradol, *op. cit.*, pp. 4-6. ただし彼によれば、デモクラティックな社会は、必然的に民主的体制へと収斂する。

（27） Barni, *La morale dans la démocratie*, *op. cit.*, p. 33.

（28） Vacherot, *La démocratie*, *op. cit.*, pp. 65-78, pp. 139-156, p. 219 et s. ; Barni, *La morale dans la démocratie*, *op. cit.*, pp. 287-295. この時期の分権論は、ジャコバン主義批判というだけでなく、地域共同体へのコミットメントを通じて、「共同生活の感情」（Vacherot, *op. cit.*, p. 241）、「同一地域での家族的結合」（Barni, *op. cit.*, p. 293）をもたらすためのものであった。第二帝政期の共和主義者の分権論については、Hazareesingh, *From Subject to Citizen*, *op. cit.* が詳しい分析を行っている。また、同じ時期の共和主義者の中にも、デュポン＝ウィットのように、国家を人類の道徳的完成の道具と見なして集権化を主張する論者もいる（Dupon-White, *L'individu et l'Etat*, Paris, 1856）。

第四章　連帯主義――「連帯」

「フランスの共済組合は、単一の巨大な共済組合にならなければならない。そこに未来があり、そこにこそ社会問題を解決する最も強力な手段の一つがある。この偉大な結果に到達するために、あらゆる学派の共済組合は手を取り合って進まなければならない。それらの中には、いわば「科学」学派と「情緒」学派とがある。しかし両者の和解はそう難しくないはずであろう。なぜなら、それは社会正義に関わるすべての問題を解決させる理性と感情、科学と愛情…の結合だからである。」(Paul-Deschanel, Chambre des députes, décembre 1899.)

第一節　導　入

本章では、第二帝政末期から第三共和政中期にかけての共和主義者に担われ、世紀転換期に社会保険の導入を正当化する役割を果たした「連帯主義（solidarisme）」について検討する。一般に「連帯主義」とは、急進―急進社会党（以下急進党と略す）指導者となるレオン・ブルジョワによって、一八九〇年代半ばに唱えられた政治的イデオロギーを指すことが多い。しかし本章では、政治経済学、社会経済学、社会的共和主義、社会主義のそれぞれに対抗して、一八六〇年代から一九一〇年代に語られた同質的な思想潮流を、「連帯主義」もしくは「連帯」の思想と称する。ここでは、この思想が語られた場や人的関係の制度化を踏まえ、新たな「社会」観の論理構成、その実践的帰結である社会保険の制度構造について検討する。

一　先行研究と視角

最初に「連帯」概念に関するこれまでの研究状況を要約し、本章の視角を提示する。およそ十九世紀に至るまで、「連帯」は主として貸借や負債にかかわる法的な共同責任関係を指していた[1]。それが政治思想に導入され、法的関係を超えた規範的な意味を帯びるようになったのは、一八四〇年のピエール・ルルーによる使用を契機とするとされている[2]。これまでの研究によれば、それ以降の用法はおよそ以下のように整理される[3]。

一八四〇年代は「連帯」概念の最初の隆盛期であった。ルルーのほかにも、相互利益論を唱えるF・バスティア、有機体論を唱えるA・コント、国家主義を唱えるルイ・ブラン、相互主義を唱えるプルードンなど、多様な立場の論者がこの語を用いた。第二帝政後期には、医学や生物学（細菌学、進化論など）の影響の下で、四八年前後のロマン主義的「友愛」に代わる「科学的」な概念として「連帯」が語られた[4]。第三共和政初期のC・スクレタン、H・マリオン、ルヌーヴィエらの手による哲学的な洗練を経て、第三共和政中期に入ると、レオン・ブルジョワの『連帯』（一八九六年）によって、この概念は一般に普及する。同じ時期、大学の世界ではデュルケームやデュルケーム学派によって「社会学」の鍵概念として用いられた。マリオンは一八九五年に次のように指摘している。「今日これほど流布している言葉はない。これほど用いられ、受容されている言葉もない」[5]。一八九〇年代末以降、それは社会保険の義務化を正当化する役割を果たし、第二次大戦後も「福祉国家」[6]を基礎づける概念として常に参照され、定着していった[7]。

以上の軌跡に明らかな通り、十九世紀において「連帯」は、きわめて多義的に用いられた。これまでの研究の多くは、その多義性や折衷的性格を指摘するにとどまっている[8]。「連帯主義」研究を代表するヘイワード、デュボワ、ルミヤによれば、第三共和政期の「連帯主義」とは、個人主義と集合主義、自由主義と社会主義を折衷した曖昧な思想であり、この時期に支配権を握る中産階級の「イデオロギー」を表している[9]。それは体系的な思想というよりも、「機会主義的」な第三共和政期の「文化」を表現するものにすぎない、という[10]。

近年の英米圏の研究によれば、この時期の思想は、大産業資本家と中小資本家層の「妥協」を表現している。それは自由主義を基礎としながらも、限定的な社会政策（職業教育、公衆衛生、社会保険）を許容することから、「社会的自由主義（social liberalism）」と称されている[11]。

こうした研究状況に対して、近年のフランスでは、「連帯」の思想を、「保険としての社会（société assurancielle）」という新しい捉え方をもたらした思想と解釈する研究潮流がある[12]。ドンズロによれば、大革命以降のフランスの課題は、国家と個人の二元的構造と「社会の不在（vide social）」であった。この構造の下で、国家の拡大を導く社会主義と、それを批判する自由主義との対立をどのように調停するかが、十九世紀を通じた問題構成となってきた[13]。第三共和政期のデュルケーム、デュギー、ブルジョワなどの思想は、人々の相互依存を「連帯」と称し、国家を「連帯」の可視的表現と捉えることによって、一方では無制約な主権論を批判し、他方では国家による個人への限定的働きかけを正当化する論理を提供した[14]。

エヴァルドは、細菌学と公衆衛生の発展に着目することで、「連帯」の思想の特徴を次のように指摘する。一八六七年のパストゥールの発見は、伝染病の拡散が細菌を媒介して起こることを明らかにした。それは、人びとが好むと好まざるとにかかわらず相互に依存関係にあるという事実とともに、伝染病の源泉となる貧民・下層階級に対して、集合的な監視と予防が必要であることを明らかにした[15]。こうした考え方が社会に応用されるとき、それは次のような規範をもたらす。すなわち、人びとは相互に依存関係（「連帯」）を形成しており、社会が不可避に抱え込む「リスク」の影響を互いに蒙り合っている。したがって、「リスク」への集合的な補償が必要となるのみならず、その原因があらかじめ特定され、それへの予防措置が採られなければならない、という規範である。社会とは、労働災害、病気、老齢などの「リスク」を一定の確率で抱え、それへの補償責任を担う法的な主体と見なされる。個人はこうした社会に帰属することで生への権利を保障される（社会権の保障）一方、教育、衛生、食事、家族・交友関係のあり方などを集合的に管理され、「リスク」の最小化を担う存在として把握される。[16]エヴァルドによれば、十九世紀末のブルジョワ、デュルケームなどに唱えられた「連帯」の思想は、このような「保険としての社会」という捉え方を表現したものであった。[17]

本章は、「連帯」の思想を、一八七〇年前後から二十世紀初頭における「社会」像の転換をもたらした思想と位置づけ、政治経済学、社会経済学、社会的共和主義との対比において固有の論理を導出するという点で、これらの研究潮流の関心を引き継いでいる。ただし本章では、第一に、ブルジョワ以降のイデオロギー化された「連帯」論と、ルヌーヴィエ、フイエらの哲学的な「連帯」論とを区別する。これまで十分検討されてこなかった後者の議論を主題の一方に据えることで、二十世紀に成立する新たな社会観を支える論理構造と、その「イデオロギー化」の過程を明らかにする。第二に、第三共和政期には、上記の研究潮流で想定されてきたような「連帯」へのコンセンサスは見られなかった。「連帯主義」を担う急進共和派の推進した一八九八年労働災害補償法、一九一〇年強制的退職者年金法は、自由主義者、保守主義者、穏健共和派、サンディカリストなどの激しい対立の中で、様々な妥協を伴って成立した。この過程は、一見調和的な社会統合モデルをもたらしたかに見える「連帯」の思想が、その内部にいかなる困難を抱えていたのかを示している。本章では、こうした対立の背景にある思想対立を、十九世紀を通じた複数の思想潮流の対抗関係の中に位置づけ、その意味を読み解こうと試みる。

以下では、「連帯」の思想が語られた場について検討する（一）。次に第二帝政末期から第三共和政初期の共和派哲学者による「連帯」の哲学的導入について検討する（第二節）。さらに、一八九〇年代の政治および大学の世界における「連帯」思想の制度化について検討する（第三節）。最後に、一八九八年労働災害補償法、一九一〇年強制的退職者年金法という二つの社会保険法を対象として、その成立過程と政治経済学、社会経済学、連帯主義、社会主義の対立の構図について考察する（第四節）。

（1） Charles Gide et Charles Riste, *Histoire des doctrines économiques : depuis les physiocrates jusqu'à nos jours*, 2e éd., 1913, p. 687 ; Henri Marion, *De la solidarité morale : essai de psychologie appliquée*, 6e éd., Paris, 1907, p. 2 ; J. E. S. Hayward, "Solidarity : The Social History of an Idea in Nineteenth Century France", *International Review of Social History*, vol. 4, 1959, pp. 269-272.

（2） Pierre Leroux, *De l'humanité, de son principe et de son avenir*, Paris, 1840. そこでは「連帯」が、キリスト教的「友愛」、財の交換に基づく関係と区別され、「人類（Humanité）」の進歩に向けて協働する人々の相互依存関係として把握される（第三章第二節参照）。なおピエール・ルルーの思想全般に関しては、次の研究が最も詳しい。Armelle Le Bras-Chopard, *De l'égalite dans la différence, le socialisme de Pierre Leroux*, Paris, Presses de la Fondation Nationale des Sciences Politiques, 1986. ルルーと「連帯」概念について、特に以下を参照。Armelle Le Bras-Chopard, «Métamorphose d'une notion : la solidarité chez Pierre Leroux», dans Centre de Recherches Administratives et Politiques de Picarde, *La Solidaité : un sentiment républicain ?*, Paris, Presses Universitaires de France, 1992, pp. 55-69. この中でル・ブラ＝ショパールは、ルルーの思想を自由放任主義と社会主義の間に立つ「第三の道」と称し、人々の職業・役割の分化に基づく相互依存関係や、中間集団（アソシアシオン）の意義を強調する点で、後のデュルケームの思想を先取りしている、と位置づけている（*ibid.*, pp. 66-67）。しかし、ルルーの思想に見られるロマン主義的傾向や、政治と宗教を同一視する傾向、国家権力の制限を考慮しない点などは、デュルケームの思想と大きく隔たっている。むしろ本書では、ルルーを含む「友愛」思想への批判から、十九世紀後半にデュルケームなどの「連帯」の思想が現れた、と把握する。

（3） 十九世紀フランスの「連帯」思想に関する主要な研究は以下のとおりである。G. Mauranges, *Sur l'histoire de l'idée de solidarité*, Thèse de Université de Paris, Faculté de droit, Paris, A. Michalon, 1909 ; J. E. S. Hayward, "Solidarity : The Social History of an Idea in Nineteenth Century France", *op. cit.*, pp. 261-284 ;

"The Official Social Philosophy of the French Third Republic : Léon Bourgeois and Solidarism", *International Review of Social History,* vol. 6, 1961, pp. 19-48 ; "Educational Pressure Groups and the Indoctrination of the Radical Ideology of Solidarism", *International Review of Social History,* vol. 8, 1963, pp. 1-17 ; Pascal Dubois, *Le solidarisme,* Thèse de l'Université de Lille II, Faculté des sciences juridiques, politiques et sociales, 1985 ; Christiane Rumillat, *Le solidarisme au 19e siècle : recherche d'une politique positive,* Thèse de l'Université des Sciences Sociales de Grenoble, Institut d'études politiques, 1986 ; Michel Borgetto, *La notion de fraternité en droit public français : le pasée, le présent, l'avenir de la solidarité,* Paris, Librairie générale de droit et de jurisprudence, 1993. 邦語では、第三共和政期のデュルケーム、デュギーの思想を扱った概説として、大塚桂『フランスの社会連帯主義―L・デュギーを中心として』成文堂、一九九五年などがある。

ただし、上記の研究で触れられていない用法として、一八二二年にフーリエが「保険」の意味で用いた例がある。たとえば以下の記述。「いかなる個人も、保障の恩恵から除外されないよう、連帯あるいは同業組合保険（assurances corporatives）は、社会全体に拡張されるべきである」(Charles Fourier, *Théorie de l'unité universelle,* 1822, p. 275)。フーリエの弟子も「連帯」の語を用いる場合があるが、いずれにせよ中心的な語彙としてではない。たとえば、ルシュヴァリエは一八三三年の冊子『社会問題』の中でこの語を用いている (Jules Lechevalier, *Question sociale : de la réforme industrielle, considérée comme problème fondamental de la politique positive,* Paris, 1833, p. 23)。同じフーリエ主義者ルノーの著作では、タイトルを除けば、この語はほとんど用いられていない (Hippolyte Renaud, *Solidarité : vue synthétique sur la doctrine de Ch. Fourrier,* Paris, 1845)。なおフーリエの思想は、第三共和政期のシャルル・ジッドによって、連帯主義ではなく、社会経済学―とりわけ協同組合論―の「先駆者」として再発見される (Charles Gide, *Charles Fourier : œuvres choisies,* Paris, 1890, p. Liii ; Charles Gide, *Fourier : précurseur de la coopération,* Paris, Association pour l'enseignement de la cooperation, 1924)。

（4） たとえば、シャルル・ルヌーヴィエやアルフレッド・フイエは有機体論とカント哲学の接合によって、アンリ・マリオンは心理学を用いて、ミルン＝エドゥワール、エドモン・ペリエ、ジャン・イズレなどは生物学を用いて (Milne-Edwards et Edmond Perrier, *Les colonies animales,* Paris, 1881 ; Jean Izoulet, *La cité moderne,*

Paris, 1894)、「連帯」を「科学的」に表現しようとした。

（5） Marion, *De la solidarité morale*, *op. cit.*, p. i.

（6） ただし、フランスで「福祉国家（Etat-providence）」という語が肯定的に用いられるようになるのは、二十世紀半ば以降のことである。この語が最初に用いられたのは自由主義者エミール・オリヴィエの手による一八六四年の報告書とされる（Émile Olivier, «Rapport fait au nom de la commission chargée d'examiner le projet de loi relatif aux coalitions», dans *Commentaire de la loi du 25 mai 1864 sur les coalitions*, Paris, 1864, pp. 51-52, cité par Pierre Rosanvallon, *La crise de l'État-providence*, nouvelle éd., Paris, Seuil, 1992, p. 141. ただし国家を「人を欺く神の摂理（Providence）」と称して批判する用法は、一八五〇年七月三十一日の労働者による雑誌『アトリエ』の中に見出せる。Cf. Robert Castel, *Les métamorphoses de la question sociale : une chronique du salariat*, Paris, Gallimard, 1995, p. 451）。この中でオリヴィエは、一七九一年ル・シャプリエ法を批判し、個人の特殊利益と国家の一般利益のみを想定する二元的秩序観を、専制的なEtat-providenceの出現と結び付けている（Rosanvallon, *op. cit.*）。さらに、「大衆的貧困」への誤った対応として「Etat-providence」の出現を指摘したのは、社会経済学者エミール・ローランによる一八六五年の著作である。彼によれば、「大衆的貧困」への対応は、本来私的イニシアティヴに基づく共済組合の発展に委ねられなければならない。ところが多くの論者は、むしろ国家の拡大に期待し、「神の摂理（Providence）のごとき存在」、すなわち「福祉国家（Etat-providence）」を招きよせようとしている。ローランにとって、それは「我が国の慣習に不幸にも広がっている嘆かわしい傾向」の表れに他ならない（Emile Laurent, *Le paupérisme et les associations de prévoyance : nouvelles études sur les sociétés de secours mutuels*, 2e éd, vol. 1, Paris, 1865, pp. 65-66）。このように、十九世紀半ばに自由主義者、社会経済学者によってこの語が用いられたとき、それは中間集団や地方の自律性を脅かす集権的国家を指していた。

（7） 社会保障法第百十一条第一項では、「社会保障の組織化は、国民的連帯（solidarité nationale）の原則に基礎を置く」とされている。戦後の社会立法の形成過程における「連帯」概念の使用については、以下を参照。Borgetto, *La notion de fraternité…*, *op. cit.*, p. 557 et s. Cf. Michel Borgetto et Robert Lafore, *La république sociale : contribution à l'étude de la quetion démocratique en France*, Paris, Presses Universitaires de France, 2000, p. 87.

（8）神学的（Maistre, Ballanche, Lamennais, Secretan）、経済的（Sismondi, Bastiat, Dupon-White）、アソシアシオニスム（S. Simon, A. Comte, Leroux, Durkheim, Gide）、国家主義的（L. Blanc, Bourgeois）、心理学的（H. Marion）、哲学的（Ch. Renouvier, A. Fouillée）、など。しかし十九世紀に「連帯」概念が多義的に用いられたという事実は、フランス革命以後の一般的な問題状況、すなわち秩序の再建をもたらすために社会的紐帯それ自体の再定義が必要となった、という問題状況を表しているにすぎない。

（9）Hayward, "Solidarity : The Social History...", *op. cit.*, p. 262.

（10）Duboit, *Le solidarisme, op. cit.*, p. 197 ; Rumillat, *Le solidarisme au 19e siècle, op. cit.*, p. 18.

（11）Sanford Elwitt, *The Third Republic Defended : Bourgeois Reform in France, 1880-1914*, Baton Rouge and London, Louisiana State University Press, 1986, p. 2, p. 290 ; Janet Horne, *A Social Laboratory for Modern France : The Musée Social and the Rise of the Welfare State*, Durham and London, Duke University Press, 2002, p. 9.「社会的自由主義」の中には、大産業資本家や技師などを支持者とする社会経済学、都市小生産者を支持者とする連帯主義、社会カトリシズムなど様々な思潮が含まれる。それらは私的イニシアティヴを基礎とし、限定的な国家介入を容認する社会改革への「コンセンサス」を形成した、とされる（Elwitt, *The Third Republic Defended, op. cit.*, p. 11 ; Janet Horne, «Le libéramisme à l'épreuve de l'industrialisation : la réponse du Musée social», dans *Le Musée social en son temps*, Paris, Presses de l'école normale supérieure, 1998, p. 13 et s.）。同様の視角を採るその他の研究として、William Logue, *From Philosophy to Sociology : the Evolution of French Liberalism, 1870-1914*, Dekalb, Northern Illinois University, 1983 ; Dan Warshaw, *Paul Leroy-Beaulieu and Established Liberalism in France*, Dekalb, Northern Illinois University, 1991 など。

（12）カステルはそれを「静かな革命」と呼んでいる。Castel, *Les métamorphoses de la question sociale, op. cit.*, p. 466. 同様の研究として、以下で言及するドンズロ、エヴァルドの著作のほか、Marcel David, *Les fondements du social : de la IIIe République à l'heure actuelle*, Paris, Anthropos, 1993 など。

（13）ドンズロは、こうした問題が一八四八年革命において顕わになったとしている（Jacques Donzelot, *L'invention du social : essai sur le declin des passions politiques*, Paris, Seuil, 1994, p. 56 et s.）。しかし同様の問題構成

は、すでに一八三三年のピエール・ルルーの論文において提起されている。Pierre Leroux, «De l'individualisme et du socialisme» 1833, dans Pierre Leroux, *Aux philosophes, aux artistes, aux politiques : trois discours et autres textes*, Paris, Payot et Rivages, 1994, pp. 235-255.

(14) Donzelot, *L'invention du social*, *op. cit.*, p. 74, pp. 85-89.

(15) Ewald, *L'Etat providence*, *op. cit.*, pp. 359-361.

(16) *Ibid.*, p. 362.

(17) *Ibid.*, pp. 365-373. デュルケームに関する同様の位置づけとして、Rosanvallon, *L'Etat en France*, *op. cit.*, p. 173 ; Donzelot, *L'invention du social*, *op. cit.*, pp. 73-120 など。邦語では、エヴァルドの議論を踏まえた以下のデュルケーム論が優れている。北垣徹「『連帯』の理論の創出―デュルケームを中心として」『ソシオロジ』第三七巻第三号、一九九三年、五九―七六頁。十九世紀末において両者が類縁関係にあるという認識は、当時ジッドやデュルケームの弟子ブグレなどにも共有されていた(Cf. Célestin Bouglé, *Le solidarisme*, Paris, 1907, p. 4)。一九〇〇年パリ万国博覧会に付随して開催された社会教育国際会議では、ブルジョワの主催によって「連帯主義」が採り上げられ、シャルル・ジッドやシャルル・セニョボス(Charles Seignobos)らに混じって、デュルケームも出席している(John A. Scott, *Republican Ideas and the Liberal Tradition in France : 1870-1914*, New York, Columbia University Press, 1951, p. 180)。

なおデュルケームは、初期の『社会分業論』(一八九三年)、『社会学的方法の基準』(一八九五年)以降、「連帯」という語をほとんど使用しなくなった。これは何らかの思想的変化を表しているというよりも、ブルジョアの著作『連帯』(一八九六年)の発刊と、その普及による「連帯」概念の政治的イデオロギーへの転化、という状況の変化によるところが大きいように思われる。

二　言説の場——大学と「知識人」

L・ガンベッタは、一八七二年のル・アーヴルでの演説で、次のような有名な一節を語っている。「単一の社会問題など存在しない。ただ解決すべき様々な問題が存在するだけである。…これらの諸問題は、単一の形式によってではなく、個別に解決されなければならない[1]」。第三共和政初期の共和派の課題は、「社会問題」の解決ではなく、共和体制の確立にあった。彼らは一方で、議会内で優位を占める王党派にたいして共和政の法的基礎を固めることを、他方では、四八年世代のジャコバン主義を引き継ぐ共和主義者にたいして、言論・結社の自由や代議制に基づく穏健な共和体制を実現することを目指した[2]。ガンベッタはこうした穏健な共和政の支持層を都市部中産階級に見出し、彼らを「新しい社会階層（nouvelle couche sociale）」と称した[3]。

この世代の共和派は、四八年世代のロマン主義や宗教的傾向から距離を取り、理性的な「科学」を新しい共和国の基礎に据えようとした。第三共和政期に、世俗的モラルの普及と共和国を支える「良き市民」の育成を目的として、初等教育の世俗化・義務化が推進されたことはよく知られている[4]。穏健共和派を代表する政治家J・フェリーは、一八八五年に次のように述べている。「私の目的は、神にも君主にも頼らずに人々を組織化することである[5]」。

これにたいして、共和政の基盤が固まる一八八〇年代以降、初等教育改革に続いて中等・高等教育の専門化への改革を担ったのは、後に急進党を形成する急進共和派であった[6]。彼らはガンベッタの率いる「日和見共和派（opportunistes）」から、一八九〇年代以降急進主義へと支持を変遷させる都市小生産者および地方小土地所有者層を支持基盤とする新しい「エリート」たち、すなわち法律家、学者、官僚、医者など、この時期の職業的専門化によって身分的上昇を遂げた人々であった[7]。

一八九四年のドレフュス事件は、穏健共和派にたいする急進共和派の優位を決定づける契機となった。同時にこの事件は、専門分化の進む大学に属しつつ、人権などの普遍的価値を掲げて政治的に共通のコミットメントを担う人々が登場した事件としても知られている。クリストフ・シャルルは、旧名望家層などの伝統的「支配層(classes dirigeantes)」に代わり、試験と専門教育によって選抜された新しい「エリート」層を輩出する機関として、第三共和政期に大学制度の改変が進められたことを指摘し、そこで共通の政治的コミットメントを担った同質的な人びとを「知識人(intellectuels)」と称し、その社会構成を明らかにしている。[8]

この時期の急進主義のイデオロギーを知的世界において体現したのが、一八九〇年以降に大学の世界で支配的地位を確立していくデュルケーム及びデュルケーム学派である。デュルケームは、修辞学や文学などが支配的な高等教育機関(その代表である高等師範学校)で知的形成を行い、先んじて大学改革を行っていたドイツに留学し、フランスの大学では、教育学の枠組みの中で「社会学」という新たな学問を制度化した。その知的能力のみならず、新たな「社会科学」の枠組み、ドレフュス事件へのコミットメントなどによって行政官・教授会に高く評価された彼[9]は、一九〇二年にソルボンヌ大学文学部に迎えられ、一九〇六年にはその講義が唯一の必修科目となるなど、大学世界でキャリアの頂点を迎えた。さらに『社会学年報』の発刊によって多数の協力者を組織し、大学の中に有力な学派を形成した。このように、政治の世界において新しい「エリート」層を構成する急進共和派に担われた「連帯」の思想は、大学世界においては「知識人」たち、とりわけ伝統的学問体系から新しい学問体系への再編過程でヘゲモニーを獲得する「社会学」において表現される。

(1) Discours de Gambetta à Le Havre, 18 avril 1872, dans Pierre Barral éd., *Les fondateurs de la Troisième République*, Paris, Armand Colin, 1968, p. 262.
(2) 第三共和政初期の四八年世代/新しい世代、ジャコバン派/穏健派の対抗関係については以下を参照。

Claude Nicolet, *L'idée républicaine en France*, *op. cit.*, pp. 152-156 ; John A. Scott, *Republican Ideas and the Liberal Tradition in France*, *op. cit.*, pp. 40-44 ; Odile Rudelle, *La république absolue : aux origines de l'instabilité constitutionnelle de la France républicaine 1870-1889*, Paris, Publications de la Sorbonne, 1982.

（3）Discours de Gambetta à Grenobre, 26 septembre 1872, dans Barral éd., *Les fondateurs de la Troisième République*, *op. cit.*, p. 230.

（4）この活動は一八八二年フェリー法として立法化される。Claude Nicolet, «Jules Ferry et la tradition positiviste», dans *Jules Ferry : fondateur de la République*, Paris, Editions de l'Ecole des Hautes Etudes en Sciences Sociales, 1985, pp. 23-48.

（5）*Le socialisme et le radicalisme* en 1885, pp. 28-29, cité par Barral éd., *Les fondateur de la Troisième République*, *op. cit.*, p. 40.

（6）F・K・リンガー（筒井ほか訳）『知の歴史社会学―フランスとドイツにおける教養一八九〇～一九二〇―』名古屋大学出版会、一九九六年、一一一―一一二頁。リンガーは、穏健共和派の主導した初等教育義務化が、社会統合や愛国心の奨励を目的としていたのにたいし、急進共和派の重視する中等・高等教育では、専門別エリートの育成を主たる関心としていた、という相違を指摘している（同上、二〇七頁）。この時期の高等教育改革を包括的に扱ったものとして以下を参照。Terry Nichols Clark, *Prophets and Patrons : the French University and the Emergence of the Social Sciences*, Cambridge, Massachusetts, Harvard University Press, 1973.

（7）Judith F. Stone, *The Search for Social Peace : Reform Legislation in France, 1890-1914*, New York, State University of New York Press, 1985, p. 22. クレマンソーやラスパイユなど、急進共和派の政治家の多くは、学者や医者であった（Nicolet, *L'idée républicaine en France*, *op. cit.*, p. 156, p. 311）。

（8）Christophe Charles, *République des universitaires, 1870-1940*, Paris, Gallimard, 1994, p. 291 et s. ; *Naissance des «intellectuels» (1880-1900)*, Paris, Minuit, 1990. シャルルによれば、政治・行政を担う「エリート」層と、大学を中心とする「知識人」との協働は、二十世紀初頭には対立を孕むものへと変貌していった。Christophe Charles, *Les élites de la République, 1880-1900*, Paris, Fayard, 1987, p. 454, p. 456.

(9) Clark, *Prophets and Patrons*, *op. cit.*, pp. 173-177.

第二節 「連帯」の哲学

第二帝政末期から第三共和政初期にかけては、「生物学主義」全盛の時代であった。自然科学の分野では、ダーウィンの『種の起源』(一八五九年)をはじめ、パストゥールの『自然発生説の検討』(一八六一年)[1]、クロード・ベルナールの『実証医学序説』(一八六五年)[2]などの重要な著作が相次いで出版され、政治思想においてもW・エドゥワール(Edwards)やP・ブロカ(Broca)の人種学が広く受容された[3]。自然科学の発展を受けて、哲学の領域でも「科学」的認識と人間の実践的自由との関係を主題とする数多くの著作が現れた。E・ヴァシュロ『形而上学と科学』(一八五八年)、C・ルヌーヴィエ『モラルの科学』(一八六九年)、E・ブートルー『自然法則の偶然性について』(一八七五年)、L・リアール『実証科学と形而上学』(一八七九年)などである[4]。

この時代の共和派哲学者は、有機体論や実証主義の影響を受けながら、自然的世界と異なる人間世界固有の規範を内在させた集合として「社会」を語ることを主題とした。彼らは四八年世代のロマン主義から距離を取り、認識論や人間論の原理的探求から出発して、共和国を支える「モラル」を哲学的に導出しようと試みた。第二帝政期までフランス講談哲学を支配していたヴィクトール・クザンの折衷主義(その継承者のラヴェッソン、ジャネ、ラシュリエなど)に代わり、「新批判主義(néo-critisisme)」と呼ばれるカント哲学の導入が図られたのは、こうした文脈に対応している[5]。以下では、一八六〇年代から八〇年代の共和派哲学者を代表するシャルル・ルヌーヴィエとアルフレッド・フイエの思想を採り上げ、(一)実証主義の受容と批判、(二)社会論、(三)「連帯」論について検討する。

一　「科学」と「実証主義」

（1）コント

最初に、第二帝政期の哲学者に大きな影響を与えたコントの「実証主義」の構造について[6]、後の議論に必要な限りにおいて検討しておきたい。コントは「実証的精神」の特徴を、神学的精神、形而上学的精神と対比して、次のように論じている[7]。第一に、神学的精神とは、現象の背後に唯一の本質的原因を想定し、それを超越的な神として指示するような思考様式である。それは古代から中世にかけての時代に対応する。第二に、形而上学的精神とは、超越的神に代わり「自然」などの存在論的概念を想定することで、存在自体に内在する本質を想定し、現象の生起を説明しようとする思考様式である。それは近代以降、神学的精神を批判し、既存の信仰体系を「破壊」してきたが、それに代わる積極的な（positif）ものを生みださなかった。第三に、現代の「実証的精神」とは、現象の背後や外部に唯一の原因や本質を想定せず、観察可能な現象のみを対象とし、それらの相互関係、すなわち「法則」のみを探求するような思考様式である。コントによれば、現象から遡って原因を探求しても、最終的に唯一の原因に辿り着くことはできない。実証科学における認識は、すべて「相対的」である。コントは絶対的知や客観的知を退け、我々の認識は常に特定の観点を前提とした相対的なものでしかありえない、と論ずる。

しかし、以上の認識論は、人間社会に関する認識の特徴を十分に明らかにするものではない。コントによれば、社会現象とは、物理学の対象である無機物と対比される「有機体的」「生理的」現象である。無機物においては部分の総和によって全体が成り立つため、「まず個別的な事実を考察し、その後でいくつかの一般法則を発見する方向に昇って」いく[8]。これにたいして有機体の場合、「実証的発見は…最も一般的な事実によって始まり、この一般的事実が、次に一定の具体的細部の研究を解明するのに不可欠な照明を与えてくれる」。有機体の中から個別部分を取り出して観察しても、その意味や働きは明らかにならない。個別部分は、全体の中でのみ特定の役割を果たし、意味を獲得するからである。したがって、「有機体的」現象である「社会」については、「一般的なものから出発して、個別的なものへと降りて」いかなければならない[9]。コントはこのような観点から、数学や統計学などの無機的科学によって「社会法則」を語ろうとしたコンドルセを批判している[10]。

それでは、ここで語られる「一般的なもの」とは何を意味しているのだろうか。生物学において、それは「生命」というメタファーによって語られる。有機体のあらゆる部分は、「生命」の維持・発展を唯一の目的とし、その機能を分有している。コントによれば、「社会」を対象とする科学において前提とされるのは、「人類の発展(développement de l'espèce humaine)」である[11]。複雑な諸法則によって継起する社会現象を体系化するためには、それを「人類の発展」という目的によって意味づけ、関連づけて把握しなければならない。

コントは一八四四年の『実証精神論』において、こうした認識のあり方を次のように論じている。

「現実世界の正確な表象としての理論の外的目的について考えるなら、根本的現象間に避けられない多様性がある以上、科学は決して完全に体系化されることはないであろう。この意味では、人間は真の科学的統一を求めることができない[12]。」

現実世界では、「絶えず数多くの事象が相互に何の依存関係もなく生起して」おり、それらを単一の法則に還元するならば「形而上学」と変わるところがなくなってしまう。コントが実証科学の「相対性」を強調するとき、それはたんに知識が不断の進歩のうちにあるというだけではなく、我々が客観世界を完全には知りえず、その認識は常に特定の観点を前提とした「主観的」なものでしかありえない、ということを含意している[13]。

「人間の現実認識を、宇宙とではなく、人間と結びつけて、というより人類と結びつけて考えるならば、ごく自然に科学的・論理的で完全な体系化を目指すことになる。…そこにおいては、人間の存在自体が原理であり、同時に目的でもある。」

複雑な現象世界を統一的に把握し、現象相互の関係を貫く法則を読み取るためには、それらを「人類の進歩」という観点と結び付けなければならない。「人類」とは、個々人の集まりではなく、「集団として発展する」「社会的」な概念である。「『人類（Humanité）』という最高概念が、実証的段階において必然的に完全な知的体系化を形成する[14]」。

彼は晩年において、この「人類」の観念を実体化し、「人類教（Religion de l'Humanité）」を唱えるようになる[15]。しかし、これまで見てきたように、すでに一八二二年に実証主義的方法を論じる場面において、「人類の発展」が社会認識の前提とされていた点に注意しなければならない。一八四四年の著作では、こうした実証的科学に基づいて社会を組織化することで、「人類の発展」に向けた新しいモラル、すなわち「社会的連帯」が生じるはずである、と主張されている。「新しい哲学の全体は、実際生活においても思索生活においても、ひとりの人間が多種多様な局面で他のすべての人間と結びついていることを常に強調するように努めるであろう。そして我々は、あらゆる時と場所に正しく拡大された社会的連帯（solidarité sociale）という深い感情に、知らず知らずのうちに親しむことになるであろう[16]」。

（2） ルヌーヴィエ

こうしたコントの認識論を踏まえ、共和主義に適合する社会像を徹底して抽象的レベルから再構築しようとしたのが、第二帝政末期を代表する哲学者シャルル・ルヌーヴィエである。ルヌーヴィエは一八一五年モンペリエの代議士の家に生まれ、一八三四年に入学したエコール・ポリテクニクでサン・シモン主義の影響を受けて、著作活動を開始する。四八年二月革命期には急進的な共和主義者として活動し、第二共和政下では、公教育相イポリット・カルノの誘いを受けて上級委員会に参加し、教育用のパンフレット『共和国綱領』を執筆している[17]。第二共和政の挫折は、彼の知的活動の転機となる。多くの共和主義者が亡命を選ぶ中で、彼はパリに留まり、共和主義を支える哲学の探求に没頭する。この時期にカント哲学を本格的に受容することで、彼は認識論から出発し、独自の政治・社会理論を構築していく。五〇年代から六〇年代にかけて出版された全四巻の大著『批判哲学総論』では、認識論、人間論、自然哲学、歴史哲学を体系的に論じ、[18]一八六九年の全二巻『モラルの科学』では、共和国を支える「モラル」を「純粋概念」として導出しようと試みた。[19]パリ・コミューンの瓦解を経た一八七二年には、私財を投じて週刊誌『哲学批評』を発刊し、自ら共和主義哲学の普及を図るべく、その後約二十年に渡って、計一万四千頁に及ぶ思想・社会批評の大部分を執筆した。[20]フランソワ・ピヨン（François Pillon）を除けばほとんど協力者のいなかったこの孤独な作業は晩年まで続き、彼の思想は徐々に神秘主義的傾向を強めていった。[21]

ルヌーヴィエは、『批判哲学総論』第一巻を「認識論の一般的考察」に充てている。[22]まず彼は、表象（représentatif）と表象されるもの（représenté）とを分離する認識論を否定し、両者を「現象（phénomène）」の二側面とする。[23]表象は必ず背後に表象されるものを有し、もし表象されなければ、我々はその存在の有無すら知りえない。ルヌーヴィエは、一切の表象の外部にある「物自体（chose en soi）」や「実体（substance）」の観念を否定し、「現象」のみを問題とする。[24]認識の考察とは、表象と表象されるものとの関係を問うことではなく、現象相互の「関係（relation）」を問うことである。現象は常に他の現象との関係のうちにあって特定の機能（fonction）を果たし、それらの関係を規制する法則（loi）にしたがって秩序を構成している。[25]このような法則を明らかにし、現象全体から一つの総合体（synthèse）を構築することが、「科学」の役割である。[26]

ルヌーヴィエは認識の考察にあたって「カテゴリー」の概念を導入する。相関する諸現象を人間が認識するためには、そうした関係を把握するための形式（forme）（カントの言う「感性の形式」）が必要である。「カテゴリーとは、最も根源的で還元不能な認識の法則である」。[27]ルヌーヴィエによれば、カテゴリーには八つの種類がある。すなわち、関係（relation）、数（nombre）、空間（espace）、時間（temps）、質（qualité）、生成（devenir）、因果性（causalité）、目的（finalité）、人格（personalité）である。[28] ここでは、ルヌーヴィエがカントを批判し、最も重要なカテゴリーとして付け加えた「人格」の概念について採り上げておきたい。[29]

「人格」とは、様々なカテゴリーによって与えられた諸現象を全体として「包括」するものである。「この最後のカテゴリーは、他の全てのカテゴリーを、とりわけ人間（homme）の観点から包括する」。[30] ルヌーヴィエによれば、「人格」以前のカテゴリーはすべて一般的なものであり、「今、ここ」という限定された内容をもたない。「人格」とは、自我（soi）と非我（non soi）の区別を含むような意識（conscience）を意味する。[31] 自他の複数性を承認し、そのひとつの観点（un de ce multiple）を採ることによって、認識は個別具体的内容を伴って総合される。「関係一般から出発して、あらゆるカテゴリーはこの特殊な関係、すなわち人格へと行き着く」。[32]

このように、ルヌーヴィエの認識論は、カントを援用しながらも、カント自身の哲学とは隔たった内容を有していた。彼はカント哲学の「物自体」の観念を否定し、認識論を現象相互の法則の探求へと限定する。こうした立場は、すでに言及したコントの実証主義哲学に近接する。実際ルヌーヴィエは、自らの認識論的立場について、次のように述べている。「私は、認識を諸現象の法則に還元するという実証主義学派の基本的枠組みを受容している。…この原則が、カントの方法と合致するものと信じている」。[33] さらに両者は、「人格」「人間」を、諸現象を統合するための最も重要な「カテゴリー」と想定する点でも共通する。彼らにとって客観世界とは、多様な諸法則の織り成す複雑な世界であり、そこに統一性や秩序は存在しない。そこに統一的な像をもたらすためには、諸現象を関連づける特定の観点が前提とされなければならない。彼らが「人間」「人格」「自我」と呼ぶものは、「科学」に先立って、観察された現象に意味や関係を付与するような認識論上の参照枠組みを指している。

（1） Louis Pasteur, *Mémoire sur les corpuscules organisés qui existent dans l'atomosphère. Examen de la doctrine des générations spontanées*, 1861.

（2） Claude Bernard, *Introduction à l'étude de la médecine expérimentale*, 1865.

（3） Laurent Mucchielli, *La découverte du social : naissance de la sociologie en France*（*1870-1914*）, Editions la Découverte, Paris, 1998, p. 27 et s.

（4） Etienne Vacherot, *La métaphysique et la science, ou principes de métaphysique positive*, 3 vol., Paris, 1858 ; Charles Renouvier, *Science de la morale*, 2 vol., Paris, 1869 ; Emile Boutroux, *De la contingence des lois de la nature*, Paris, 1875 ; Louis Liard, *La science positive et la métaphysique*, Paris, 1879. これらの内容については、本章第二節（二）で言及する。

（5） フランスにおけるカント哲学の受容は、十八世紀末のイデオローグによって最初に担われた。しかし、メルシエ（Mercier）、カンケル（Kinker）、ヴィレール（Villers）などによってなされた導入は、イデオローグとカントとの基本的な哲学的立場の相違、すなわち感覚論と観念論との相違などから「カント自身の意図とは正反対」の解釈にとどまった（M. Vallois, *La formation de l'influence kantienne en France*, Paris, Félix Alcan, 1924, pp. 44-48）。十九世紀初頭に、コンスタン、スタール夫人などのリベローによってなされたカント哲学の導入も、感覚論やマテリアリスムに対抗して個人の内面的自由の基礎を見出す、という彼ら自身の問題関心に規定され、カント哲学の全体像や認識論に踏み込んだ解釈はなされなかった（Cf. François Azouvi et Dominique Bourel, *De Königsberg à Paris : la réception de Kant en France*（*1788-1804*）, Paris, Vrin, 1991, pp. 11-14）。その本格的な受容は、四八年以降の共和主義哲学者、特にバルニ、ルヌーヴィエ、ラシュリエ（Lacherier）らによってはじめて行われた。バルニは一八四六年に『判断力批判』の翻訳を、一八四八年に『実践理性批判』の翻訳を出版し、五〇年代にはこれらの注釈書を執筆することで、カント哲学普及の素地を提供した。Jules Barni, *Philosophie de Kant : examen de la critique du jugement*, Paris, 1850 ; *Philosophie de Kant : examen des fondements de la métaphysique des mœurs et de la critique de la raison pratique*, Paris, 1851. 一方ヘーゲル哲学の受容史に関しては、カント哲学と比較すると研究の蓄積が薄いが、さしあたり Michael Kelly, *Hegel in France*, Birmingham, Birmingham Modern Languages Publications, 1992 が便利である。

（6） この時期のコント哲学の影響について、D. G. Charlton, *Positivist Thought in France : during the Second*

Empire, 1852-1870, Westport and Connecticut, Greenwood Press, 1976, p. 19ff. ; Mucchielli, *La découverte du social, op. cit.,* p. 85.

（7） Auguste Comte, «Discours préliminaire sur l'esprit positif», *Traité philosophique d'Astronomie populaire,* 1844, dans *Œuvres d'Auguste Comte,* t. 11, Paris, Anthropos, 1970, pp. 1-20（霧生和夫訳「実証精神論」『世界の名著三十六』中央公論社、一九七〇年、一四七―一六一頁）.

（8） Auguste Comte, «Plan des travaux scientifiques nécessaires pour réorganiser la société», *Appendice général du système de politique positive,* Paris, 1822, dans *Œuvres d'Auguste Comte,* t. 10, Paris, Anthropos, 1970, p. 132（霧生和夫訳「社会再組織化に必要な科学的作業のプラン」『世界の名著三十六』中央公論社、一九七〇年、一三五頁）.

（9） *Ibid.*（邦訳、一三六頁）.

（10） *Ibid.,* pp. 117-119（邦訳、一二一―一二三頁）.

（11） *Ibid.,* p. 135（邦訳、一三九頁）.

（12） Comte, «Discours préliminaire sur l'esprit positif», *op. cit.,* p. 24（邦訳、一六四―一六五頁）.

（13） コントはここで、カントの「主観的」「客観的」という区別を参照している（*ibid.,* 邦訳、一六四頁）。

（14） *Ibid.,* p. 25（邦訳、一六六頁）.

（15） Auguste Comte, *Système de politique positive,* Paris, t. 4, 1854.

（16） *Ibid.,* pp. 74-75（邦訳、二〇六頁）.

（17） Charles Renouvier, *Manuel républicain de l'homme et du citoyen,* Paris, 1848, rééd. par M. Agulhon, Paris, Garnier, 1981. この中で彼は、普通選挙権、労働の権利、無償教育、累進課税などを主張した。一八五一年には「直接統治」論にかんする著作も発表している。Charles Renouvier et Ch. Fauvety, *Du gouvernement direct,* Paris, 1851.

（18） Charles Renouvier, *Essais de critique générale. Premier essai : analyse générale de la connaissance, plus un appendice sur les principes généraux de la logique et des mathématiques,* Paris, 1854 ; *Deuxième essai : L'homme, la raison, la passion, la liberté, la certitude, la probabilité morale*, Paris, 1859 ; *Troisième essai : Les principes de la nature*, Paris, 1864 ; *Quatrième essai : Introduction à la philosophie analytique de l'histoire*, Paris, 1869.

（19） Charles Renouvier, *Science de la morale*, 2 vol., Paris, 1869.

（20） *La critique philosophique, politique, scientifique, littéraire, revue hebdomadaire*, 36 vol., 1872-1889. 頁数に関しては、Blais, *Au principe de la République, op. cit.*, p. 28.

（21） 例えば、当初「カテゴリー」とされていた「人格」概念を実体化する次の著作。Charles Renouvier, *Le personnalisme, suivi d'une étude sur la perception externe et sur la force*, Paris, 1903. ルヌーヴィエは、ようやく近年に入って、幾つかの包括的研究の対象となっている。優れた研究は以下のとおりである。Marie-Claude Blais, *Au principe de la République, op. cit.* ; Laurent Fedi, *Le problème de la connaissance dans la philosophie de Charles Renouvier*, Paris, Harmattan, 1998. なお前著で十九世紀後半のフランス自由主義を論じたローグの著作（William Logue, *Charles Renouvier : Philosopher of Liberty*, Baton Rouge and London, Louisiana State University Press, 1992）は、ルヌーヴィエにおける「自由」の意味を掘り下げていないなど、全体に考察が不十分である。

（22） Charles Renouvier, *Essai de critique générale, 1er essai, op. cit.*

（23） *Ibid.*, pp. 4-10.

（24） *Ibid.*, p. 38.

（25） *Ibid.*, pp. 47-60.

（26） *Ibid.*, pp. 85-96.

（27） *Ibid.*, p. 99.

（28） *Ibid.*, pp. 101-270.

（29） ルヌーヴィエによれば、カントは「関係」と「人格」をカテゴリー（カントの言う「感性の形式」）に含めなかったという点で誤っていた。

（30） *Ibid.*, p. 104.

(31) *Ibid.*, p. 263.
(32) *Ibid.*, p. 262.
(33) Renouvier, «Préface», dans *Essai de critique générale, 1er essai, op. cit.*, p. xi.

二 自由と決定論

カントは、感性的世界と区別される叡知的世界において、道徳的自由や意志の存在を論じた。一方コントやルヌーヴィエにとって、法則によって規定された現象世界のみが実在であり、それと区別された叡知的世界は存在しない。このような実証主義的認識論は、一八六〇年代以降の哲学者にとって、「自由」をめぐる困難な問題をもたらした。たとえば折衷主義学派のルイ・リアールは、一方では実証主義を受容し、「科学」を現象間相互の法則の探求ととらえ、現象を超えた絶対的なものをその対象と認めない。他方で彼は、人間の道徳的自由を保障するために、このような「科学」と異なる、絶対的なものへの信仰という「形而上学」が必要であると主張する。[1]同時期の哲学者ブートルーによれば、科学と形而上学とを峻別するだけでは、現象世界における人間の自由を保障しえない。彼は、世界を複数の階層―量的世界、原因の世界、概念の世界、数学の世界、物理的世界、生命の世界、思惟の世界―に区分し、下位世界と上位世界とのあいだに「偶然性」の介在を見ようとする。[2]このような階層的世界にあっては、高次の必然性によって下位の現象が規定されているのではなく、下位の世界が、ある程度上位世界の現象の生起を規定しているにすぎない。個々の階層間には偶然性が介在し、上位の世界に行くほど行為者の選択の自由は拡大する。このような重層的世界観に最終的な調和をもたらすのは、人間の意志によって措定された最上位の「目的」である。[3]彼らの哲学は、実証主義的認識論が「決定論(déterminisme)」的傾向を導くことを警戒し、そこに「自由」の領域を確保することを主たる関心としていた。[4]

こうした問題を、二つの「社会」観に結びつけて体系的に論じたのが、この時期の共和派を代表するもう一人の哲学者アルフレッド・フイエである。(5) 彼は『現代の社会科学』(一八八〇年)において、過去一世紀にわたる社会観の対立は、有機体的社会観と契約論的社会観という二つの対立に収斂する、と論じている。フイエによれば、「有機体的社会観」とは、次のような特徴を備えた社会観である。すなわち、各部分のあいだに機能の分業(division du travail)があり、分業の結果である「連帯(solidarité)」によって成り立つような社会である。(6) この見方によれば、孤立した部分や一部の相互依存関係は「有機体」を構成しない。各部分は、共通の目的である全体の保存のために他の部分と協力する時にのみ、生体の一部となる。有機体においては、各部分が他のあらゆる部分にたいして「目的かつ手段」の関係に立つ。フイエはそれを「生命の循環」と呼んでいる。(7) 各部分は、全体の中でのみ「生命」を具現することができ、「生命」は各部分においてのみ具現化される。ただし「生命」とは、秩序をもたらす唯一の原因や究極の目的(finalité)ではない。秩序を成り立たしめているのは、このような唯一の原因などではなく、各部分の自己保存運動と、その結果として生まれる相互依存関係にすぎない。「生体の部分が、他のあらゆる部分との調和によって生み出している究極目的とは、我々の目から見れば、原理ではなく結果である」。(8)「生命」とは、相互依存関係の原因ではなく、それらの運動全体を総称する概念である。

フイエによれば、人間社会は、こうした事実的相互依存を意識の中で捉えなおしている。個々人は、互いの関係を機械的な相互依存とみなすのではなく、そこでの分業と連帯を「同意(consensus)」に基づく自発的な紐帯として遡及的に把握する。さらに、その帰結である人間社会を、ある究極目的を伴った全体として認識する。(9) こうして人間社会は、現象世界の法則にしたがう集合であると同時に、目的を共有する人びとの自発的な相互依存関係として表象される。フイエは、このように理解された社会の紐帯を「友愛(fraternité)」と呼んでいる。近代以前の社会が、神という超越的観念を究極の目的と措定したのにたいし、近代以降は、超越的な観念ではなく、互いの結合から導かれる共通の属性、すなわち「人類=人間性(humanité)」という内在的観念を目的とすることで、「友愛」の絆が形成される[10]。

しかしフイエによれば、このような社会観には重大な欠陥がある。社会を有機体的な相互依存の体系ととらえ、それを「人間性」を実現する紐帯として遡及的に把握するだけでは、社会による個人の抑圧を防ぐことはできない。すなわち「友愛」とは、個人を有機体全体へと従属させ、個人を全体の目的に奉仕する手段と把握する概念へと容易に転化する[11]。フイエによれば、社会関係は「正義」「法（droit）」の理念によって支えられ、統御されなければならない。「正義」「法」をもたらすのは、個人の意思に基づく「契約」のみである。自由な契約に基づかない社会は「正義」に反する。したがって、有機体的社会観は、契約論的社会観によって補完されること、フイエの言葉では、「契約に基づく有機体（organisme contractuel）」として再構成されることが必要である。

以上のようにして、フイエの思想では、契約論と有機体論とは互いに補い合う関係にある。孤立した個人の契約という観念は誤りであり、個人は有機体としての社会に属することによってはじめて、万人が分有する「権利」を内在化する[12]。しかしこの有機体は、個人の自由な意思に基づく「契約」によって支持され、それによって拘束されなければならない。こうした個人—社会関係の循環を乗り越えるために、フイエによって導入される概念が、「力としての観念（idée-force）」である。

フイエによれば、人間社会において「観念（idée）」とは、現実から離れた抽象的な言葉にとどまるのではなく、社会を方向づけ、それに影響を与える一つの「力（force）」である[13]。それは、個人から見ればアプリオリに見えるような集合的実在であり、社会を構成する重要な一要素である。「観念」とは、それ自体「社会学」の対象にほかならない。近代社会において、社会の抱く「自己意識（conscience de soi）」として挙げられるのが、「人類＝人間性（humanité）」の観念である[14]。「人間性」とは、たんなる事実的相互依存の事後的了解にとどまるのではなく、それ自体生成する観念であり、現実の社会に影響を及ぼし、それを統御する力である。ただし、こうした集合的観念は個人の外部に存在するのではなく、社会を構成する個人に内面化されている。

以上のように、フイエの思想では、「力としての観念」という概念によって、個人と社会との先後関係の問題は解消される。この概念は、具体的には「社会権（droit social）」として表現される。すなわちそれは、個人の自律を目的として、社会によって実現される諸権利であり、[15]（三）で見るとおり、個人の意思に基づく「準契約（quasi-contrat）」という論理によって支えられている。

（1）Liard, *La science positive et la métaphysique*, *op. cit.*

（2）Boutroux, *De la contingence des lois de la nature*, *op. cit.*, 9e éd., 1921, p. 132.

（3）*Ibid.*, p. 158 et s.

（4）このような思想的課題は、十九世紀後半のヨーロッパにある程度共通していたと見ることができる。たとえばジャック・バーザンは、同時期の知的動向を代表するダーウィン、マルクス、ヴァーグナーの思想の共通性を論じた著作において、次のように指摘している。「五〇年代と六〇年代は世界の思考する人びとのあいだで、機械論の全盛期だった。七〇年代に入るとすでに強力な反動が起こり、それは八〇年代と九〇年代には世間に認められ、唯物主義につながる科学の探求には必然的なものはなにもないことが示されることになる」（ジャック・バーザン（野島秀勝訳）『ダーウィン、マルクス、ヴァーグナー――知的遺産の批判』法政大学出版局、一九九九年、一二八頁）。

（5）フイエは一八三八年ラ・プエル（La pouèle）に生まれ、一八七二年から七九年まで高等師範学校講師を勤めた。法・デモクラシー論や自由論など数多くの政治哲学に関する著作によって、この時代を代表する思想家と目される。しかしこれまでのところ、フイエの思想に関する包括的研究は数少ない。代表的研究として Augustin Guyau, *La politique et la sociologie d'Alfred Fouillée*, Paris, F. Alcan, 1913 など。日本では北垣が「力としての観念（idée-force）」に着目する詳しい仏語論文を発表している。Kitagaki Toru, «Alfred Fouillée et l'idéal républicain», *Zinbun*（*Kyoto University*）, t. 31, 1993, pp. 83-134.

（6）Fouillée, *La science sociale contemporaine*, Paris, 1880, pp. 78-80.

（7）*Ibid.*
（8）*Ibid.*, p. 90.
（9）*Ibid.*, pp. 91-92, p. 115.
（10）*Ibid.*, pp. 327-343.
（11）*Ibid.*, p. 345.
（12）*Ibid.*, pp. 23-29. これは、有機体において各部分が「手段かつ目的」となり、各部分が全体の「生命」を具現する、という「生命の循環」のロジックと同様である。
（13）*Ibid.*, pp. 384-387.
（14）*Ibid*, pp. 387-388.
（15）*Ibid.*, p. 23.

三　契約・権利・連帯

フイエが指摘した有機体論の問題点は、共和派を代表するもう一人の哲学者ルヌーヴィエにおいて、どのように認識されていたのだろうか。ルヌーヴィエは『批判哲学総論』第四巻において、人間の「モラル」の起源について論じている。彼の出発点は、習慣的に構築された相互関係としての「連帯（solidarité）」である。[1] この関係の中で、人びとは互いに共感（sympathie）と慈愛（bienveillance）の感情を獲得し、互恵関係にともなう義務を承認しあっている。[2] しかし、事実的な相互関係から生じる情緒的絆は、「正義」から区別されなければならない。「正義」とは、具体的関係を離れ、社会の成員全体に関わる権利・義務関係として抽象された規範であり、感情ではなく、理性に基づく推論に基礎づけられる。[3] ルヌーヴィエによれば、その規範とは、「等しく自由である構成員が、互いを平等に扱い、共通の権利と義務を承認し、誰もがその適用から除外された状態におかれないような、完全な社会状態の理念である」[4]。こうした理念は「社会契約」に基づかなければならない。「社会契約」とは、自然状態における孤立した個人同士の契約ではなく、具体的関係において結ばれた契約でもない。それは、社会関係の中にある成員が、相互の権利・義務関係の対称性を推論によって導出し、それに承認を与えることを指している[5]。

ルヌーヴィエは『モラルの科学』において、こうした「正義」を「人格（personne）」という概念によって説明している[6]。「人格」とは、経験的な個々人を抽象し、「我々」の属性一般を理性によって把握した理念である。「人格」の承認とは、「我々にたいする我々の義務」を承認することを意味する。「人格」を内在させた構成員から成る社会を想定することで、我々は「正義」に基づく「理想社会」の像を獲得し、現にある社会を批判する観点に立つことができる[7]。

このように、ルヌーヴィエにおいて「人格」とは、認識の前提となる「カテゴリー」であると同時に、実現されるべき理念でもある。この点についてスティーヴン・コリンズは、次のように指摘している。「ルヌヴイエ派の哲学は、ヘーゲル哲学からいくつかのテーマを借用しつつ、カント的な認識不可能な先験的主観を、経験的で認識可能な個人―とりわけ、現代のリベラルな社会の個人―へと転換していった[8]」。「人格」のカテゴリーを通してみたとき、現象一般が「自我」の立場から把握され、具体的な内容を伴って総合されると同時に、他者が自己と同様の権利・義務を有する対称的存在として立ち現れる。ルヌーヴィエの言う「人格」とは、こうした自他の権利・義務関係の対称性への認識に基づき、あるべき社会像を導くための規範的概念である。

以上の議論から導かれる実践的指針として、ルヌーヴィエは三点を挙げている。第一に、「万人が各人のために働き、各人が万人のために働くこと」。第二は、「個人的目的の原則にかかわることについては、各人の努力にゆだねられること」。第三は、「以上の二つの配分原則を均衡させるよう努力すること[9]」。彼は個人の財産権を擁護するが、それは万人の対称性を侵害しない限りにおいて許容される。こうした立場から、具体的には、扶助の権利と労働の権利（droit au travail）の実現、累進課税、一般的保険制度の導入が提唱される。[10]

一方フイエにおいても、「正義」に基づく関係は、「契約」によって支えられる。フイエはそれを、ローマ法以来用いられてきた「準契約（quasi-contrat）」概念の転用によって説明している。[11]「準契約」とは、「国家の中で生活し、共通の国法に服しながらも、行為を通じて参与」し「更新」されていくような契約である。すなわちそれは、現に社会関係の中にある個人が、自らに課された権利・義務をその都度承認していくような契約である。フイエがこうした契約を想定しえたのは、そこで合意されるはずの権利・義務関係が、万人の万人にたいする関係であり、あらかじめ契約当事者を含んだ「人類＝人間性」という一般的属性への承認を意味するからである。言い換えれば、フイエにとって「準契約」とは、「人間性」という「力としての観念」が、個人の選択を通じて具現化される過程である。

フイエは、こうした契約の結果合意されるはずの内容を「配分的正義（justice réparative）」と呼んでいる。[12]具体的には、苦痛を蒙った個人にたいして、社会が補償と再分配を行うことである。その例として、共済保険が挙げられる。共済保険制度では、所属する個人の蒙る災厄への補償は万人の義務となる。そこでは責任が「社会化」され、個人的責任に代わって「連帯と集合的責任」が生み出される。[13]

以上の議論を要約しよう。フイエ、ルヌーヴィエの思想に見られるのは、「有機体」的思考の浸透である。この思考法は、差異を持った要素の集合にたいし、その差異を消去することなく、相互の依存関係を観察し、総体として認識することを可能にする。その意味において、社会認識を実証主義的「科学」に近づけるものであると考えられた。しかし同時に、「有機体」的思考は、個別部分の観察に先立ち、それらの関係を規定する一般法則を前提しなければ成り立ちえない。生物学において「生命」の維持成長というメタファーによって語られたこの「法則」は、コント、ルヌーヴィエ、フイエにおいて、「人格」「人間性」の「進歩」として語られた。あらゆる現象は、こうした認識上の前提と結び付けられることで単一の秩序を構成していると見なされる。

　第二帝政期の哲学者の特徴は、こうした「科学的」認識と人間の実践的自由との関係を問うたことである。それは「決定論」と「自由」という問題構成によって表現される。ルヌーヴィエやフイエは、「人格の自律性」「個人の自由」を、「社会」において実現されるべき目的それ自体であると想定した。彼らにとって「人間性」「人格」の観念は、社会現象を秩序を持つ全体として認識するための前提であると同時に、社会が実現すべき目的でもある。この概念は、先験的に与えられた「カテゴリー」であると同時に、経験的に実現されるべき理念でもある。彼らはこのような循環を引き受けることで、「社会」を認識上の客体であると同時に、個々人の選択の結果である規範を内在させた集合と捉えた。フイエは、「人間性」を「力としての観念」という実在として語ろうとし、ルヌーヴィエは「人格」を実現されるべき規範と理解し、それを後年実体化していった。さらに両者とも、「進歩」の観念にコミットすることで、「人間性」「人格」を未来において実現されるべき嚮導《きょうどう》的理念として措定することで、その経験的な性格と超越論的性格とを媒介しようとした。このような「人間性」へのコミットメントから、彼らは個々人の事実的平等と異なる原初的な対称性を「権利」として概念化し、そうした対称性を脅かす事実的状態を矯正するために、再配分政策や保険制度を正当化しようとした。

　ルヌーヴィエは、一八七二年に自ら発刊した雑誌『政治的・科学的・文学的哲学批評（*Critique philosophique politique, scientifique, littéraire*）』初年度の論文において、哲学の役割を次のように主張している。カトリックや王党派に対抗する共和主義は、これまで不安定さと暴力的傾向という課題を抱えてきた。共和主義の理念と現実の運動を結合するためには、カント哲学を踏まえた原理的探求と、実証主義に基づく事実の観察を総合しなければならない[14]。この時期以降、ルヌーヴィエは自らの共和主義思想と実践とを媒介するために、政治・文学・歴史などを横断する批評活動へと投企していく。

　彼の思想は、E・ブートルー、L・リアール、L・ドリアック（Lionel Dauriac）、H・マリオン、H・ミシェル（Henry Michel）、そしてE・デュルケームなど、第三共和政期を代表する思想家たちに影響を与えた。[15] フイエの思想も、レオン・ブルジョワの「準契約」「社会的負債」などの観念に直接の影響を与えた。[16] しかし、彼ら以降の世代の思想家は、もはや「人間」に関する哲学的省察を深めることなく、そこで語られた「社会」像を前提とし、それを時代状況に適合するイデオロギーとして語っていくことになる。[17]

（1）Charles Renouvier, *Essai de critique générale*, 4e *essai op. cit.*, p. 33. ルヌーヴィエにおいて、「連帯」に規範的含意はない。それは純粋な相互関係である以上、互恵的なものにも悪影響の伝播でもありうる。
（2）*Ibid.*, p. 60 et s.
（3）*Ibid.*, p. 64, pp. 100-114.
（4）*Ibid.*, p. 112.
（5）*Ibid.*, pp. 102-104.
（6）Renouvier, *Science de la morale*, *op. cit.*
（7）*Ibid.*, t. 1, pp. 130-135.
（8）スティーヴン・コリンズ「カテゴリーか、概念か、それともプレディカメントか―哲学用語のモース的用法に関する注釈」、スティーヴン・ルークス編（厚東ほか訳）『人というカテゴリー』（紀伊國屋書店、一九九五年）、一一八頁。ルヌーヴィエの「人格」概念は、晩年さらに経験的なものへと実体化され、「人格主義」が唱えられるに至る。Cf. Charles Renouvier, *Le personnalisme*, *op. cit.*
（9）Renouvier, *Science de la morale*, t. 1, *op. cit.*, p. 154.
（10）Renouvier, *Science de la morale*, t. 2, *op. cit.*, 3e section.
（11）Fouillée, *La science sociale contemporaine*, *op. cit.*, p. 11.「準契約」の概念史研究として以下を参照。Henri Vizioz, *La notion de quasi-contrat : étude historique et critique*, Bordeau, 1912. ヴィジオズは、ローマ時代以来の法学における「準契約」の用法を整理した上で、十九世紀末のブルジョワなどによる「哲学的」用法は不当な拡

張であると論じている。

(12) *Ibid.*, p. 363 et s.

(13) *Ibid.*, p. 372.

(14) Charles Renouvier, «La doctrine républicaine, ou ce que nous sommes, ce que nous voulons», *Critique philosophique*, 8 août 1872, pp. 1-16.

(15) デュルケームに近いレヴィ・ブリュールは、次のように述べている。「十九世紀後半の哲学史において、批判主義は最も重要な位置の一つを占めなければならないであろう」(Mucchielli, *La découverte du social*, *op. cit.*, p. 96)。その他、共和政初期におけるルヌーヴィエの影響について以下を参照。Félix Ravaisson, «La philosophie en France au XIXe siècle», dans *Recueil de rapports sur les progrès des sciences et des lettres*, Paris, 1867, pp. 103-111.デュルケームは、知的鍛錬の方法として「大思想家を詳細に研究し、その体系を最も隠れた要素にまで解体すること」が有効であるとし、「自らにとっての師はルヌーヴィエであった」と語っている(R. Maublanc, «Durkheim, professeur de philosophie», *Europe*, t. 22, 1930, p. 299, cité par M.-C. Blais, *Au principe de la République*, *op. cit.*, p. 395)。

(16) 例えば、Léon Bourgeois, *Essai d'une philosophie de la solidarité*, Paris, 1902, p. 6 など。

(17) 第三共和政期の「社会」像を哲学的に準備したルヌーヴィエやフイエの思想は、一九二〇年以降急速に忘却されていった。たとえばラベルトニエールは、一九四八年の時点で次のように証言している。「ルヌーヴィエは、その発言によっても著作によっても、おそらく思想界全体にいかなる直接的な影響も及ぼさなかった。彼の名前さえ、常に民衆に無視されてきた。彼を読んだことのある者は、ほとんど物の数にも入らないにちがいない」(Lucian Laberthonnière, *Critique du laïcisme, ou Comment se pose le problème de Dieu*, Paris, Vrin, 1948, p. 39)。

第三節　「連帯」イデオロギーの成立

一八八〇年代に入ると、共和政の法的基盤の確立にともなって、共和体制を哲学的に基礎づけるという関心は背後に退き、代わって「連帯」思想を具体的状況に適合させて制度化することが共和派の主たる関心対象となる。大学の世界では、思想の「脱政治化（dépolitisation）」とともに、「心理学」と「社会学」という新たな学問が知的ヘゲモニーを握っていく[1]。政治の世界では、一八九〇年代に入ると、社会主義・労働運動の勃興を背景として、保守派との結びつきを強める穏健共和派と、一部社会主義勢力と連携する急進共和派との間に、「社会問題」をめぐる新たな対立軸が形成される。累進課税・社会教育・社会保険の導入などを唱える急進共和派は、ドレフュス事件を契機として議会内で勢力を伸張させ、十九世紀末に政権を掌握すると一連の社会立法を図っていく。以下では、この時期の共和派を代表する論者として、急進党指導者レオン・ブルジョワと、「社会学」の創始者エミール・デュルケームを採り上げる。

一　連帯主義

レオン・ブルジョワ（Léon Bourgeois）は、一八五一年パリの時計商の家に生まれた。パリで法学を修め、複数の地方の知事を勤めた後、一八八八年に代議士に転身し、内務大臣、法務大臣、公教育大臣などを歴任する。一八九五年に首相、一九〇二年には下院議長に就任する。一九〇一年に設立された急進党では初代代表に選出され、公衆衛生・累進課税・社会保険の実現に尽力した。その後も社会教育や社会衛生政策に関する多数の国際会議を主催するなど、この時期の急進共和派を代表する政治家として活躍した[2]。その一方で、一八九六年には『連帯（*Solidarité*）』を発刊し、政治の世界、知的世界で大きな評判となるなど、「連帯主義」の主導者としても知られている。

ブルジョワの出発点は、生物学において提唱される「自然的連帯」である。生物の世界では、生体の各器官の相互依存によって「有機体」が構成されているだけでなく、生物同士の間にも相互依存関係が存在する。あらゆる生物は「普遍的な生物進化の一般法則」に服し、相互に自律的でありながら、全体から見れば「進化」を実現する手段でもある[3]。

人間社会においても、こうした「自然的」な相互依存が存在する。各人は自律した存在でありながら、「社会化」によってのみ自己を確立するという意味で、社会全体にとって「目的であり、かつ手段である」[4]。そこでは社会の進歩（progrès）が個人の知的・身体的成長を通じてのみ実現され、他方個人の自律の獲得は、社会全体の進歩によってのみ可能となる[5]。

しかしブルジョワも、フイエやルヌーヴィエと同様に、自然的連帯と社会的連帯とを区別する。こうした事実的な相互依存関係からは、人間社会に固有の権利や「正義」は導かれない。「自然は不正ではないが、正義の外にある（ajuste）[6]」。「正義」をもたらすのは、個々人の意志に基づく「契約」のみである。彼はフイエの「準契約」概念を参照し、そこに独自の解釈を加えることによって、「社会的連帯」に固有の規範を導出しようとする。

ブルジョワによれば、個人は社会の内に生まれ、あらゆる知的・文化的・物質的資源を社会から調達する。したがって「社会の中で生き、そこから離れて生きられない人間は、常に社会に対する負債者（débiteur）である[7]」。過去から蓄積されてきたこれらの資源は、「人類＝人間性（humanité）」の「進歩」を目的とする[8]。社会から恩恵を蒙る個人は、「人類の進歩への貢献の一部を担う」ことを、あらかじめ「社会的負債（dette sociale）」として負っている、という。

ブルジョワの思想の特徴は、社会という集合を個人に優越するものと見なし、その維持・発展という観点から個人の権利・義務を規定していくことである。「準契約」とは、このような権利・義務にたいする遡及的な同意を意味する。すなわちそれは、「もしも平等で自由な条件のもとで交渉したとするなら、両者の間で前もって成立しえたはずの合意にかんする解釈であり、表現である」[9]。人びとが具体的な状況の中で社会から得ている恩恵や利益は様々である。それらを抽象し、各々が「平等で自由な条件」という仮想状態にあると推定した場合に、各人は万人との間に「契約」を結び、「人類」という集合の一員となってそこから恩恵を享受することを選択し、それにともなう「義務」を承認するはずである。「準契約」とは、このような仮想状態で推定される互いの対称性と、個人と社会の間に生じるはずの相互義務に対する遡及的な承認を意味している。

以上の個人―社会観から、ブルジョワは次のような政策的帰結を導出する。

第一に、個人の自由や自律は集合的観点から定義される。自由の獲得とは「社会化」されることであり、社会に先立つ自由な契約主体は存在しない。「人間の自由は、社会的負債からの解放とともに始まる」[10]と言われるように、個人は「道徳的・知的・身体的な発達」を遂げ「人類の進歩」に貢献するという「義務」をあらかじめ負う[11]。ブルジョワが、初等教育や社会教育・職業教育の重要性を強調し、公衆衛生に取り組むのは、こうした「義務」を能動的に充足するよう個人を育成する、という目的と結びついている。

第二に、各人は「平等な権利の所有者」[12]として扱われるが、この場合の「平等」とは、事実的状態におけるそれではなく、自己の能力の発展を志し、特定の役割を能動的に充足する限りにおいて想定される、自己と他者の権利関係の原初的な対称性を指している。ブルジョワによれば、社会関係に入る個人は、自己の責任や統制を越えた予測不能な出来事に遭遇する。例えば病気、事故、火災などは、「自然の運命や偶然に帰すべきリスク」である。「準契約」とは、こうした出来事を、もともと他者と対称的な存在であった特定の個人が偶然に蒙る集合的「リスク」の発現と読み替え、それへの補償責任を相互に担いあうことを意味している。「あらゆる連帯のリスクにたいして、相互化の原則を拡張すること。そこに真の社会契約がもたらされる[13]」。

ここで「リスク」という概念は、個人の自律を阻害する出来事であると同時に、秩序を脅す出来事でもある。「連帯は、個人を襲うすべての悪（mal）にたいして、社会が救済策を講じることを要請する。なぜなら、その悪は社会的となりつつあるからである[14]」。「リスク」に遭遇した個人を、彼は「危険」という語によって表現する。

「社会的事実の犠牲者各々は、今度は危険（danger）の原因となる。こうして、罹病した者は無意識のうちに他の犠牲者を病に陥れることになる。…これこそ、私が別のところで称した『個人と社会の間にある相互的リスク（risque mutuel）』である。この相互的リスクには、連帯的な相互共済という対策を採ること―文明社会では、それのみが真の社会的対策である―が必要である。あらゆる相互的・社会的リスクにたいして、相互的・社会的保険が必要である[15]。」

「リスク」の相互化は、「危険」の顕在化を予防するという目的によって正当化される。病気・失業・老齢への保険、公的扶助などは、こうした「リスク」の相互化の原則から導かれる[16]。後に述べるように、一八九八年に成立する労働災害補償法は、彼にとって「社会的リスクにたいする集合的保障を組織化する」最初の試みと位置づけられた[17]。

第三に、ここで国家の役割は、あらゆる「リスク」補償を一元的に担うことではなく、「リスク」の相互化を引き受ける中間集団の結成を奨励し、その役割を補完することにある。例えば彼は、共済組合について次のように述べている。

「国家は共済組合の発展を一切妨げないだけでなく、逆にあらゆる手段を用いてそれを援助し、奨励しなければならない。国家は共済組合の中に、国家を補い、その負担を軽減し、責任の一端を取り除いてくれる唯一の制度を見出さなければならない[18]。」

ブルジョワの「連帯主義」は、コルポラシオン、アソシアシオン、共済組合などの中間集団の自治を積極的に容認し、中間集団と国家の間に調和的な補完関係を想定する。[19]

「私は、国家の介入も制裁も、悪の感染を拡大させる無知とエゴイズムを防ぐ限りにおいてしか要求しなかった。予防と救済措置については、国家による直接的・行政的な企てとなることを望まない。それらを国家が包摂するのではなく、援助することを望みたい。[20]」

以上のように、ブルジョワにおいて「連帯」とは、個人と社会との擬似「契約」関係に基づく相互義務を意味している。そこでは「人間」に関する規範的省察は、もはや重要な位置を占めていない。例えば彼は、次のように述べている。「我々が想定しているのは労働する個人であり、労働によって生きるための給与（salaire）を得ている個人である[21]」。個人は、分業の進む社会において、特定の役割を能動的に充足する代わりに、社会によって生存を保障される存在へと縮減される。「分業」「相互依存」「有機体」などの抽象的語彙にもかかわらず、実質的にそこで想定されているのは、給与所得者によって担われた産業社会である。ブルジョワの思想は、「連帯」の思想を産業社会に適合する「イデオロギー」として語ったものと位置づけられる。そこでは、想定された役割に適合することを自ら選択しない個人は、「社会」の外部にある存在、すなわち「異常」者として指示され、矯正の対象と見なされるであろう。

（1） Blais, *Au principe de la République*, *op. cit.*, pp. 386-387. これらは、後に述べるように、統計的操作によって個人を「正常」と「異常」へと分別し、「異常」な個人にたいする働きかけ・矯正を正当化するという点で共通する。

（2） ブルジョワの生涯に関しては以下を参照。Maurice Hamburger, *Léon Bourgeois, 1851-1925*, Paris, Librairie des Sciences Politiques et Sociales, 1932, pp. 15-44.

（3） Léon Bourgeois, *Solidarité*, (1re éd., 1896), Paris, Presses Universitaires du Septentrion, 1998, p. 26.

（4） *Ibid.*, p. 34.
（5） *Ibid.*, p. 34 et s.
（6） Léon Bourgeois, «L'idée de solidarité et ses conséquences sociales», dans *Essai d'une philosophie de la solidarité*, Paris, 1907, p. 10.
（7） Bourgeois, *Solidarité*, *op. cit.*, p. 38.
（8） *Ibid.*, p. 45 et s.
（9） Bourgeois, *Solidarité*, *op. cit.*, p. 47 et s.（強調は引用者）
（10） Bourgeois, «L'idée de solidarité et ses conséquences sociales», *op. cit.*, p. 41.
（11） 「自ら一部を構成する社会への義務を充足し、解放（libération）を獲得し、個人的自由を十全に享受するに値いする存在となりたいのならば、個人は財産・活動・自由の一部分を共通目的のために捧げなければならない。」（Léon Bourgeois, *Les application de la solidarité sociale*, Paris, 1901, p. 5.）
（12） Bourgeois, *Solidarité*, *op. cit.*, p. 38.
（13） Bourgeois, «L'idée de solidarité et ses conséquences sociales», *op. cit.*, p. 50.
（14） *Ibid.*, p. 11.
（15） Léon Bourgeois, *La mutualité et la lutte contre la tuberculose, conférence faite au Musée social, le 6 Novembre 1905*, Paris, 1906, p. 8.
（16） Bourgeois, *Solidarité*, *op. cit.*, p. 54.
（17） Léon Bourgeois, *Solidarité*, 7e éd., 1912, p. 275.
（18） Léon Bourgeois, «La mutualité : ses résultats, ses espérances», dans *La politique de la prévoyance sociale*, t. 1, *op. cit.*, p. 157.
（19） 彼は「共和主義者の友愛」について、「抽象的で制裁を欠いた概念」であった、と批判している（Bourgeois, *Solidarité*, *op. cit.*, p. 54）。
（20） Bourgeois, *La mutualité et la lutte contre la tuberculose*, *op. cit.*, p. 43.

(21) Léon Bourgeois, *Les applications de la solidarité sociale*, Paris, 1901, p. 9.

二 デュルケーム社会学

L・ムキエリは、一八八五年から一八九〇年のフランス思想界に起こった変化を「パラダイム転換」と称している。この時期、生理学・生物学から「社会学」へと思想の語り口が変化し、政治経済学・生物学・犯罪学・地理学・歴史学・言語学など多くの分野で「社会学的パラダイム」が勝利していった。(1)その要因として、ムキエリは、デュルケーム学派の組織化、心理学にたいする認知闘争の勝利、「モラル」のあり方が問われた時代状況などを挙げている。(2)これに加えて、政治的に見れば、デュルケーム(学派)の思想が当時の急進共和派の主導する社会政策と呼応し、それらに知的正当性を与える役割を果たしたことが指摘されなければならない。

デュルケームは、一八五八年にユダヤ教のラビの家に生まれた。しかし幼少時よりユダヤ教とは距離を取り、第三共和政が開始されると、この体制を一貫して支持し続けた。高等師範学校では、ルヌーヴィエやジョレスの知的影響を受け、周囲には人生の前半を科学研究に、後半を政治活動に捧げる決意を語っている。(3)一八八〇年当時の研究テーマは、「個人主義と社会主義」であった。一八八七年にルイ・リアールの推薦でボルドー大学の「社会科学と教育学」講座の担当となると、その開講の辞の中で次のように述べている。「社会学は個人に…有機体の器官であることを教え、その器官としての役割を良心的に果たすことがどれほど素晴らしいかを示すであろう。…そのためにはまず我々が、それを大学において科学的に練り上げる必要がある」(4)。一八九四年のドレフュス事件では、ボルドー大学でドレフュス派を擁護する演説を行い、一八九八年には「人権擁護連盟(Défense des Droits de l'Homme)」に参加して、「知識人」の一人として活躍した。一八九八年に発刊を開始した『社会学年報』によって、学説の体系化と実践的有用性の強調を行った彼は、相互行為論的社会学を唱えたガブリエル・タルド（Gabriel Tarde）や、抽象的な社会理論の構築を目指したルネ・ヴォルム（René Worms）にたいして、「社会学」の主流派としての地位を確立する。一九〇二年には、急進主義者F・ビュイソンの後を襲ってソルボンヌ大学文学部教授に就任し、当時ボルドー大学にしかなかった社会学の講座を創設した（講座名は「法と習俗の物理学」）。

彼の思想の各要素―自由放任主義と社会主義の双方と距離をとること、「社会問題」を「モラル」の問題と捉えること、統計的・実証的知の蓄積を重視し、「観察」に基づく「社会科学」の設立を目指すこと、国家ではなく中間集団を基盤とする「社会」の組織化を構想すること、国家・法の役割を読み替え、それらを「社会」の表象・道具と捉えること―は、これまで検討してきた「社会的なもの」に関わる十九世紀諸思想において、すでに繰り返し語られてきた内容にすぎない。デュルケームは、その一つとして十九世紀末に現れた「連帯」の思想を最も精緻な論理に練り上げ、大学での制度化を成し遂げていった人物と位置づけられる。以下では、デュルケーム社会学の全体像を採り上げるのではなく、彼の「社会」認識の論理構造と射程を明らかにするという目的に絞って、その思想内容を検討する。(5)

（1）　社会的連帯

デュルケームは、初期の著作『社会分業論』（一八九三年）の中で、自らの方法を次のように宣言している。

「我々は、目的（but）や目標（objet）という語を用いることができないし、分業の究極目標（fin）についても語れない。もしそうするなら、我々が決定しようとしている諸結果のために、分業が存在していると仮定することになるからである。(6)」

これまでの思想は、カントの「人格（personne humaine）」概念のように、人間に関するアプリオリな観念を前提とするか、社会の究極目的を前提した上で遡及的に個別現象を意味づけてきた。こうした説明は、部分的な現実認識を一般化したものにすぎず、現象全体を「科学的」に説明するものではなかった。

デュルケームの採用する「道徳の実証科学」は、「社会」を成り立たしめる本質・目的などを扱わず、「道徳的諸事実」のみを観察し、「道徳の一般法則」を確定することを目的とする。(7) 彼の方法は、現象の背後に唯一の本質や原因を想定せず、現象相互の関係のみを問うコント、ルヌーヴィエ、フイエらの認識論と同一線上にある。

この著作におけるデュルケームの課題は、「個人人格と社会的連帯との関係」、すなわち「ますます自律的になっている個人が、ますます社会に依存的になるのはなぜなのか」を説明することにある。(8) 彼はそこで、「機械的連帯（solidarité mécanique）」と対照される「有機的連帯（solidarité organique）」という概念を導入する。(9) まず「機械的連帯」とは、共通の習俗や宗教から成り立つ紐帯であり、分業が未発達な伝統社会に対応する。一方「有機的連帯」とは、「互いが異なること」から生じる機能的な結合であり、分業の発達した近代の産業社会に対応する。「有機的連帯」では個人が異なる役割を担うが、むしろそれゆえに、相互に緊密な依存関係を形成する、という。

ただしデュルケームの思想は、分業化の自然な帰結として機能的結合が生じることを主張したものではない。例えば彼は、次のように言っている。「あらゆる社会は道徳的社会であり」、分業による「協同も自らの内的道徳性を持っている」(10)。経済的関係のように機能や利益の交換のみによって成り立つ秩序は、安定した基盤を欠いている。「経済的諸機能は、それらを凌駕し抑制し規制する道徳的な力に服させなければ、調和的に協働しえないし均衡状態に保ちえない」(11)。「有機的連帯」は、それに適合する新しい「モラル」によって支えられなければ成り立たない。(12)

デュルケームによれば、「社会」とは単なる機能的結合ではなく、「集合意識（conscience collective）」である。「集合意識」とは、「集合的なものとして把握された集団の諸信念、諸傾向、諸慣行」を指す。(13) それは個々人に抱かれた意識でありながら、それらの結合によって独自の性質を有し、各人にとってはその行動を規制する外的存在として把握される。それは法、道徳、慣習、儀礼などの形で表象され、違反にたいして制裁を加える固有の「力」として現出する[14]。

「有機的連帯」は、分業化の進んだ近代社会に特有の「集合意識」によって支えられる。デュルケームは、『自殺論』(一八九七年)やドレフュス事件のただ中に書かれた論文「個人主義と知識人」(一八九八年)において、それを「人格(personne)」への崇拝、「道徳的個人主義(individualisme moral)」、「人間性(humanité)への宗教」などと称している[15]。「それは人間が信者であると同時に神でもあるような、ひとつの宗教である」。旧来の伝統集団や階層組織が解体され、個々人が社会の中で個別の役割を担うようになるとき、共通の属性は、抽象的な「人間性」のみとなる。そこで「集合的感性が、すべての力を傾けて残された唯一の対象に結びつき、そこに比類なき価値を与えることは不可避である[16]」。言い換えれば、抽象的「人間性」へのコミットメントを背景として、個人の自律を脅かす出来事にたいする保護を社会が担うことによって、「有機的連帯」は成立する。デュルケームが、分業の進展と、個人の自律を保障するための公権力の拡大を並行的に捉えていることは、このようにして説明される[17]。

「有機的連帯」を構成する個人にとって、「人間性への宗教」は、自らを社会に結びつける唯一の目的である。デュルケームは個人の「道徳意識の定言命法」を、次のように表現している。「決められた機能を有効に充足できる状態に汝をおけ[18]」。与えられた役割を能動的に充足することによって、個人は「人間性」という抽象的属性の一部を担う存在となり、社会に結びつけられる[19]。「この目的は…あらゆる個別的意識を超越したところに位置し、それゆえ人びとにとって、結合の中心としての役割を果たす[20]」。

(2) アノミー

以上のようにデュルケームの「連帯」論は、近代の産業社会における役割の分化と、その役割を能動的に担う個人の存立およびアイデンティティを保障する「モラル」との結合によって成り立っている。しかし、両者が常に調和的に結びつくとは限らない。デュルケームは、自らの唱える「科学」の役割を、次のように論じている。「人間が生きることを欲するものだ、と仮定しさえすれば、科学が樹立した法則を、ごく単純な操作によって、すぐさま行為の命令準則へと変えることができる」[21]。「科学」の役割は、単に社会現象を説明するにとどまらず、あるべき社会状態を確定し、それにしたがって「行為の命令準則」を導くことにある。そこで導入される概念が、「正常（normal）」と「異常（anormal）」である。

デュルケームによれば、「正常」と「異常」とをアプリオリに判別する規準は存在しない。それは観察に基づいてのみ決定することができる。「正常」な現象とは、特定の社会において、「平均的」かつ「一般的」に観察され、その社会の条件や構造と必然的に結びついていると考えられる現象を指す[22]。逆に「異常」な現象とは、本来社会に備わった条件から逸脱した「例外的」「病理的」な現象であり、治療や矯正の対象とみなされる。このように「科学」は、現象の観察と統計的操作に基づいて「正常」と「異常」を分別し、「異常」な現象への働きかけ・矯正を正当化することができる。

デュルケームの「連帯」論は、産業社会における役割の分化と、それを担う個人を支える「モラル」との結びつきだけではなく、「正常」なモラルと「異常」なモラルとの区別から成り立っている。『社会分業論』において、社会集団相互の関係がうまく調整されず、紛争が絶えない状況を「アノミー」と称し、それを過渡的現象と捉えていたデュルケームは[23]、『自殺論』以降、「アノミー」を産業化のもたらした「慢性的な危機」ととらえるようになる[24]。「アノミー」とは、個別の役割を能動的に担うべき個人が、必要な「モラル」を内面化せず、「焦燥」「怒り」「憤怒」の中に置かれた状態を指す。それは「正常」な個人のあり方を逸脱した「異常」な状態であると同時に、「現代社会における自殺の恒常的かつ特殊な要因の一つであり、年々の自殺率を現状のように維持している源泉」である[25]。すなわち産業社会にあって、役割の分化とそれを支える「モラル」とは、常に併存するわけではない。絶えず生み出される「異常」な状況にある個人に働きかけ、これらの人々を「正常」な状態へと矯正しなければ、「連帯」は成り立たない。

「社会問題」とは、彼にとって、こうした「モラル」の問題の集積を意味している。

「社会問題は労働問題を含み、それを超えている。我々の苦しみは、特定の階級のみにあるのではない。それは社会全体にある。苦しみは、それぞれ異なる場所で示されるとはいえ、使用者と労働者に同様に感じられている。資本家においては絶え間ない動揺と苦痛という形で、労働者においては不満といらだちという形で。それゆえ問題は、現存する階級の物質的利害の問題を無限に超えている。問題は、一方の利益の拡大のために単に他方の利益を減らすことではなく、むしろ社会のモラルの構造を再建することである。[26]」

「社会問題」とは、「モラルの構造」の問題である。こうした問題への対応とは、財の再分配にとどまるのではなく、個人の内面に働きかけ、個人を絶えず「社会化」していく組織を再建することに見出されなければならない。

（3）　同業組合と国家

以上の思想から導かれる実践的帰結として、同業組合論、国家論、その他の社会集団の役割について指摘する。

第一に、デュルケームが最も重視したのは「同業組合（corporation）」の再建と自治であった。同業組合には使用者と労働者の双方が含まれねばならず、労働組合の設立は否定される。[27] ただしそれは、パトロンの温情に依拠する伝統的職人組合と異なり「かつてのまま再建することは明らかに問題外である」。給与や労働条件に関する労使の調停は、国家の監視の下でそれぞれの代表者によって行われ、労働者の自律性が尊重されなければならない。[28] さらにそこには貧民の救済、共済保険、教育・文化活動に至るまで、多様な役割が期待される。

同業組合は、社会を構成する人々の意思を「代表」する政治的な媒介組織でもある。彼は職能代表制の構想について、次のように論じている。「それぞれの職業利害に関する事柄は、それぞれの労働者がよく通じている。したがって労働者は、同業組合の共通の問題を最も適切に処理できる人々を選ぶことに関して無能ではない。他方同業組合が議会に送り込む代表者は、専門的能力をもってそこに参加し、この議会はとりわけ相互の職業間の関係を調整しなければならないため、これらの問題を解決するのに最もふさわしく構成されることになるであろう[29]」。

ここで付け加えておくべきことは、同業組合への加入が義務的であるかどうかについて「ほとんど興味のない問題」とされていることである。「同業組合体制が成立した時から、孤立したままの個人はあの無力な状態にとどめおかれることになるのだから、強制される必要もなく、個人は自らそこに所属することになる[30]」。同業組合体制の外にある個人は、「社会」の外部にある存在である。個人がこうした選択を行うことは、デュルケームにとって、想定されない事態であるか、「異常」な事態ということになる。

第二に、国家の役割は、中間集団の自治を奨励し指導すること、個人を教育することに限定される[31]。

「国家はいわば一般的で単純な作業を行うために作られた鈍い機械である。国家の活動は常に画一的で、限りなく多様な個々の事情に従うことも、それに順応することもできない。……労働時間、保健衛生、賃金、あるいは保険や救済の事業が問題になる時、善意の人々はどこにおいても同じ困難に直面する。何らかの規則を設けようとすると、規則の柔軟性の欠如から、それを経験的に適用することに困難が生じるのである[32]。」

国家とは「全体の精神と共同連帯の感情」を表象する一機関であり、「社会」に拡散した集合意識を集中・組織化・反省する機関である[33]。分業化の進展した産業社会では、国家の役割は直接の介入ではなく、中間集団との「コミュニケーション」に限定される。彼にとって「デモクラシー」とは、このような国家と中間集団との「コミュニケーション」として定義される。

「統治権力はもはや自己完結的なものであることをやめ、社会の深層にまで降りてきて、そこで新しく形成し直され、また出発点に立ち戻っていく。いわゆる政治の世界で起こる事柄が万人に観察され統制され、さらにこの観察や統制、そこから生じる反省の結果が、統治の世界に反作用を及ぼす(34)」

国家の影響力は、常に同業組合によって制約を受けなければならない。「個人の自由」は「社会的諸力［国家と中間集団］のこの葛藤の中からこそ生まれる(35)」。

第三に、同業組合以外の家族、宗教組織、地域組織の役割について、デュルケームはほとんど期待していない。それらは交通の発達、個人的自由の拡大などによって、一時的な所属集団でしかなくなっている(36)。家族については、ますます国家による介入が増大し、家父長制的な家族や、女性への抑圧は許容されなくなっている。デュルケームによれば、婚姻制度が秩序維持に果たす役割は残るものの、ル・プレ学派や社会カトリシスムの想定するような、家父長的家族の強化を通じた社会統合はもはや時代遅れであった。

以上の検討から、「連帯」の思想によって導かれる統治像の特徴を、三点に要約しておきたい。

第一に、「連帯」の思想では、自然的な相互依存関係と、「社会的連帯」とが区別される。「連帯」とは、自然に存在する不平等や、個人の自律を脅かす病気・老い・事故などを集合的「リスク」の発現として読み替え、それへの補償を、社会全体の責任として構成するための論理である。たとえばブルジョワの「準契約」とは、個人の自律を脅かす上記の出来事を、集合的リスクの発現ととらえなおし、それ以前の「平等で自由な条件」という仮想的状況における万人の人格の対称性を承認することを意味している。こうした仮想的状況における対称性を前提としたとき、「リスク」による損害を蒙った個人への補償責任は、社会全体によって担われることになる。「連帯」とは、事実的状態を追認する概念ではなく、それを矯正する規範的原理であり、抽象的「人間性(humanité)」へのコミットメントに支えられている。

第二に、有機体論の批判的受容を背景とした「連帯」は、国家の直接的介入ではなく、各人の役割の多様化や差異化の結果として生まれる相互依存関係に立脚する。「連帯」の思想では、同業組合、共済組合、生産協同組合などの多様な結社の自治が奨励され、国家の役割は、直接の市場や中間集団への介入ではなく、中間集団全体の指導と監視、個人にたいする集団加入への奨励などの間接的介入、さらに教育などに限定される。

第三に、こうした「連帯」の把握の背後には、個人と社会の関係にかんする特殊な理解が存在する。「連帯」の論理では、社会の「進歩」と個人の自律とが緊密に結び付けられている。個人は、社会関係の中でのみ自律を獲得し（「リスク」への補償）、社会は、個々人の自律を通してのみ「進歩」（「人間性」の発展）を実現することができる。「リスク」への集合的補償という「社会権」は、個々人が「人間性」の「進歩」に貢献するという「義務」の観念と結びついている[37]。個人は、自助努力による「リスク」の軽減、すなわち労働規律、衛生習慣、健康への配慮や、教育を通じた「社会化」を、「社会的義務」として担う。連帯主義者の強調する教育や公衆衛生への取り組みは、そのような「義務」の遂行の要請という側面を持っている。

（1） Mucchielli, *La découverte du social*, *op. cit*, p. 80, pp. 248-249.
（2） *Ibid*., p. 209, p. 228, p. 239.
（3） Steven Lukes, *Emile Durkheim, His Life and Work : A Historical and Critical Study*, New York, Penguin Books, 1973, p. 46.
（4） Durkheim, «Cours de science sociale. Leçon d'ouverture», dans *La science sociale et l'action*, Paris, Presses Universitaires de France, 1970, p. 110（佐々木交賢、中嶋明勲訳『社会科学と行動』恒星社厚生閣、一九八八年、八七頁）.
（5） デュルケームの思想に関する先行研究は膨大な数にのぼるため、ここで逐一列挙することは避ける。その政治思想に関する代表的研究として、特に以下を参照。Jean-Claude Filloux, *Durkheim et le Socialisme*, Paris, Droz, 1977 ; Bernard Lacroix, *Durkheim et le Politique*, Paris, Presses de la Fondation Nationale des Sciences

Politiques, 1981. 宮島喬『デュルケム理論と現代』東京大学出版会、一九八七年。北川忠明『フランス政治社会学研究—デュルケムと現代』青木書店、一九九四年。また同様の問題関心に発する研究として、以下の拙稿も参照されたい。田中拓道「西洋政治思想史におけるＥ・デュルケム—『社会』概念による『政治』観の再構成」『北大法学論集』四七巻二号、二〇七—二五七頁、三号、一七一—二二一頁、一九九八年。

（6）Emile Durkheim, *De la division du travail social*, 5e éd., Paris, Presses Universitaires de France, 1998, p. 11（田原音和訳『社会分業論』青木書店、一九七一年、五二頁）。

（7）*Ibid.*, p. xxxvii（邦訳、三一—三二頁）。

（8）*Ibid.*, p. xliii（邦訳、三七頁）。

（9）「連帯」という語は、すでに「社会科学の諸研究」（一八八六年）、「社会科学講義」（一八八八年）などにおいて頻用されている（Emile Durkheim, «Cours de science sociale : leçon d'ouverture», *op. cit.*, p. 110〔邦訳、八七頁〕; «Les études de science sociale», *op. cit.*, p. 212〔邦訳、一六三頁〕）。

（10）Durkheim, *De la division du travail social*, *op. cit.*, p. 207（邦訳、二二一頁）。

（11）Emile Durkheim, *Le socialisme : sa définition—ses débuts, la doctrine Saint-Simonienne*, Paris, Félix Alcan, 1928, p. 223（森博訳『社会主義およびサン＝シモン』恒星社厚生閣、一九七七年、二三〇頁）。次のようにも語っている。「経済的諸機能は、それ自体のためにあるのではなく、ある目的のための手段にすぎない。それは社会生活を構成する機関の一つにすぎない。社会生活とは、何よりも、目的を共有した諸力の調和的な共同体（communauté）であり、精神と意志の融合体（communion）である」（Emile Durkheim, *Leçons de sociologie*, Paris, Presses Universitaires de France, (1re éd., 1950), 1997, p. 55（宮島喬、川喜多喬訳『社会学講義』みすず書房、一九七四年、五〇頁）。

（12）『社会分業論』の記述では、機能的な結合が「有機的連帯」の主要因であるのか、機能的分業の結果生まれる「新しいモラル」こそが主要因であるのかが、明確でない部分もある。例えば彼は、「有機的連帯」において、人々の「集合意識」は衰退し、個人人格にたいする「共同信仰」も、「真の社会的紐帯を作り上げはしない」とも述べている（Durkheim, *De la division du travail social*, *op. cit.*, p. 147〔邦訳、一六七頁〕）。こうした立場は『自殺論』以降修正され、「社会」が「集合意識」として明確に把握されるようになった。以上の変化について、例えば以下を参照。Lukes, *Emile Durkheim, op. cit.*, p. 166 ; Robert Nisbet, *The Sociology of Emile Durkheim*, New York, Oxford University Press, 1974, p. 30f. ただし、そもそも「連帯」の秩序が、分業に基づく機能的結合と、それを担う個人に課される「モラル」との組み合わせによって成立すると理解する本章では、こうした変化を重視しない。

（13）Emile Durkheim, *Les règles de la méthode sociologique*, Paris, Presses Universitaires de France, (1re éd., 1895), 1956, p. 8（宮島喬訳『社会学的方法の規準』岩波文庫、一九七八年、五九頁）.

（14）Emile Durkheim, *Le suicide : étude de sociologie*, Paris, Presses Universitaires de France, 1930（1re éd. 1897), p. 350（宮島喬訳『自殺論』中公文庫、一九八五年、三八八—三八九頁）.

（15）Emile Durkheim, «L'individualisme et les intellectuels», dans *La science sociale et l'action*, *op. cit.*, pp. 261–281（邦訳、二〇七—二二〇頁）.

（16）Durkheim, *Le suicide*, *op. cit.*, p. 382（邦訳、四二五頁）.

（17）Durkheim, *De la division du travail social*, *op. cit.*, pp. 199-201（邦訳、二二四—二二六頁）.

（18）*Ibid.*, p. 6（邦訳、四五頁）.

（19）デュルケームは、個人の「自由」を次のように理解している。「人がよく行うように、規制の権威と個人の自由とを対立させようとすることほど誤ったことはない。全く逆に、自由—正しい自由とは、社会によって尊重するべく義務づけられるような自由である—はそれ自体、規制の産物である。他者が肉体的あるいは経済的優位を利用して、私の自由を束縛しようとすることが抑制される限りで、私は自由でありうる。」(Durkheim, *De la division du travail social*, *op. cit.*, p. III et s.〔邦訳、三三頁〕)

（20）Durkheim, «L'individualisme et les intellectuels», *op. cit.*, p. 268（邦訳、二〇八頁）.

（21）Durkheim, *De la division du travail social*, *op. cit.*, p. xv（邦訳、三四頁）.

（22）Durkheim, *Les règles de la méthode sociologique*, *op. cit.*, p. 80（邦訳、一四八頁）, etc.

（23）Durkheim, *De la division du travail social*, *op. cit.*, pp. 343-365（邦訳、三四二—三四三頁）.

(24) Durkheim, *Le suicide, op. cit.*, p. 283（邦訳、三一三頁）.
(25) *Ibid.*, p. 288（邦訳、三一九頁）.
(26) Emile Durkheim, *Textes*, t. 3, Paris, Editions de Minuit, 1975, p. 169.
(27) Durkheim, *De la division du travail social, op. cit.*, pp. vi-viii（邦訳、五―六頁）.
(28) Durkheim, *Leçon de sociologie, op. cit.*, p. 77（邦訳、七四頁）.
(29) *Ibid.*, p. 137（邦訳、一四二―一四三頁）.
(30) *Ibid.*, p. 76（邦訳、七三頁）.
(31) *Ibid.*, p. 104（邦訳、一〇六頁）.
(32) Durkheim, *Le suicide, op. cit.*, p. 436 et s（邦訳、四八七頁）.
(33) Durkheim, *De la division du travail social, op. cit.*, p. 352（邦訳、三四八―三四九頁）.
(34) Durkheim, *Leçon de sociologie, op. cit.*, pp. 100-105（邦訳、一〇一―一〇七頁）.
(35) *Ibid.*, p. 99（邦訳、九九頁）.
(36) Durkheim, *Le suicide, op. cit.*, pp. 432-434（邦訳、四八二―四八四頁）.
(37) 政治経済学・社会経済学は、パトロナージュ・宗教組織・家父長的家族による個人の「モラル化」を目指す。一方連帯主義では、公教育・社会教育・公衆衛生の啓蒙活動などによって、個人の「モラル化」が図られる。こうした働きかけは、「正常」と「異常」の区別によって正当化される。こうした区別の実践への応用については、第三共和政期の児童病理学とソーシャル・ワークの発展、精神分析学および犯罪学の隆盛を指摘するドンズロの議論が示唆的である。Jacques Donzelot, *La police des familles*, Paris, Editions de Minuit, 1977, Ch. 4, pp. 91-153（宇波彰訳『家族に介入する社会―近代家族と国家の管理装置』新曜社、一九九一年、第四章、一一二―一九八頁）。《L'avenir du social》, *Esprit*, Mars 1996, p. 63. なお、デュルケームによる「犯罪」現象の位置づけが、正常／異常の間で揺れ動き、当時の社会学の中で「犯罪社会学」が明確な位置づけを与えられなかったことは、「正常」な「モラル」を内面化した個人を前提とするという彼の理論体系全体に関わる問題であると考えられる。この点を含め、当時の犯罪学の展開については、デュルケーム研究者ムキエリの編著による以下の研究がある。Laurent

Mucchielli dir., *Histoire de la criminologie française*, Paris, Harmattan, 1994. 特にムキェリの論文《Naissance et déclin de la sociologie criminelle (1880-1940)》, *op. cit.*, pp. 287-312 を参照。そこでは、『社会学年報』の「犯罪社会学」の項目をガストン・リシャールが担当したものの、それは体系化に至らず、リシャールが『社会学年報』を離脱する二十世紀初頭以降に衰退に向かったと指摘されている。

第四節 「連帯」の制度化

一八九〇年代末に主導権を握る急進共和派は、これまで論じてきた「連帯」の思想に基づき、累進課税、住宅・衛生政策とならんで、病気・労働災害・障害・老齢にたいする社会保険の導入と義務化を推進していく。ただし、この時期に「連帯」の思想がコンセンサスを獲得したわけではない。むしろその制度化は、政治経済学、社会経済学、連帯主義、社会主義の激しい対立関係の中で、様々な妥協を伴いながらなされた。こうした特徴を明らかにするために、以下では、フランス福祉国家形成史にかんする近年の研究状況を整理した後（一）、「社会的なもの」にかかわる複数の思想潮流の場の制度化を指摘し（二）、社会保険の導入をめぐる思想的対立軸について検討する（三）。

一　フランス福祉国家形成研究史

エヴァルドやドンズロによって哲学的に読解されてきたフランス福祉国家形成史は、近年の実証研究の蓄積によって、より多面的な像が明らかにされている。これらの研究は（1）保守主義的解釈、（2）自由主義的解釈、（3）急進主義的解釈の三つに区別できる。

（1）　保守主義的解釈

P・ノードの整理によれば、これまで第一次世界大戦に至るフランス社会保障史は、産業化の緩慢な進展、小土地所有者・中小資本家の残存による普遍的制度の導入の遅れによって特徴づけられてきた。(1) その社会立法は、いち早く国民皆保険制度を整えたドイツとの対抗関係を背景として、ナショナリストや保守派の主導によって実現した、とされる。とりわけノードは、M・スチュワートやS・ペダースンなどの研究を踏まえ、フランスの特徴として、出生率向上と家父長的家族維持を目的とした児童福祉および家族給付制度の発達、公衆衛生の強化、という二点を挙げている。(2) P・デュトンの研究も、二十世紀前半の社会カトリシズムの影響と家族福祉の発達に焦点を合わせている。(3) T・スミスは、地方大都市の名望家層によるパターナリズムの残存によって、戦間期に至るまで、急進党の主導する国家単位の社会改革が進展せず、失業保険や一般的社会保障の導入の遅れがもたらされた、と説明している。(4)

フランスでこの分野の研究を代表するH・アッフェルによれば、十九世紀末に始まる社会保険の導入は、小生産者層の衰退による大産業資本家層のイニシアティヴの確立によって実現したとされる。彼によれば、自由放任主義を唱える中小生産者層、非現実的なユートピアを唱える労働者階級にたいして、第三共和政中期に、大産業資本家（鉄道、炭鉱、鉄鋼業など）と高級官僚とのあいだで協調が実現し、労働者保護を目的とした労災・医療・年金保険の導入が図られた。[5]

（2）　自由主義的解釈

こうした保守主義的解釈にたいして、S・エルウィットやJ・ホーンは、フランス福祉国家の「自由主義」的側面を強調する。エルウィットによれば、十九世紀末に、労働運動に対抗して秩序維持を図ろうとする産業家、経営者、技師などは、私的イニシアティヴに基づく社会教育、住宅供給、貯蓄金庫の整備を推進した。それは世紀転換期において、改革派官僚や急進共和派の支持を獲得し、私的イニシアティヴに基づく社会改革への「コンセンサス」を形成したという。こうした改革思想を、彼は「社会的自由主義」と称している。[6]ホーンもまた、主として「社会資料館（Musée social）」に集まる資本家、法律家、医師、共済組合主義者などに担われた、私的イニシアティヴと限定的な国家介入を組み合わせた改革思想を、イギリスやアメリカとの並行関係から「新しい自由主義」「社会的自由主義」と称している。[7]

（3）　急進主義的解釈

最後にJ・ストーンの研究は、議会での立法過程の検討から、穏健共和派に対抗する急進共和派の果たした役割を強調するものである。彼女によれば、大産業資本家層の利害を代弁する穏健共和派は、一貫して国家介入に否定的であった。同じく国家介入に消極的な都市小生産者層を主要な基盤としながら、秩序維持を目的とした社会立法を図る急進共和派は、一方でA・ミルランなどの修正社会主義勢力と連携し、他方では、反教権主義を軸に穏健共和派との協調を図り、支持層を農村部に広げることによって、一八九〇年代に議会内で主導権を握り、社会保険の導入をもたらした、という。[8]

以上のように、近年の研究によれば、フランス福祉国家形成史は（1）保守主義者のパターナリズムに基づく労働者保護の試みとして、あるいは（2）産業資本家層の自由主義と結びついた限定的なリスク管理のテクノロジーとして、あるいは（3）国家介入を積極的に許容する急進共和派と修正社会主義との政治的連合の帰結として解釈されてきた。

本節の目的は、これらの研究に新たな事実を付け加えることにあるのではない。本節ではむしろ、こうした異なる解釈が可能となる背景として、この時期に特定の思想への「コンセンサス」が成立せず、これまで考察してきたような複数の思想潮流の対抗関係が持続したことを指摘する。(9) こうしたアプローチを採ることで、フランス福祉国家の制度的原型が、当初より内部に様々な思想対立や矛盾を孕みながら出発したことを明らかにしたい。そこで以下では、各々の思想の語られた場の相違について指摘した上で、社会保険法をめぐる思想上の対立について考察する。

（1）Philip Nord, "The Welfare State in France, 1870-1914", *French Historical Studies*, vol. 18, no. 3, Spring 1994, pp. 821-838.
（2）Mary Lynn Stewart, *Women, Work and the French State : Lobour Protection and Social Patriarchy, 1879-1919*, Kingston, McGill-Queen's University Press, 1989 ; Susan Pedersen, *Family, Dependence, and the Origins of the Welfare State : Britain and France, 1914-1945*, Cambridge, Cambridge University Press, 1993.
（3）Paul V. Dutton, *Origins of the French Welfare State : the Struggle for Social Reform in France, 1914-1947*, Cambridge, Cambridge University Press, 2002.
（4）Timothy B. Smith, *Creating the Welfare State in France, 1880-1940*, Montreal and Kingston, McGill-Queen's University Press, 2003.

（5） Henri Hatzfeld, *Du paupérisme à la sécurité sociale, 1850-1940 : essai sur les origines de la sécurité sociale en France*, Nancy, Presses Universitaires de Nancy, 1989, p. 263 et s., p. 295, etc. アッフェルによれば、C. G. T. などの労働運動は、直接行動へのこだわりや、ユートピア主義的傾向によって、立法化に直接の影響を及ぼせなかった（*ibid.*, p. 187 et s.）。

（6） Sanford Elwitt, *The Third Republic Defended : Bourgeois Reform in France, 1880-1914*, Baton Rouge and London, Louisiana State University Press, 1986, pp. 2-11, pp. 290-295.

（7） Janet R. Horne, *A Social Laboratory for Modern France : the Musée social and the Rise of the Welfare State*, Durham and London, Duke University Press, 2002, p. 9.

（8） Judith F. Stone, *The Search for Social Peace : Reform Legislation in France, 1890-1914*, Albany and New York, State University of New York Press, 1985, pp. 70-71. 邦語でのフランス福祉国家形成史の概説として、廣澤孝之『フランス「福祉国家」体制の形成』法律文化社、二〇〇五年がある。

（9） 近年の共済組合史研究においても、社会保険の制度化をめぐる公的介入と私的イニシアティヴの対立が、二十世紀以降も維持された、と指摘されている。ギボー、ドレフュスの研究によれば、十九世紀末から二十世紀初頭に隆盛を迎える共済組合運動と、急進派の主導する社会保険の制度化との間には、第二次大戦後まで対抗関係が孕まれ続けた（Bernard Gibaud, *De la mutualité à la sécurité sociale : conflits et convergences*, Paris, Editions ouvrières, 1986, p. 55 et s. ; Bernard Gibaud, *Mutualité, assurances (1850-1914) : les enjeux*, Paris, Economica, 1998, p. 120 et s. ; Michel Dreyfus, Bernard Gibaud et André Gueslin dir., *Démocratie, solidarité et mutualité : autour de la loi de 1898*, Paris, Economica, 1999, pp. 313-314, etc. ; Michel Dreyfus, *Liberté, Egalité, Mutualité : mutualisme et syndicalisme, 1852-1967*, Paris, Editions de l'Atelier, 2001. 同様の研究として、Olivier Faure et Dominique Dessertine, *La maladie entre libéralisme et solidarité (1850-1940)*, Paris, Mutualité française, 1994 は、十九世紀以降に統治権力による管理の対象となっていく「病気」に焦点を合わせ、それへの対応として、私的慈善、公的扶助、共済組合という三つの対応が十九世紀を通じて競合したこと、とりわけ共済組合と公権力による保険の制度化との間に対抗関係が孕まれ続けたことを指摘している）。七月王政期に熟練労働者や職人層を中心に

発達した共済組合は、第二帝政以降労働組合から明確に分岐し、二十世紀初頭においても、その大部分は国家介入に否定的であった。共済組合が社会保険の義務化を承認し、フランス福祉国家の一部を担っていくのは、第一次世界大戦を経た一九三〇年法においてであり、両者の関係が対立から協調へと変化するのは、第二次世界大戦以後のことである。

さらに、十九世紀末の共済組合主義、社会経済学、穏健共和派などの交流の場となった「社会資料館(Musée social)」を対象とするシャンブランの編著、トパロフの編著、ホーンの著書では、この時期の改革論者の多様性—法律家、医者、学者、共済組合主義者、労働運動指導者など—と、急進共和派との対抗・協調関係が詳細に検討されている(Colette Chambelland dir., *Le musée social en son temps, op. cit.*; Christian Topalov dir., *Laboratoires du nouveau siècle : la nébuleuse réformatrice et ses réseaux en France, 1880-1914*, Paris, Editions de l'Ecoles des Hautes Etudes en Sciences Sociales, 1999 ; Horne, *A Social Laboratory for Modern France, op. cit.*)。

二　言説の場の複数性

連帯主義を唱える急進共和派は、一八九五年にブルジョワ内閣、一八九九年にワルデック＝ルソー内閣を成立させた。一九〇一年には、フランスで最初の全国政党となる急進—急進社会党が結成される。[1] 大学の世界では、一八九〇年代半ば以降にデュルケーム社会学が支配的地位を確立していく。こうした連帯主義の隆盛にたいして、他の思想潮流は、それぞれ以下のような場において組織された。

第一に、政治経済学は、七月王政期から引き継がれた「道徳政治科学アカデミー」、「政治経済学協会(Société d'économie politique)」および『経済学者雑誌(*Journal des économistes*)』を主要な場とする。[2] ポール・ルロワ＝ボーリウなどの政治経済学者は、産業の自由と国家介入の制限、とりわけ自由貿易の推進を主張したが、一八八〇年以降その影響力は限定的なものにとどまった。[3]

第二に、社会経済学は、ル・プレ学派の雑誌『社会改革（*Réforme sociale*）』と、ル・プレ学派の刷新を試みる新しい世代の社会経済学者によって設立された「社会資料館（Musée social）」を主要な場とした。[4] ここでは、ル・プレ学派のパトロナージュ論に代えて、共済組合・協同組合運動を推進することで基盤を拡張させていく新しい世代の社会経済学者について見ておきたい。

七月王政期に公権力や上層階級と結びついて形成された貯蓄金庫や共済組合（mutualité, société de secours mutuel）は、第二帝政期に公権力の監視下で一定の発展を遂げ、第三共和政に入ると、主に穏健共和派の勢力と結びついて急速に拡大する。[5] この時期の共済組合は、単なる相互扶助にとどまらず、日常の集会や病人の介護、葬式の世話に至るまで、様々な社会的結合を提供する場として機能していた。[6] 第三共和政初期の共済組合運動を代表するイポリト・マズは、一八八一年十一月九日の議会演説の中で次のように述べている。共和国が無知や貧困と闘うためには、初等教育の組織化の次に、アソシアシオンの自由化を行う必要がある。[7] とりわけ貯蓄金庫と共済組合の活性化こそが、「貧窮を防ぐ唯一の手段である」。「貯蓄金庫は、民衆資本にとっての小学校である。共済組合は、この組織をモラルの観点から補完する」。[8] 一八九八年四月一日には、マズ、L・ブルジョワ、L・マビヨなどのイニシアティヴによって、共済組合の自由化を定めたいわゆる「共済組合憲章（Charte de la Mutualité）」が成立する。一九〇二年には全国組織「フランス共済組合国民連合（FNMF: Fédération nationale de la mutualité française）」が結成され、加入者は三百万人から四百万人を数えるまでに発展した。

ジークフリード、マビヨ、エミール・シェイソンなど、この時期の共済組合・協同組合運動の主導者たちは、社会経済学に関する恒久的な研究教育機関を設置するために、一八八九年万国博覧会の展示を基に、[9] ル・プレの影響を受けた大資本家アルベール・ド・シャンブランの協力を得て、[10]「社会資料館（Musée social）」を設立する。[11] その目的は、規約第一条に次のように掲げられている。「社会資料館協会の目的は、労働者の物質的・精神的状況の改善を目的かつ成果とする社会制度・社会組織の文書・草案・計画・法規などについて、情報の提供と閲覧を無料で公衆に供することにある」[12]。そこでは労働運動、協同組合、社会保険、経営者団体などに関する法令や資料が収集され、社会問題に関連する調査・講演・討議が定期的に行われた。図書館では、これらの資料の一般への公開・閲覧が行われた。一八九七年に館長となるマビョは、次のように述べている。「社会資料館は、まず何よりも人民の家でなければならず、集合的で意識的な生活の中心機関であるアソシアシオンの集結場所、その教育と進歩の道具でなければならない」[13]。それは、公権力と直接結びついた大学と異なり、「人民」に開かれた私的研究教育機関として、第三共和政中期の共済組合主義者、協同組合主義者、穏健共和派など、社会経済学に連なる多様な人物の結節点として機能した[14]。

第三に、第二帝政下において共済組合運動から明確に分岐・自律していく労働運動は、一八八四年法による労働組合の自由化を経て、議会勢力と結びついた「全国労働組合・協同組合連盟（Fédération nationale des syndicats et groupements coopératifs）」（一八八六年）や、「労働取引所全国連盟（Fédération nationale des Bourses du travail）」（一八九二年）などの結成に至る。革命的サンディカリスムを唱えるF・ペルティエの影響を受けた「労働取引所」は、雇用紹介や相互扶助だけでなく、相互教育、日常的会合、労働運動の拠点として機能し、初期サンディカリスム運動の中核を担った[15]。世紀末の時点で、全国の労働組合と職域的共済組合は、ほぼ同数を数えたと言われる[16]。

以上のように、第三共和政中期には、急進党や大学を中心とした共和派知識人、私的イニシアティヴによって設立された共済組合と社会資料館に集まる社会経済学者、労働組合や労働取引所において組織された労働者のそれぞれにおいて、「社会的なもの」に関わる言説と実践の場が形成され、それらは相互に競合・拮抗する関係にあった。十九世紀末に始まる社会保険法の導入は、このような拮抗関係を背景として、議会での討議の対象となっていく。

（1）F・ビュイソンは、急進党綱領の解説において次のように言う。「急進主義の社会理論は、個性、特性、独自性を有する。それは社会主義に近接しながらも異なる理念、すなわち『連帯』の理念に基礎を置く」（Ferdinand Buisson, *La politique radicale : étude sur les doctrines du parti radical et radical-socialiste*, 1908, p. 210）。具体的には、累進課税、社会保険、社会教育の推進などが「社会政策」の柱とされた。

（2）Yves Breton et Michel Lutfalla dir., *L'économie politique en France au 19*^{e} *siècle*, Paris, Economica, 1991, p. 316.

（3）Cf. Marc Pénin, «Un solidarisme interventionniste : la revue d'économie politique et la nébuleuse réformatrice, 1887-1914», Topalov dir., *Laboratoires du nouveau siècle, op. cit.*, p. 96.

（4）『社会改革』や「社会経済学協会」は、E・シェイソン、ピコ（Georges Picot）、ルフェビュール（Léon Lefébure）、ギゴ（Albert Gigot）などに担われ、一八九〇年代以降も支持者を拡大し続けた（Antoine Savoye, «Les paroles et les actes : les dirigeants de la Société d'économie sociale, 1883-1914», Topalov dir., *Laboratoires du nouveau siècle, op. cit.*, pp. 61-94を参照）。ただし、ル・プレの社会経済学は主に手工業者を対象とし、この時期の大産業には適合しなくなっていた。一八六五年に設立された「社会経済学協会」の規約には、その目的が次のように記されている。「パリを本拠とする協会の目的は、事実の直接観察に基づき、あらゆる国々において、手工業に従事する者の肉体的・道徳的状態と、彼ら同士、あるいは彼らと異なる階級に属する人々とを結びつける諸関係を明らかにすることにある」（*Bulletin de la Société internationale des études pratiques d'économie sociale*, Paris, 1869）。

新しい世代の社会経済学者シェイソン、ジッド、シャルル・ロベール（Charles Robert）らは、パトロナージュに代えて共済組合・協同組合運動を基盤に据えることで、ル・プレの思想を刷新していく。彼らの活動の場は、本文で述べる「社会資料館」のほかに、以下のようなものがあった。ジッドは一八八七年に、自由主義的政治経済学の機関紙『経済学者雑誌』に対抗する『政治経済学雑誌（*Revue d'économie politique*）』を創刊する。その初期の寄稿者の中には、介入主義を唱えるポール・コウェ（Paul Cauwès）のほか、デュギー、デュルケーム、タルドなど、後に「社会学」を唱える人々もいた（Breton et Lutffalla dir., *L'économie politique en France au 19*^{e} *siècle*, *op. cit.*, p. 319 ; Luc Marco dir., *Les revues d'économie en France*（*1751-1994*）, Paris, Harmattan, 1996, p. 164）。この後彼は、「政治経済学」に対抗する「社会経済学」の体系化に力を注ぐようになる。一九〇三年の手紙の中では、次のように語っている。「周囲の環境から、私は社会経済学の方へと向かい、純粋な経済学［政治経済学］からますます離れるようになりました」（Lettre de Charle Gide du 2 avril 1903, cité par Breton et Luffalla dir., *op. cit.*, p. 321）。一九〇〇年万国博覧会第六部門「社会経済学」の報告書では、「政治経済学」と「社会経済学」を次のように区別している。「政治経済学」または「純粋な経済学」は、人と物との関係を数学的に表現することを目的とする。一方「社会経済学」は、人と人との関係を対象とし、「人々の幸福を保障するために…意識的で熟慮された合理的な組織化が必要」と捉える、と（Charles Gide, *Exposition universelle internationale de 1900 à Paris, Rapports du jury international, introduction générale, 6e partie, économie sociale*, Paris, 1901, pp. 3-4）。

さらにジッドは、シャンブランの援助を受けて、大学に「ジョレス［社会主義］とボーリウ［政治経済学］の間にある」「社会経済学」の講座を創設しようと試みたが、担当者となったエスピナスの講義が歴史的で抽象的なものにとどまることで、これも失敗に終わる（Janet Horne, «Le Musée social à l'origine : les métamorphoses d'une idée», *Le mouvement social*, avril-juin, 1995, p. 62）。シェイソン、アナトール・ルロワ＝ボーリウ（Anatole Leroy-Beaulieu）など、社会経済学者の多くは、大学ではなく、エミール・ブートルーの創設した私立政治学院（Ecole libre des sciences politiques）で教鞭を取った（Savoye, «Les paroles et les actes...», *op. cit.*, p. 75）。

（5） Dreyfus, Gibaud et Gueslin dir., *Démocratie, solidarité et mutualité*, *op. cit.*, p. 9.

（6） Patricia Toucas-Truyen, *Histoire de la mutualité et des assurances : l'actualité d'un choix*, Paris, Editions la Découverte et Syros, 1998, p. 49.

（7） Anne-Marie Thomazeau, *Le pari solidaire : histoire de la mutualité*, Montreuil, Viva éditions, 1998, p. 63, p. 112.

（8） Hyppolyte Maze, *La lutte contre la misère*, Paris, 1883, p. 112.

（9） シェイソンは、一八八九年万国博覧会で復活した「社会経済学」部門の報告書で、パトロナージュに代わるアソシアシオンの隆盛、国家の活動の停滞を指摘し、次のように要約している。「社会経済学の展示は、…個人の活動の発展と、国家の活動を正当な範囲へと限定することに貢献するであろう」（Emile Cheysson, *L'Economie sociale à l'Exposition universelle de 1889. Communication faite au congrès d'économie sociale le 13 juin 1889,* Paris, 1889, p. 22)。

（10） コント・アルベール・ド・シャンブラン（comte Dominique Albert Pineton de Chambrun, 1821-1899）は、一八二一年ロゼール（Lozèle）地方の大貴族の家に生まれ、七月王政下では「道徳政治科学アカデミー」会員との交流によって知的形成を行った。第二帝政期にはル・プレの強い影響を受け、後に次のように語っている。「ル・プレと我々…は、古い政治経済学に反対する若い社会経済学者である。生産の代わりに生産者を、物の代わりに人間を」（François Blum, «Le comte de Chambrun : catholique, mécène des protestants ?», dans Chambelland dir., *Le musée social en son temps, op. cit.*, p. 35)。第三共和政期に入ると、穏健共和派の政治家と交流しながら、社会問題に取り組む新たな学問の樹立に尽力し、「社会資料館」への財政的支援を担った。シャンブランの生涯については以下を参照。Blum, «Le comte de Chambrun...», *op. cit.*, pp. 27-41 ; Horne, *A Social Laboratory for Modern France..., op. cit.*, pp. 86-92.

（11） シェイソン、ジークフリード（Jules Siegfried）、セイ（Léon Say）、シモン（Jules Simon）らは、当初共和国政府に働きかけを行ったが、政府が無関心なままにとどまったことで、シャンブランの私的財政援助を基金として設立に至った（Horne, «Le Musée social à l'origine...», *op. cit.*, p. 64)。通常の運営費は、主に寄付金と補助金で賄われた（規約第十三条）。

（12） «Statuts : annexes au décret du 31 août 1894 et modifiés par décret des 15 mai 1896 et 24 avril 1900», dans Chambelland dir., *Le musée social en son temps, op. cit.*, p. 376.

（13） Horne, *A Social Laboratory for Modern France..., op. cit.*, p. 141. レオポルド・マビヨ（Léopold Mabilleau）は、九〇年代前半に公教育大臣を務め、一八九八年にコレージュ・ド・フランスの教授となる。一九〇二年に結成される「フランス共済組合全国連合（FNMF : Fédération nationale de la mutualité française）」では初代代表を務めた。

(14) 社会資料館の性格づけは、実際には微妙な点を含んでいる。そこには社会経済学者(ギゴなどのル・プレ学派、ジークフリード、ジッド、ロベールなどの社会キリスト教、マビヨ、マズなどの共済組合主義者)だけでなく、ブルジョワ、ギエス(Paul Guieysse)などの急進共和派、ジョレスなどの社会主義者に至るまで、イデオロギー的には幅広い論者が関わりを持った。ホーンはこうした点から、社会資料館を、政治的・イデオロギー的傾向を持たず、実証的方法に基づいて「社会改革」を志した論者の集まる一種の「シンク・タンク」であった、と論じている(Horne, *A Social Laboratory for Modern France...*, *op. cit.*, pp. 121-123)。しかしホーン自身も認めている通り、社会資料館は、保守的社会経済学に近い人びとのイニシアティヴによって、私的な財政援助の下に、万国博覧会の「社会経済学」部門を引き継いで設立された。理事会のメンバーとなったのは、ル・プレ学派、社会プロテスタント、私立政治学院(Ecole libre des sciences politiques)の教授など、その多くが国家介入に批判的な立場の論者であった。社会資料館内部の人的交流に焦点を合わせたホーンのアプローチは、当時の言説空間全体の中で、この機関の占めたイデオロギー的位置を明らかにする上では、未だ十分なものとは言えない。

(15) この時期の労働組合および労働運動の諸潮流について、谷川稔『フランス社会運動史—アソシアシオンとサンディカリスム』山川出版社、一九八三年、第五章、第六章を参照。

(16) 一八九九年の時点で職域的共済組合二三五二、労働組合二三四九であった(Michel Radelet, *Mutualisme et syndicalisme : ruptures et convergences de l'Ancien Régime à nos jours*, Paris, Presses Universitaires de France, 1991, p. 74)。

三　社会的なものの拮抗

(1)　労働災害補償法

一八八〇年三月二十九日にマルタン・ナドによって提案され、約二十年の討議を経て[1]一八九八年四月九日に成立した(工場)労働災害補償法は、「職業的リスク(risque professionnel)」の概念を導入し、一八〇四年民法一三八二条から一三八四条における個人の「過失（faute）」責任原則を修正した初めての社会権立法と位置づけられる。[2]

ナドやフォール（Félix Faure）の提案は、産業労働の一般化による「社会問題」の質的な変化を明らかにした。[3]ナドによれば、手工業における事故は「個人のリスク」にすぎなかったが、工場での事故の多くは機械によって引き起こされる。この時期の議会討論をまとめたゲリーの言葉によれば、「工場は、個別の場所と仕事を割り当てられた機械と人間から構成される、生きた有機体の如きものとなった[4]」。こうした条件の下では、個人は工場の一部をなすにすぎず、労働災害とは、個人の「過失」の帰結ではなく、産業労働そのものに内在する「リスク」の発現と見なさなければならない。フォールは言う。「ここに真の過失は存在せず、労働から不可避に生じるリスクのみが存在する。したがって、責任を制限することは正当化される[5]」。彼らの提案によれば、「社会問題」とは、もはや「労働の権利」「生存の権利」の保障にかかわる問題ではなく、むしろ産業社会に固有の条件から引き起こされた「リスク」への対処をめぐる問題となる。[6]

「リスク」という語は、連帯主義の鍵概念である。[7]ルーヴィエによれば、「あなた方の提出した法案［労災補償法案］は、人間的連帯という偉大な原理から導かれた[8]」。すでに述べたように、ブルジョワによれば、「連帯」の秩序は産業社会における「労働する個人」を前提とする。こうした個人は、老齢や障害による労働からの離脱、「病気、労働災害、強いられた失業」による労働からの一時的な退出を、不可避の「リスク」として抱えている。[9]「連帯」を成り立たしめるためには、これらの「リスク」への補償責任を、社会全体が担わなければならない。ブルジョワは言う。「社会的リスクへの自発的かつ相互的な保険が成員に同意され、受容されるところにしか、社会生活は存在しない。社会生活の進歩とは、まさにこの相互保険に関わる共通の対象・利益・リスクの範囲［の広さ］によって、測られるであろう[10]」。

労災法案にたいして、政治経済学者、社会経済学者の一部は激しい批判を展開した。政治経済学者ルロワ＝ボーリウによれば、貧窮の原因は「社会」ではなく個人の側にある。産業化や機械の導入などの「社会環境」の変化によってもたらされた貧困は一時的現象にすぎない。それらは慈善、パトロナージュ、共済組合など私的イニシアティヴによって対処されるべき問題である[11]。彼は一八九八年法を念頭に、次のように言う。「文明化―福利・科学的知・自由・正義などの人間社会における止むことのない発展―は、個人の自由、個人のイニシアティヴ、私的・市民的・商業的アソシアシオンの多様さ…によってしか保証されないし、進展もしない[12]」。個人的貧困への対処を法的義務とするならば、個人の責任感覚を喪失させ、「文明の衰退をもたらすだけ」である[13]。

保守的社会経済学者のアルベール・ギゴ（Albert Gigot）によれば、国家の介入はパトロナージュを衰退させ、個々人の将来への配慮（prévoyance）を阻害する[14]。パトロナージュの流れを汲んで一八九三年に結成された「共済組合長全国同盟（Union nationale des présidents de société des secours mutuels）」では、保険のシステムは「エゴイズムと計算高さ」を醸成する、とされた[15]。

一方、社会経済学者の中でも、シェイソンやジッドなど、ル・プレの思想の刷新を試みた論者たち[16]は、「職業的リスク」の概念を、大産業に限定して受容した。シェイソンによれば、「職業的リスク」という観念は今や「ほぼ全員に受け入れられている[17]」。ただし保険の担い手は、国家ではなく、共済組合、協同組合、地域金庫などに委ねられるべきである。国家の役割は、使用者の保険加入を奨励し、監督を行うことに限定される[18]。シェイソン、ジークフリード、バルベレなどの主導で一八九〇年に結成された「共済組合連盟（Ligue de la prévoyance et la mutualité）」では、共済組合と私的保険会社が「リスク」処理という目的を共有する組織と捉えられた[19]。「連盟」の代表者ルーティ（Victor Lourties）は、一八九四年に次のように述べている。「財政的観点から見れば、保険会社と共済組合に違いはない[20]」。

このように、社会経済学の内部には、共済組合をパトロナージュの延長上に捉えるのか、大産業に適合する「リスク」管理の組織と捉えるのか、という相違が存在した。それは、九〇年代初頭に結成された二つの共済組合の全国組織「組合長全国同盟」と「組合連盟」との対立にも反映している。ただし両者とも、職業集団内部の共同性を基盤とし、保険を「リスク」管理の補助的手段と位置づける点では共通する。シェイソンによれば、「数学は、社会経済学の主人や基礎ではなく、補助であることが望ましい」[21]。事故、疾病などの「リスク」は、匿名の個人同士の保険ではなく、対面的関係に基づく予防措置によって軽減されるべきである[22]。

労働災害補償法案は、急進共和派と、この法案に無関心な労働運動勢力と袂を別ったA・ミルランなどの修正社会主義者との連携、および穏健共和派との妥協によって、最終的に一八九八年四月九日に法制化された。その内容によれば、無過失責任原則に基づき使用者への労災補償責任が定められたものの、対象となるのは特定産業労働（工場、建築、鉄道、鉱山など）に限定され、罹災者への補償額も低く抑制され、使用者による保険加入は任意にとどまるなど、社会経済学の主張を大幅に採り入れたものとなった。

（2）　退職年金法

連帯主義と社会経済学との間により深刻な対立をもたらしたのは、一九〇一年五月十四日に連帯主義者ポール・ギエス（Paul Guieysse）が提出した、退職年金の義務化法案であった。この法案は、労働者・農民退職者にたいする国民金庫の設置と加入の義務化を定め、「リスク」概念を産業労働者から労働者・農民一般へと拡張し、さらに老齢という現象を「リスク」の内に含めたものである。それは約十年にわたる急進共和派と政治経済学、社会経済学、社会主義との激しい対立を惹き起こし、上院での二度の否決を経た後に、最終的に一九一〇年三月二十二日に成立に至った。

この法案の趣旨を、ギエスは次のように説明している。彼によれば、個人と社会の間には相互義務が存在する。個人は「それぞれの能力に応じて社会進歩に貢献する」義務を負っており、社会は個人にたいして労働の機会を保障し、個人の能力を最大限に発達させる義務を負っている[23]。こうした捉え方に基づけば、個人の自律を脅かすあらゆる「リスク」への補償責任は、最終的に公権力が担わなければならない。「社会的連帯に基づく公役務（service public）を設置することは、共和国の義務である。…社会的連帯の原則は、二つの異なる制度を実現するよう喚起し、奨励する。すなわち保険と扶助である[24]」。

ブルジョワによれば、老齢とは「規則的で、確実で、普遍的なリスク」である。それは万人にかかわる以上、国家によって補償されるべきである[25]。「国家（nation）は万人に対して、病気、事故、失業、障害、老齢のリスクにたいする完全な補償を行ったときにのみ、平和を享受する[26]」。ブルジョワは、ジッドの協同組合論を次のように批判する。「ジッドの講演の中に、集合的エゴイズムの精神の驚くべき例を読み取るべきである。それは非常にしばしば協同組合を支配し、その成員が真剣に連帯の精神と取り違えているものである[27]」。リスクへの補償を普遍的「権利」とするためには、共済組合の活動を国家によって補完しなければならない。

「国家は…普遍性と規則性を有している。…私的イニシアティヴは…その活動における情熱、創意工夫、柔軟さと、適用方法の無限の多様さによって利点を有している。国家が万人の各人にたいする義務という社会的性質を肯定するのにたいし、私的イニシアティヴは、各人の万人への義務という、重要さの劣らぬ社会的性質を肯定する。私にとっては、社会問題の解決そのものが、まさにこの二つの義務を遂行することにある[28]」。

具体的には、個人による共済組合・地域金庫などの選択の自由を認めつつ、公権力によってそれへの加入を義務づけることが提案される[29]。

こうした連帯主義者の主張にたいして、政治経済学者、社会経済学者は以下のように反論した。ルロワ＝ボーリウによれば、年金の義務化は「法的義務の自動的メカニズム」を持ち込むことで、個人や家族の将来への配慮を喪失させ、「文明化された諸国の成員を、永遠の幼児、愚鈍で怠惰な存在へと変えてしまう[30]」。シェイソンによれば、老齢問題とは、「大産業の発展」によって大家族が解体し、住宅・衛生環境の悪化によって労働能力を喪失した大量の孤立した個人が生み出されたことで顕在化した[31]。それへの対応は、第一に、個々人の将来への配慮（貯蓄など）を強化すること、第二に、「家族」の美徳に委ねることにあり、さらに必要な場合には、「仕事場、職業団体、宗教組織、コミューン、地方（Province）、祖国」の順に責任が担われる[32]。一八九五年の論文でドイツの保険制度を「社会的美徳の破壊」と批判したシェイソンは[33]、一九〇三年の「社会的連帯」と題された論文において、「連帯主義と社会主義」は同じ道であり、「社会的負債」という概念は明確な限界を持たないため、あらゆる専制にとって便利な概念であると主張する[34]。一九〇〇年代初頭には国家介入にたいして明確な態度を採っていなかったシャルル・ジッドも、後にブルジョワの「社会的負債」という概念の不明確さを指摘し、それを「モラル」の領域と「法」の領域とを混同するものとして批判した[35]。

労働者・農民退職年金法は、政治経済学・社会経済学者の批判の前に、上院での大幅な修正（国庫負担の軽減）を強いられ、最終的には急進共和派とミルラン、ヴィヴィアニなどの修正社会主義者との連携によって一九一〇年三月二十二日に可決した。しかし法案成立後も、共済組合主義者、労働者の負担を忌避するサンディカリストやC・G・Tの激しい反対運動の前に、この法は義務化の不徹底と加入の停滞によって形式的なものにとどまった。

以上のように、一八九〇年代から一九一〇年にかけて、社会問題への対応が争点となったとき、急進共和派に担われた「連帯」の思想は、これまで指摘されてきたような「コンセンサス」を形成したというよりも、むしろ複数の「社会的なもの」にかかわる思想の拮抗状態の中で制度化に至った。

第一に、政治経済学、ル・プレから引き継がれた保守的な社会経済学は、宗教、パトロナージュ、家族の役割を強調する。統計的計測に基づく保険や匿名の連帯は、上下階層間の温情と依存によって成り立つ対面的関係を掘り崩し、「モラル」の衰退を導くとして批判される。

第二に、ル・プレ学派を刷新する新しい社会経済学は、シェイソンやジッドのように、統計・保険の導入に肯定的な立場を採る。ただし彼らは、「リスク」概念を特定の大産業にのみ適合するものと捉え、職域ごとの多様な対応のあり方（パトロナージュ、同業組合、共済組合、協同組合など）を維持しようとする。「リスク」の普遍化、中間集団の範囲を超えた「権利」の概念化には否定的であり、国家による義務化には反対の立場を採る。社会的紐帯とは、具体的・対面的関係に即した集団内部の共同性を基盤としなければならず、統計や保険は補助的役割を担うにとどまらなければならない。

第三に、社会主義は、A・ミルランなど国家介入による労働者保護を積極的に求める修正主義者と、サンディカリスムなどあらゆる国家介入に反対する勢力とに分岐した。労働者の多くに支持された後者は、社会保険法案を労働者階級の自律性を脅かすものと認識し、反対の立場を採り続けた。

第四に、これらとの対抗関係において社会保険の一般化を試みたのが連帯主義である。この思想の特徴は、抽象的「人間性」や「人格」の対称性へのコミットメントを通じて、「法」と「モラル」、公的介入と私的イニシアティヴの対抗を相互補完へと読み替える論理を提供した点にある。それは実質的に、産業社会を統治するための諸勢力間の妥協を可能にする政治的イデオロギーとして機能した。連帯主義によれば、社会関係とは分業に基づく機能的な相互依存であると同時に、「人間性の進歩」を生み出す規範を内在させた関係である。「連帯」の秩序の内に位置づけられたとき、個人は「リスク」への補償という権利を承認される一方で、教育、衛生、労働、貯蓄などにおいて道徳的「義務」を果たし、「進歩」に貢献し、「リスク」の最小化を担う存在として把握される。

少なくとも一九一〇年に至るまで、連帯主義と社会経済学、政治経済学、サンディカリスムは、原理的な対抗関係にあった。こうした図式に変化がもたらされるのは、第一次大戦後のことである。アッフェルは、次のように指摘している。「一九〇〇年から一九一〇年に比べると、一九二〇年から一九三〇年には、原理について論じられることはごく僅かとなった[36]」。この戦争によって生まれた膨大な傷痍軍人、戦争帰還者、戦争未亡人などへの対応は、もはや国家レベルの実践上の問題として意識される。一九一七年にドイツに編入されていたアルザス＝ロレーヌ地方の返還が決まると、ドイツと比べた社会保険の整備の遅れが問題化される。こうした雰囲気の中で、共済組合国民連合の代表者アルマン・サルモンは、一九二三年の大会で次のように述べる。「今や義務化を受け入れるしかない。我々の理想を最も広範に実現する唯一の手段として、それを受け入れよう[37]」。一九二六年から二八年には、主たる労働組合勢力であるC・G・T、C・F・T・Cも相次いで社会保険の法制化を承認する。こうして、一九二八年四月十二日法案の修正を経て、一九三〇年に、疾病・出産・障害・老齢・死亡を包括する社会保険法が成立する。ただしこの法案においても、共済組合、労働組合による独自の金庫設立と金庫管理の権限が認められ、国家の介入は財政上の必要に限定されるなど、組合主義的性格は維持された。一九三二年五月一日に社会カトリシスムの影響で導入される家族給付制度とあわせて、フランス福祉国家は、普遍的権利保障を目指す連帯主義と、中間集団の自治による国家介入の限定を目指す社会経済学との対抗関係を維持しながら、戦間期のナショナリズムの高揚を背景として、最初の制度化に至った。その基本的枠組みは、第二次大戦後も引き継がれていくことになる。

（1）労働災害問題が一般に認知される契機となったのは、一八八九年の万国博覧会で開催された「労働災害に関する国際会議（Congrès international sur les accidents du travail）」である。この会議は、一八九一年に「労働災害と社会保険に関する国際会議」と名称を変え、社会保険の立法化を主要なアジェンダとした。

（2）Michel Lagrave dir., *La sécurité sociale : son histoire à travers les textes*, t. 2, *1870–1945*, Paris, C. H. S. S., pp. 63-66 ; Ewald, *L'Etat providence, op. cit.*, p. 245 et s.

（3）Martin Nadaud, Proposition de la loi sur «les responsabilité des accidents dont les ouvriers sont victimes dans l'exercice de leur travail», Chambre des députés, dans Lagrave dir., *La sécurité sociale : son histoire...*, t. 2, *op. cit.*, pp. 67-68 ; *Journal officiel*, 19 mai 1888, p. 1453.

（4） Joseph Gély, *Etude générale sur le risque professionnel dans les accidents du travail*, Thèse pour le doctorat de l'Université de Toulouse, Toulouse, 1898, p. 1.

（5） Faure, Chambre des députés, 1883, *Journal Officiel*, p. 528, cité par Ewald, *L'Etat providence*, *op. cit.*, p. 289. 自由主義者ベランジェ（Béranger）も、大産業労働に限定して、「職業的リスク」の観念を次のように容認する。一八九六年一月二十八日の上院において、彼は言う。「使用者の過失、労働者の過失、両者の過失のほかに、誰の責任でもない膨大な数の事故が生じうる。これらの事故は、単に労働そのものの結果である。」（cité par Hatzfeld, *Du paupérisme à la sécurité sociale*, *op. cit.*, p. 37）。

（6） Pierre Rosanvallon, *L'Etat en France : de 1789 à nos jours*, Paris, Seuil, 1990, p. 167.

（7） Gély, *Etude générale sur le risque professionnel...*, *op. cit.*, p. 63.

（8） M. Rouvier, Chambre des députés, 13 mars 1883, *Journal Officiel*, p. 571, cité par Ewald, *L'Etat providence*, *op. cit.*, p. 282.

（9） Léon Bourgeois, *Essai d'une philosophie de solidarité*, Paris, 1907, pp. 86-87.

（10） *Ibid.*, p. 44.

（11） Paul Leroy-Beaulieu, *L'Etat moderne et ses fonctions*, 3e éd, Paris, 1900, pp. 297-299.

（12） *Ibid.*, p. 397.

（13） ルロワ＝ボーリウによれば、大産業の発展が「匿名の社会」を生み出し、人びとの自発的紐帯を衰退させたことによって、こうした国家への「幻想（fantasme）」「神秘主義（mysticisme）」が生まれた（*ibid.*, p. 365）。

（14） Albert Gigot, «Les assurances ouvrières et le socialisme d'Etat», *La réforme sociale*, 3e série, t. 9, 1er juin, 1895, p. 846.

（15） Gibaud, *Mutualité, assurances*（*1850-1914*）, *op. cit.*, p. 121 ; Chambelland dir., *Le Musée social en son temps*, *op. cit.*, p. 324）。

（16） たとえばジッドは、一九〇〇年パリ万国博覧会「社会経済学」部門の報告書の中で、ル・プレの組織した一八六七年の「社会経済学」部門が「パトロナージュに特化された特殊なもの」であった、と回顧している（Charles Gide, *Exposition universelle internationale de 1900 à Paris, Rapports du jury international, introduction générale, 6e partie, économie sociale*, Paris, 1901, p. 7)。彼によれば、伝統集団に依拠するル・プレの思想は、もはや「共和国の習俗に合致しない」（Charles Gide, *Economie sociale*, 3e éd., Paris, 1907, p. 10)。一八九〇年にジュネーヴで行われた講演「社会経済学の四潮流」でも、彼はル・プレ学派を、家父長・使用者・教会の権威を強調する「権威学派」と規定し、より平等主義的なアソシアシオンを基盤とする自らの「新学派」と区別している（Charles Gide, «l'école nouvelle» dans *Quatre écoles d'économie sociale, Conférence faite à Genève, le 28 mars 1890*, Genève, 1890)。

（17）Emile Cheysson, «La faute lourde en matière d'accidents du travail», *Œuvres choisis*, t. 2, Paris, 1911, p. 209.

（18）Emile Cheysson, «La garantie de l'indemnité et la liberté de l'assurance», *Congrès international des accidents du travail à Milan, 1-6 octoble 1894*, Paris, 1895, p. 17.

（19）M. Dreyfus, B. Gibaud, A. Gueslin dir., *Démocratie, solidarité et mutualité, op. cit.*, p. 71.

（20）Chambelland dir., *Le musée social en son temps, op. cit.*, p. 319.

（21）Toucas-Truyen, *Histoire de la mutualité et des assurance, op. cit*, p. 36.

（22）Emile Cheysson, «Les rapports des lois d'assurances ouvrières et de la santé publique», *Exposition Universelle de 1900, Congrès International des Accidents du Travail et des Assurances Sociales, 5e session*, Paris, 25 ou 30 juin 1900, pp. 2-4.

（23）*Troisième rapport supplementaire de M. Guieysse au nom de la commission d'assurance et de prévoyance sociales*, 31 janvier 1902.

（24）Paul Guieysse, Chambre des députés, 4 juin 1901. ここで急進党の政策における「扶助」と「保険」の関係について補完しておきたい。両者の関係は「別個」であるだけでなく、ビュイソンによれば、「扶助から保険へ」の移行は連帯主義の基本原則である。過渡期において、高齢者、障害者、廃疾者への公的扶助を強化することは必要であるが、財政の重点は、できるかぎり保険の側に移行することが望ましい（Buisson, *La politique radicale, op.*

cit., pp. 254-255)。こうした考えは、「連帯」の思想の基本構造に由来している。「連帯」の秩序は、産業社会における分業化された役割を担う個人を前提とし、こうした個人の存立を脅かす「リスク」への補償を社会が担うことによって成り立つ。こうした相互関係の外部にある者への「権利」保障は、あくまで例外として位置づけられているにすぎない。実際戦後フランス福祉国家においても、「社会保障（sécurité sociale）」と「社会援助（aide sociale）」とが別個の体系とされ、後者には重きが置かれてこなかった。こうしたフランスの社会立法の思想的前提を考慮するなら、一八九三年の無償医療法、一九〇五年の高齢者・障害者・廃疾者への扶助法の成立をもって「厳密な意味での…社会権の最初の形式的承認」と位置づけるロザンヴァロンの議論には、留保が必要である（Rosanvallon, *L'Etat en France*, *op. cit.*, p. 175)。

（25）Léon Bourgeois, *La mutualité et la lutte contre la tuberculose op. cit.*, p. 45.

（26）Léon Bourgeois, «préface», dans Buisson, *La politique radicale*, *op. cit.*, p. vi. 急進主義者が一八九八年五月の選挙にあたって発表した次の宣言も参照。「労働法によって、労働災害のみならず、失業、病気、老齢にたいする…保護を保障しなければならない」（«Manifeste du Comité d'Action pour les Réformes Républicaines, Elections de mai 1898», dans Buisson, *La politique radicale*, *op. cit.*, p. 285)。

（27）Bourgeois, «L'idée de solidarité et ses conséquences sociales», *op. cit.*, p. 279.

（28）Bourgeois, *La mutualité et la lutte contre la tuberculose*, *op. cit.*, p. 44.

（29）Léon Bourgeois, «Discours prononcé au banquet offert à M. L. Mabilleau, le 20 décembre 1901», *La politique de la prévoyance sociale*, t. 1, *op. cit.*, p. 157.

（30）Paul Leroy-Beaulieu, «Le prochain gouffre : le projet de loi sur les retraites», *Economiste français*, 11 mai 1901, p. 646.

（31）Emile Cheysson, «L'évolution des idées et des systèmes de retraite», *La réforme sociale*, 16 février 1902, 5e série, t. 3 (t. 18 collection), pp. 279-281.

（32）Emile Cheysson, *La solidarité sociale, extrait de l'économiste français*, le 4 juillet, 1903, pp. 7-9.

（33）Emile Cheysson, «Les assurances ouvrières», *La réforme sociale*, 3e série, t. 10, 1er octobre 1895, pp. 522.

(34) Cheysson, «La famille, l'association et l'Etat», *Œuvres choisis*, *op. cit.*, t. 2, p. 156.

(35) Charles Gide, *Principes d'économie politique*, 7e éd., Paris, 1916, p. 42. Cf. Charles Gide, *La solidarité. Cours au Collège de France, 1927-1928*, Paris, 1932, p. 123.

(36) Hatzfeld, *Du paupérisme à la sécurité sociale*, *op. cit.*, p. 64.

(37) Armand Salmon, *La mutualité et les assurances sociales*, 1926, p. 16.

終章

本書では、フランス革命初期に、旧来の「社団国家」像に代わり、自由・平等な個人から構成される新たな社会像が提唱されて以降、そこに内在する理念的平等主義―平等な主権者としての「人民」―と、事実的に存在する不平等との乖離が、どのように思想的に問題化され、七月王政初期に「社会問題」という形で問われるに至ったのかを検討した。さらに「社会問題」への対応として、自由放任主義と社会主義との間に唱えられた十九世紀支配層の諸思想を、「政治経済学」「社会経済学」「社会的共和主義」「連帯主義」の四潮流に区分し、これらの対抗関係の中からフランス福祉国家を支える思想的原理が形成される過程を包括的に検討した。以下ではこれまでの考察の概略を示した上で、その含意を敷衍し、二十世紀以降の展開について本書の内容から指摘できる論点を提示したい。

本書の要約

フランス革命初期には、旧体制下の「社団国家」像に代わり、自然権を有する自由な個人の討議と合意によって公権力が正統化される、という社会契約論的な秩序原理が提唱された。本書ではハーバーマスにしたがって、この時期に現れる「公共性」への新たな理解を〈市民的公共性〉と称し、革命中期以降それがどのように問い直されていったのかを主題とした。

フランス革命初期の秩序像に孕まれた困難は、「人民（peuple）」概念の両義性に示される。「人民」とは、十八世紀後半以降、統治権力の正統性の源泉となる単一の集合を指示する語として用いられた。その一方でこの語は、事実上、貧民や下層民を指す概念でもあった。フランス革命以降、政治的秩序の正統性の源泉を「人民」という理念的集合に求める思想は、そうした統治主体が事実上は不在であり、「人民」の意志を何らかの形で「表象」すること、あるいは「創出」することを、当初からの課題として出発した。

革命初期の自由主義者が、啓蒙＝教育（コンドルセ）や、代表（シエイエス）という機制によって、法的理念としての平等と、事実的不平等との乖離を媒介しようとしたのにたいし、革命中期の共和主義者は、国民教育や祝祭を通じた祖国愛（「友愛」の精神）の涵養、「公共精神」の強調、国家による生存権の保障によって、共和国を支える「市民」を、公権力の手で創出・維持することを主張した。統治権力と直接結合するこの「公共性」への理解を、本書では〈政治化された公共性〉と称した。

総裁政府期から世紀転換期にかけてのイデオローグの思想は、革命中期の〈政治化〉された秩序像にたいして、統治権力を規制しうる原理を、「社会」の自律的な秩序法則の内に求めたものと位置づけられる。彼らによれば、「公的利益」とは、知的エリートの主導する「社会の科学」によって発見される（〈社会科学の公共性〉）。「科学」に基づく「社会法則」の発見と統治の合理化によって、秩序の再建が可能となるはずである。王立科学アカデミーで「社会数学」を唱えたコンドルセ、その思想を引き継ぎ、フランス学士院道徳政治科学部門において「社会生理学」を唱えたカバニス、政治経済学を唱えたトラシの思想は、「社会」に関する知と権力との結びつきをもたらし、十九世紀以降の思想の基本的な問題構成―観察可能な現象のみを対象とし、その外部にある超越的規範を問わないこと、現象間に働く「法則」のみを問題とすること、社会全体の秩序維持にとっての「有用性」を権力の正統性の根拠とすること、統治行為を「社会法則」の認識に基づく「治療」として捉えること―を提供した。

一八三〇年代に入ると、産業化・都市化の進展による膨大な都市貧民層の出現を背景として、「社会」の具体的「組織化」が課題となる。ギゾーなどの七月王政支配層が、政治的領域と社会的領域を区別し、社会の「文明化」という運動法則を代表する中間階層を新たな政治的支配層と想定したのにたいし、一部の思想家は、産業化とともに現れた「大衆的貧困（paupérisme）」を、「文明化」を脅かす「全く新しい」問題ととらえた。それは個人の無知・怠惰を原因とする従来の貧困と異なり、社会の「構造」から引き起こされた集合的現象である。それは伝統的慈善（宗教）、産業の自由（経済）、法的慈善・博愛主義（国家）によっては解決不可能な問題であり、それらと異なる秩序基盤、すなわち「社会」の「問題」と認識される。ここで「社会」とは、生活習慣、労働規律、衛生習慣、家族形態、飲酒・貯蓄習慣など、個人を取り巻き、その行動を規定する集合的な精神状態を指し、それらは「モラル」として総称される。「大衆的貧困」は、集合的「モラル」の頽廃によって生まれ、秩序を脅かす擾乱や犯罪の可能性（「危険」）と識別不可能な形で結びついている。「社会問題」への対応とは、こうした集合的「モラル」を観察し、それらに関する知を蓄積し、それらを組織的に改善すること（「モラル化」）に見出される。国家の役割は、家族・中間集団（宗教組織、共済組合、労働組合、地方団体など）と同一の平面上に位置づけなおされ、「社会の組織化」という問題構成の上で再定義される。社会的秩序とは、「公的」という規範的意味に支えられるのではなく、秩序を撹乱する諸要因を発見する知、こうした知の蓄積に基づく介入の絶えざる実践によって、事実的に保持されるものと捉えられる。本書では、このように理解された統治権力のあり方を「社会化」と称し、それによって成り立つ秩序像を〈社会化された公共性〉と称した。

第二章から第四章では、以上の問題構成において語られた十九世紀支配層の諸思想を、「政治経済学（économie politique）」「社会経済学（économie sociale）」「社会的共和主義（républicanisme social）」「連帯主義（solidarisme）」の四つに区分し、後者の三つの思想における鍵概念を「新しい慈善（charité nouvelle）」「友愛（fraternité）」「連帯（solidarité）」と称して、比較考察した。

第二章では、七月王政期に「政治経済学」から分岐し、支配層による「社会問題」への主たる対応を担った

「社会経済学」について検討した。この思想は、七月王政期支配層のうちでも行政官、経済学者、統計学者、博愛主義者など実践に近い立場にあり、主に「道徳政治科学アカデミー」の周囲に集まった人びとによって担われる。

「政治経済学」とは、十八世紀後半に至るまで、人民の安寧と国富の増大を目的とした農業・租税・財政・価格統制・公衆衛生などにかかわる統治行為一般を対象としていた。それは十九世紀初頭以降、富の生産・消費から成る「自律的」秩序へと対象を限定し、その「法則」を阻害する要素を体系の外部へと捨象していった。セイ、デュノワイエらによれば、政治経済学の目的とは、本質的事象と例外的事象とを区別し、物理学や生理学に比する経済現象の一般「法則」を明らかにすることにある。ドロズ、デュパン、フィクスなど七月王政期の政治経済学者は、産業の自由による「進歩」を普遍的「法則」と解し、階層化の進展を、競争を促進するものとして肯定する。貧困問題とは、個人の無知・怠惰や、産業の自由を阻害する公権力の介入によって生じたものに他ならない。秩序維持のために必要なことは、公権力の拡大ではなく、家父長的家族、宗教組織、パトロナージュなどの伝統組織を通じて下層階級の「モラル」に働きかけ、彼らに自己規律、貯蓄習慣、未来の「進歩」へのコミットメントを内面化させることである。

「社会経済学」は、十九世紀初頭の政治経済学の意味変容に由来し、そこで捨象された要素を引き受ける「統治の学」（シスモンディ）として、七月王政期以降に政治経済学から分岐していった思想と位置づけられる。社会経済学者は、「富」の拡大と人民の「幸福」とを峻別し、「進歩」や「法則」という抽象的観念への懐疑を語る。上下階層から成る伝統集団の「共同性」の維持を重視し、宗教的慈善と異なる「新しい慈善」の組織化を行うために、下層階級の生活状態の参与観察と、実践的知の蓄積を重視する。こうした新しい「社会科学」にしたがって、貧民の生活状態を同一の表の上に分類し、公的・私的実践を配置し、有機的に結合することが目指される。具体的には、家族、宗教組織、パトロナージュ、協同組合、共済組合などの多様な中間集団の活性化によって、一方では産業化の負の側面を抑止し、他方では、国家介入を一定の範囲に限定することが目指される。「社会問題」への対処は、「権利」の問題ではなく、中間集団内部の「共同性」の再構築の問題と捉えられる。

七月王政期において、支配層の政治経済学と労働運動との対立を媒介しようとした社会経済学の試みは、四八年二月革命によって一旦挫折する。それは第二帝政期以降、「社会経済学協会」を設立する保守的社会経済学者ル・プレの手によって復活し、第三共和政期には、より平等主義的な思想を唱えるジッドやシェイソン、共済組合運動などへと引き継がれ、「社会資料館（Musée social）」を中心に組織されて、世紀転換期に隆盛を迎える。

第三章では、七月王政期支配層の政治経済学、社会経済学に対抗し、人民の一体性の基礎となる「平等」の実質化を求めた「社会的共和主義」について検討した。本書では、具体的な生活利害に立脚してアソシアシオン運動を展開した職人・労働者層と、ロマン主義的・宗教的観念に訴えて政治運動を展開した共和派知識人とを区別した。後者は「人権協会」や共和派雑誌『ナシオン』『レフォルム』などの周囲に集まったジャーナリスト、著述家、法律家、政治家などに担われる。彼らはフランス革命期に宣言された法の「抽象性」を批判し、「社会」それ自体を平等な共同体へと変革することを主張する。そこでは社会的紐帯と政治的集合体が同一の論理によって語られ、「人類＝人間性（Humanité）」の観念が社会統合の宗教的象徴として措定される。それは実質的には、「友愛」の絆で結ばれた政治的共同体、すなわち「ナシオン」や「祖国」へと民衆層を統合するための論理として機能した。家族・アソシアシオンの社会的役割（貯蓄、相互扶助、再配分など）は、国家によって引き受けられ、公権力の介入による「社会問題」の解決、とりわけ労働の権利と普通選挙権の実現が目指される。

「友愛」の共和主義は、「人類」「ナシオン」というロマン主義的概念を媒介することで、社会経済学を超える社会統合の論理を提供した。その一部は、皇帝を統合の宗教的象徴と位置づけ、直接普通選挙と「デモクラシー」による統治の正統化を図るナポレオン三世の秩序像に引き継がれた。ルイ＝ボナパルト・ナポレオンのクーデタを経た第二帝政下の共和主義者は、「人類」などのロマン主義的な象徴による統合、「友愛」に基づく政治的共同体（ナシオン）の称揚、普通選挙権、社会政策の漸進的実現などに共和主義の基盤を求めることができず、より原理的な次元における共和主義の弁証を迫られた。

第四章では、第二帝政末期の共和主義哲学者による「社会」像の原理的探求と、第三共和政中期の思想家によるその通俗化・イデオロギー化の過程を、「連帯主義」という枠組みにおいて検討した。第二帝政期の共和派哲学者ルヌーヴィエ、フイエなどは、四八年世代の共和主義者におけるロマン主義的・宗教的傾向を否定し、社会的紐帯の基礎となる「連帯」を哲学的に導出しようと試みる。ルヌーヴィエは、「人間性」「人格」を、あらゆる現象を包摂する認識の「カテゴリー」と措定する。この「カテゴリー」を通してみたとき、「社会」が「人間性の進歩」を目的とする機能的に差異化された人びとの相互依存関係として構成され、自己と他者が独立の「人格」を有する対称的存在として立ち現れる。フイエは「社会」を、「人間性」の実現に向けた相互依存から成る有機体であると同時に、個々人の「準契約」に支えられる自発的集合と捉えた。「人間性」の観念とは、個人の選択を通じて実現される集合的な力―「力としての観念（idée-force）」―である。このように、「人間性」の観念を社会認識の前提であると同時に、個々人の選択を通じて実現される規範としての位置に置くことで、彼らは個人―社会関係の新たな把握をもたらした。

第三共和政中期の急進共和派に近い立場の論者は、「連帯」の思想を、産業社会に適合するイデオロギーとして語った。急進共和派を代表するブルジョワは、特定の職能を担う人びとの相互依存を「連帯」と称し、そこから遡及して個人の権利・義務を導出した。社会は、集合的秩序の維持を目的として、個人が遭遇する病気・事故・失業・老齢などを集合的「リスク」の発現と捉えなおし、それへの補償責任を担う。一方個人は、産業社会において与えられた職能を充足し、教育・公衆衛生などを通じて自己を「社会化」し、「リスク」を最小化し、社会の「進歩」に貢献する、という義務を負う。デュルケーム社会学は、こうした「連帯」の思想を大学において制度化し、そこに知的正当性を付与する役割を果たした。彼によれば、分業にともなう相互依存関係としての

「有機的連帯」は、個別の社会的役割を能動的に担う「正常」な「モラル」（「道徳的個人主義」）を内面化した個人から成る。こうした「モラル」を内面化しない「異常」な状態（「アノミー」）にある個人は、中間集団による矯正の対象とみなされる。国家は「連帯」の法則をよりよく表現する補助的機関として、中間集団の監視や個人への教育という役割を担うにとどまる。

以上のような「連帯」の思想は、一八九〇年代末に議会内で主導権を握る急進共和派によって、社会保険の義務化を正当化する論理として用いられた。本書では、世紀転換期において、急進党や大学に担われた連帯主義、共済組合や社会資料館を中心に担われた社会経済学、労働組合・労働取引所などに組織された社会主義、政治経済学協会・『経済学者雑誌』などに組織された政治経済学の相互の対抗関係を指摘した。一八九八年労働災害補償法は、「職業的リスク」に基づく立法を許容する新しい世代の社会経済学（シェイソン、ジッドなど）・連帯主義と、それを自発的「モラル」の衰退につながると批判する政治経済学・保守的社会経済学との対抗関係の中で成立した。一九一〇年退職年金法は、国家介入を批判する政治経済学・社会経済学・サンディカリスムと、「リスク」の普遍化を目指す連帯主義・修正社会主義との対抗関係の中で制度化された。フランス福祉国家の原型は、「連帯」を表象する国家と中間集団の相互補完によって普遍的「社会権」の実現を目指す連帯主義と、対面的関係に基づく中間集団の自治を唱える社会経済学との対立関係を内在させたまま制度化され、その基本構造は、一九三〇年社会保障法から戦後の体制へと引き継がれていくことになった。

「連帯」の内在的両義性

以上の考察全体から浮かび上がるのは、「連帯」の思想に内在する両義性である。十九世紀末に生まれた「連帯」の思想は、大学で「社会学」として制度化され、議会において社会保険および社会権の承認をもたらすことで、十九世紀を通じた「社会的なもの」の探求に一つの解答を提供した。そこでは個々人の相互依存関係から成る「社会」が、国家や市場と異なる全体性を有する自律した集合として語られる。個人は「社会化」によって自律を獲得する存在とされ、国家は「連帯」をよりよく表象する機関として、中間集団の補完や教育という役割づけを付与される。「社会」は、個人・中間集団・国家の協働の下に抽象的「人間性」の「進歩」を実現する集合として把握される。「連帯」の思想は、産業の自由と権威的社会統制を組み合わせた「政治経済学」、伝統集団の活性化による上下階層の融和を模索する「社会経済学」、ロマン主義的ナショナリズムと結びついた「社会的共和主義」（友愛の共和主義）、労働者階級の自律を主張するサンディカリスムにたいして、世紀転換期により包括的な社会統合のモデルを提供し、複数の政治勢力間の合意を調達することで、第三共和政中期に一定の秩序の安定をもたらすことに成功した。

他方でこの思想は、抽象的「人間」を産業社会を担う「労働する個人」へと読み替えることで、個人に様々な「義務」を要請する思想として語られた。ブルジョワやデュルケームの想定する個人とは、個別の職能を能動的に充足し、公教育や衛生教育を通じて「社会化」され、「リスク」の最小化を自ら引き受ける存在である。フイエからブルジョワへ引き継がれる「準契約」という論理には、社会秩序の維持という目的から遡及して個人の役割を規定し、その役割を個人の同意によって正当化する、という統治層のイデオロギー的視点が反映されている。

以上を敷衍すれば、「連帯」の思想とは、「リスク」の「社会化」という論理に基づいて、様々な中間集団・国家の役割を再規定することで、個人を伝統集団への依存から実質的に解放する一方、新たな社会関係の内に個人を埋め込むことで、個人を秩序維持に適合する存在へと規律化する、という論理を導入するものであった（「解放」と「規律」の両義性）。一九一〇年に至るまで、「連帯」の思想が十分なコンセンサスを獲得できず、対面的関係にもとづく集団形成の論理を掲げる「社会経済学」や、労働者階級の自律を唱えるサンディカリスムと拮抗関係を維持し続けたことは、「連帯」の思想のこうした側面への根強い抵抗を示すものであったと捉えることができる。

以上のような「連帯」の両義性を踏まえるならば、二十世紀以降のフランス福祉国家の展開は、どのように把握できるであろうか。

二十世紀以降の展開――福祉国家の形成と「危機」

二十世紀の福祉国家形成・展開史は、すでに多くの研究で指摘されているとおり、二度の世界大戦と戦後復興という環境変動を背景として、複数の政治勢力間でその都度なされた妥協と合意の過程である。ここでは、その成立過程をさらに詳細に検討すべきことを前提としつつ、以下の二点を指摘することで本書を締めくくることにしたい。

第一に、本書で対象とした一九一〇年より後には、十九世紀を通じて見られた「社会的なもの」をめぐる原理的な対抗関係は、支配層と労働者層との間だけでなく、支配層内部においても終息に向かった。この時期以降、第一次・第二次大戦への動員と戦後復興という文脈において、むしろ国家単位の社会保障への合意が優先されていったと見ることができる。狭義の「福祉国家」の形成は、この文脈においてなされた。出産・疾病・障害・老齢・死亡を包括する一九三〇年社会保険法が、共産党系を除く労働組合（C・G・T、C・F・T・C）と共済組合の協力によって、金庫選択の自由を盛り込む形で実現したことはすでに指摘したが、より広い文脈で見れば、この時期は左右両派において、労使団体・国家の協調体制――「コルポラティスム」――への最初の合意が形成される時期でもあった。[1]

一九四五年に高級官僚ピエール・ラロックに提唱された社会保障構想は、社会保障の「一般化」、金庫の「一元化」、当事者による自主管理を実現しようとするものであった。しかしこの「一元化」構想も、労働組合、共済組合などの激しい反対の前に失敗に終わる。戦後フランス福祉国家は、戦前の体制の基本的性格を引き継ぎ、[2]職域ごとの保険（「職域的連帯（solidarité professionnelle）」）を基盤としながら、国家による財政補完と最小限の公的扶助（一九五三年以降は「社会援助（aide sociale)」と称される）を組み合わせることで、「国民的連帯（solidarité nationale)」を実現しようとするものであった。[3] その構造は、給与所得者を対象とする一般制度、自営業者・農民を対象とする独立制度、特定産業労働者を対象とする特別制度を並存させるなど、職域ごとの著しい分立を特徴とする。社会保障金庫の「一元化」は、一九四八年の職域金庫法を契機として徐々に放棄される。財源は主に労使の拠出によってまかなわれ、国家の社会支出の伸びは緩慢なものにとどまった。こうして戦後フランス福祉国家は、一九三二年に導入される家族手当と合わせ、国家—職業集団—家族から成る「コルポラティスム」体制として発展を遂げ、一九六〇—七〇年代に成熟を迎える。[4]

この戦後体制の下で想定される個人とは、公教育によって「社会化」され、長期雇用の下で特定の職能を充足し、金庫管理に能動的に参画する「労働する個人」であり、家族を扶養する責任を担う家長である。こうした国家—職業団体—家族関係に包摂されない個人は、例外的な「社会援助」によって把捉され、最低限の生存維持を保障されるにすぎない。[5] 思想的に見れば、この体制は「連帯」の思想と「社会経済学」との妥協であり、個人を学校・労働・家族という「社会化」装置に組み込むことで、社会進歩と個人の自律を両立させることを意図したものであったと捉えられる。

第二に、戦後福祉国家が成熟に至る一九七〇年代後半、オイルショックによる経済不況を契機として、「福祉国家の危機」が顕在化する。危機の背景には、産業構造の変化、高齢化の進展、分立的制度の非効率性による金庫の恒常的赤字などが指摘される。ただし「福祉国家の危機」とは、たんに社会支出の増大や、財政構造の悪化のみを指すわけではない。[6] 一九七〇年代後半以降に顕在化したのは、若年失業者、長期失業者、無資格者、移民、ホームレスなど、従来の福祉国家によっては把捉されない膨大な層の「排除された人々（Exclus)」であった。[7] 八〇年代以降、雇用の不安定化、非正規雇用の拡大などにともなって、「排除」は特定階層の問題から、社会各層に広がる「新しい社会問題」となっていく。[8]

「排除」をめぐる権利闘争の拡大は、家族・学校・職業集団という従来の「社会化」装置が十全に機能せず、その外部に「義務」を引き受けるべく「社会化」されない個人が恒常的に生み出されている状況を示している。福祉国家の成熟は、一方で「コルポラティスム」体制に組み込まれた個人に、手厚い社会権の保障をもたらしてきた。他方では、その同じプロセスが、一九七〇年代半ば以降の環境変化の下で、過重な「義務」を引き受けられない個人の「排除」を生み出している。従来の福祉国家は、「社会的なもの」を産出し、そこに万人を包摂することで、個人を社会的権利・義務の対応を引き受ける主体として構成するという課題に失敗し、むしろ社会の分断を再生産する装置へと転化している。

こうして、現代フランス福祉国家の再編過程は、二十世紀初頭に成立した合意への問い直しを迫っている。従来の「連帯」原理は、「市民」であることの権利と教育・就労義務の対応、個人と社会の「契約」という論理、「社会進歩」を前提とした個人の役割の規定などの点において、一定の「排除」の契機を孕んでいたことが指摘されなければならないだろう。今後の再編を展望するにあたっては、従来の「連帯」原理の反省の上に、万人を包摂する「社会的なもの」をどう新たに構想していくか、という形で問われていかなければならない。(9)

(1) ピエール・ラロック、アレクサンドロ・パロディーなど戦後の社会保障法を主導した官僚・政治家は、一九二〇—三〇年代に国家と労働組合の協調による「計画化」を唱えるコルポラティストの人脈に属していた(Bruno Palier, *Gouverner la sécurité sociale : les réformes du système français de protection sociale depuis 1945*, Paris, Presses Universitaires de France, 2002, p. 73)。一九二〇年代には、右派のメルシエ、タルディュから左派のアルベール・トマ、マクシム・ルロワに至るまで、第一次大戦後の復興の必要を背景として、産業労働者・資本家・国家の協調による産業組織化が主張された。フランス経済が危機に陥る一九三〇年代には、アンリ・ド・マン、マルセル・デアなどによって、テクノクラートによる産業の合理化、経済発展を通じた労働者の購買力強化という「ネオ・コルポラティスム」論が唱えられ、レオン・ブルム率いる人民戦線内閣において実践に移される。こうした動向に関しては、次の論文に優れた考察がある。阪上孝「計画の観念とテクノクラートの形成」河野健二編『ヨーロッパ――一九三〇年代』岩波書店、一九八〇年、二四四―二七六頁。

(2) ロザンヴァロンは、一九四五―四六年法は戦前の体制の「諸原理にたいして何ら根本的な変化を示していない」と指摘している(Pierre Rosanvallon, *L'État en France, op. cit.*, p. 186)。

(3)「社会保障の設立」を定めた一九四五年十一月四日のオルドナンスや、社会保障法百十一条一項によれば、「社会保障の組織は、国民的連帯(solidarité nationale)の原則に基づく」とされる。

(4) 戦後体制において国家・経営者団体・労働組合の協調体制が実質的な制度化に至る時期として、一九六〇―七〇年代の変化は重要である。この時期のコルポラティスム体制の整備について François Sellier, *La confrontation sociale en France, 1936-1981*, Paris, PUF, 1984 を、一九六九年ポンピドゥー大統領下のシャバン＝ダルマ内閣による「新しい社会」論とその帰結については Serge Berstein, Jean-Pierre Rioux, *La France de l'expansion, 2. L'apogée Pompidou, 1964-1974*, Paris, Seuil, 1995, pp. 51-68 を参照。

(5) 例えば戦後体制の基礎を築いたピエール・ラロックは、一九三四年に次のように述べている。「扶助は受給者に努力の習慣を失わせ、彼らを貧困の中に滞留させ、社会階層を上昇するあらゆる希望を奪い去ることによって、知的・道徳的に品性を貶める」(Pierre Laroque, «Politique sociale», *L'Homme nouveau*, janvier 1934, cité par Palier, *Gouverner la sécurité sociale, op. cit.*, pp. 67-68)。フランスの社会保護における扶助の占める位置の小ささについて、Robert Castel, Jean-François Laé dir., *Le revenu minimum d'insertion : une dette sociale*, Paris, Harmattan, 1992, p. 11.

(6) Pierre Rosanvallon, *La crise de l'Etat-providence*, Paris, Seuil, 1981.

(7) René Lenoir, *Les exclus : un Français sur dix*, Paris, Seuil, 1974 ; Lionel Stoléru, *Vaincre la pauvreté dans les pays riches*, Flammarion, 1977.

(8) Pierre Rosanvallon, *La nouvelle question sociale*, Paris, Seuil, 1995.「排除」への対応一般にかんしては、Jacques Donzelot, *Face à l'exclusion : le modèle français*, Paris, Editions Esprit, 1991 ; Serge Paugam,

L'Exclusion : l'état des savoirs, Paris, Découverte, 1996 などを参照。ＲＭＩにかんしては、以下が詳しい。Maryse Badel, *Le droit social à l'épreuve du Revenu minimum d'insertion*, Bordeaux, Presses Universitaires de Bordeaux, 1996. 都留民子『フランスの貧困と社会保護―参入最低限所得（ＲＭＩ）への途とその経験』法律文化社、二〇〇〇年。ＲＭＩの受給者は一九八八年の導入以降増加し続け、二〇〇四年の政府統計では一一〇万人に達しているが、当初意図していた受給者の「職業的参入」の実績は二割に満たないとされる。地域コミュニティ政策とその限界については、以下を参照。Christian Bachmann, Nicole le Guennec, *Violences urbaines : ascension et chute des classes moyennes à travers cinquante ans de politique de la ville*, Paris, Hachette, 1996 ; Jacques Donzelot et Philippe Estèbe, *L'Etat animateur : essai sur la politique de la ville*, Paris, Editions Esprit, 1994.

（9）　こうした関心からすれば、本書で採り上げなかった十九世紀のいわゆる「初期社会主義」は、今日においても再検討の余地がある。フーリエやプルードンの思想は、個々人の自発的な相互扶助ネットワークの延長上に「社会」の全体像を構想する萌芽的な試みであった。これらの思想は、十九世紀末の社会経済学者（ジッド）、連帯主義者（ブルジョワ、ブグレ）、サンディカリストなどによって部分的に援用されたものの、その含意は十分に引き継がれないままに終わった。

あとがき

本書は、北海道大学博士（法学）学位審査論文（二〇〇三年十二月二十五日学位授与）をもとに、二〇〇四年七月から二〇〇五年七月まで連載された論文「フランス福祉国家の思想的源流（一七八九年〜一九一〇年）―社会経済学・社会的共和主義・連帯主義―（一）〜（五・完）」（『北大法学論集』五五巻二号、四号、五号、五六巻一号、二号）に加筆修正を行ったものである。

本書を現在の形にまとめるまでには、様々な紆余曲折があった。筆者の研究の出発点は、ハンナ・アレントの政治思想への関心に遡る。当初はアレントの描く「政治」像や「公的領域」への意味づけに魅力を感じ、それを新しい社会運動などと結びつけて理解しようとしていたものの、彼女の議論と現代政治の目的や組織とのズレに戸惑いが続き、むしろ近代以降「政治的なもの（the political）」を覆い尽くしたとされる「社会的なもの（the social）」の内実に関心を寄せるようになった。本書の中にも散見されるであろう「社会的なもの」への筆者の立場の揺れと、「福祉国家」への両義的姿勢は、こうした出発点に由来している。一九九〇年代に流行していたリベラリズム・コミュニタリアニズム論争、市民社会論や、様々な社会理論（システム論、ポスト・モダニズムなど）は、そうした関心からすればなお隔靴掻痒の感が否めなかった。大学院入学以降は、社会学的思考の生成の歴史的意味を探るために、デュルケーム社会学を政治思想史の観点から読み直すという課題を選択した。その作業の過程で、S・ウォリンやハーバーマスのテクストなどに導かれつつ、近代政治思想史の一応の完成期とされる十九世紀初頭（ルソー、ヘーゲルなど）までと、二十世紀のいわゆる「政治科学」（政治経済学、政治社会学などを含む）の成立期との間には、政治の捉え方に大きな転換が介在し、埋められるべき研究上の空白が存在すると感じるようになった。

本書の着想の多くは、一九九八年から二〇〇一年までのフランス留学時に得た。当時十九世紀フランス思想史研究を刷新する業績を次々と発表していたロザンヴァロン教授の下で、十九世紀思想全体を読み直す中で、従来の社会主義像には収まらない多種多様な「社会的なもの」に関する諸思想を発見し、その一部を扱ったユニークな研究潮流に接した。さらにその後、一次資料を読み進めながら、これらの研究を相対化し、十九世紀思想全体の地図を自分なりに作成する作業に数年を費やした。日本に帰国後は、エスピン＝アンデルセンの主導する近年の比較福祉レジーム研究に接し、自分の研究を現代の福祉国家再編という課題と結びつけ、フランス福祉国家形成史としてまとめるという見通しを持つことで、全体の骨子が固まった。ただし、狭義の福祉国家論として見れば、本書の内容は主にその前史を扱ったものである。今後は本書の延長上に、二十世紀以降の歴史を再検討し、さらにそれを比較福祉国家思想研究へと展開することによって、現代のグローバル化の下での福祉国家再編という課題に取り組んでいかなければならない。

拙い出来の書物とはいえ、本書をまとめるまでには多くの方々のお世話になった。松澤弘陽先生は、国際基督教大学で筆者を学問の道に招き入れていただいて以来、常に知的な厳しさと励ましをもって接していただいた。千葉眞先生にも大学卒業以来変わらぬご指導をいただいている。北海道大学大学院法学研究科での十年に渡る院生・助手・講師時代には、一貫して自由な研究環境と密度の濃い知的刺激を与えていただいた。歴史・思想などの基礎研究が軽視されがちな「大学改革」の風潮の中で、若い研究者にこうした環境を与え続けていただいた背後には、並々ならぬ労苦があったことと思う。関係するすべての方々に心より感謝申し上げたいが、ここでは特に、指導教官を引き受けていただいた川崎修先生、権左武志先生、本書のもととなった博士論文にコメントをいただいた田口晃先生、辻康夫先生、現代福祉国家への知的関心を喚起していただいた宮本太郎先生のお名前を挙げさせていただきたい。

本書の着想の多くはフランス社会科学高等研究院（Ecole des Hautes Etudes en Sciences Sociales）への留学時に形成された。この時期を中心に、とりわけ以下の方々との議論から、本書の内容に直接かかわる助言や示唆を得た（敬称は略させていただく）。Pierre Rosanvallon（EHESS, Collège de France）、Françoise Mélonio（Université de Paris IV）、Robert Castel（EHESS）、Lucian Jaume（Institut des Sciences Politiques de Paris）、北垣徹、王寺賢太、松本礼二、高村学人、宇野重規、竹田千夏、高木勇夫、松浦義弘、隠岐さや香の各氏。とりわけ北垣徹氏は、近代フランス史に関する卓越した知識と鋭い歴史感覚で、筆者にとっては指導教官代わりの役割を果たしていただいた。

本書の各章は、以下の研究会で報告する機会を与えられ、質疑やコメントを元に修正を重ねることで現在の形になった。こうした機会を与えていただいた世話人の先生方、有益なコメントを頂戴した参加者の方々に感謝申し上げる。デュルケーム／デュルケーム学派研究会、北海道大学文学部赤司ゼミ、近代社会史研究会、近代公共圏研究会、北大政治研究会、名古屋大学経済学部研究会、進化経済学会「制度とイノベーション部会」・現代ヨーロッパ研究会、社会思想史学会、北海道大学社会経済学研究会、日本政治学会（分科会「制度設計と政治思想」）、社会政策学会（分科会「社会的包摂の系譜と展開」）。

本書で扱った資料の大部分は以下の機関で閲覧した。フランス国立図書館（Bibliothèque Nationale de François-Mitterand）、社会資料館（Musée social）、パリ政治学院図書館（Bibliothèque de Fondation Nationale des Sciences Politiques, Institut des Sciences Politiques de Paris）、パリ第四大学図書館（Bibliothèque de l'Université de

Paris IV)、サント＝ジュヌヴィエーヴ図書館（Bibliothèque Sainte-Geneviève）、クジャス図書館（Bibliothèque Cujas）、北海道大学附属図書館、小樽商科大学附属図書館、一橋大学社会科学古典センター、東京大学附属図書館。中でも小樽商科大学所蔵の手塚文庫・シェル文庫は、日本で有数の十九世紀フランス社会思想史に関するコレクションであり、執筆にあたり多大な恩恵を受けた。このコレクションの収集・整理・管理に当たられた方々の労力に感謝申し上げる。また社会資料館のAnthony Lorry氏には、文献調査にご協力いただいただけでなく、表紙の写真を快く調査し、提供していただいた。

本書の研究および出版にあたっては、文部科学省より以下の助成を受けた。記して感謝申し上げたい。一九九八年度―一九九九年度科学研究費補助金（特別研究員奨励費）、二〇〇三年度―二〇〇四年度科学研究費補助金（若手研究B）、二〇〇五年度科学研究費補助金（若手研究B）、二〇〇五年度研究成果公開促進費。

最後に、本書の出版を快諾し、編集の労を取っていただいた人文書院の谷誠二氏に御礼申し上げる。

二〇〇五年十一月

著　者

人名索引

ア　行

赤司道和　24
アギュロン（Agulhon, Maurice）　140-141, 143, 160
アズーヴィ（Azouvi, François）　195
アツフェル（Hatzfeld, Henri）　24, 227, 248
アマンザド（Aminzade, Ronald）　143, 144
アルチュセール（Althusser, Louis）　13
アレント（Arendt, Hannah）　47, 54
アロシュ（Haroche, Claudine）　153
安藤隆穂　61
イザンベール（Isambert, Gaston）　130
イズレ（Izoulet, Jean）　182
市野川容孝　26
岩本吉弘　108
ヴァシュロ（Vacherot, Etienne）　139, 169, 170-172
ヴァロワ（Vallois, M.）　195
ヴィガレロ（Vigarello, Georges）　70
ヴィジオズ（Vizioz, Henri）　206
ヴィルヌーヴ＝バルジュモン（Villeneuve-Bargemont, Alban de）　71, 74, 77, 111-116, 118-119, 121, 126-127
ヴィレール（Villers, Charles de）　195
ヴィレルメ（Villermé, Louis-René）　81, 92, 96-98, 106
ヴェイユ（Weill, Georges）　138, 159, 168
ヴォヴェル（Vovelle, Michel）　24
エヴァルド（Ewald, François）　14, 88-90, 93, 179-180
エヴァンス（Evans, David Owen）　84
エクスピイー（Expilly, J.-J.）　55
エスピン＝アンデルセン（Esping-Andersen）　21, 24
エルウィット（Elwitt, Sanford）　24, 94, 142, 184, 228
大塚桂　182
隠岐さや香　61
オズーフ（Ozouf, Mona）　24, 37, 45, 47
小田中直樹　21

カ　行

カステル（Castel, Robert）　26-27, 49, 90, 92-93, 184, 260
カバニス（Cabanis, Georges）　12, 51, 61-66, 95
カベ（Cabet, Etienne）　121, 131, 144, 150, 157
ガルニエ（Garnier, Joseph）　109-110
カロラ（Kalaora, B.）　135
カンケル（Kinker）　195
カント（Kant, Immanuel）　31-32, 38, 193-198, 203, 215
ガンベッタ（Gambetta, Léon）　186
ギエス（Guieysse, Paul）　237, 240
ギゴ（Gigot, Albert）　239
木崎喜代治　103
ギゾー（Guizot, François）　25, 67-69, 72-73, 128, 147
北垣徹　185, 201
キネ（Quinet, Edgar）　148, 150
ギボー（Gibaud, Bernard）　230, 245
喜安朗　23
キュヴィリエ（Cuvillier, Armand）　139-140
ギュヨー（Guyau, Augustin）　201
ギヨーマン（Guillaumin, G.-U.）　128
グイエ（Gouhier, Henri）　61

クザン（Cousin, Victor） 65, 68, 72, 96
クラーク（Clark, Terry Nichols） 188
クラークソン（Clarkson, William） 76
グラムシ（Gramsci, Antonio） 13
クロスリィ（Crossly, Ceri） 72
ケインズ（Keynes, John Maynard） 91
ケトレ（Quetelet, Adolphe） 79-80, 84
ゲパン（Guépin, Alphonse） 98, 110
ケラシィ（Keslassy, Eric） 76-77
ゲラン（Gueslin, André） 92-93
ケリー（Kelly, Michale） 195
ゲリィ（Gély, Joseph） 245
コケラン（Coquelin, Ch.） 128
ゴーシェ（Gauchet, Marcel） 39
コンシデラン（Considérant, Victor） 150, 156, 164-165, 172
コンスタン（Constant, Benjamin） 12, 25
コンディヤック（Condillac Etienne Bonnot de） 68
コント，A.（Comte, Auguste） 66, 178, 190-192
コント，C.（Comte, Charles） 92, 96, 104
コンドルセ（Condorcet Marquis de） 32, 34-36, 58-66

サ 行

サヴォイユ（Savoye, A.） 135
サシエ（Sassier, Philippe） 54-55
サルモン（Salmon, Armand） 244
サン＝シモン（Saint-Simon, Henri Comte de） 70, 72, 131, 140, 168
サン＝ジュスト（Saint-Just, Louis Antoine de） 40, 44, 50
サン＝テティエンヌ（Saint-Etienne, Rabaut） 36
シエイエス（Sièyes Emmanuel-Joseph） 33-34, 50-51, 58, 96, 146, 165
シェイソン（Cheysson, Emile） 134, 234-236, 239-242
ジェランド（Gérando, Joseph-Marie de） 96, 110, 114-116, 118-119, 123-126
シュルビュリエ（Cherbuliez, A.-Z.） 98, 108
ジークフリード（Siegfried, Jules） 236
シスモンディ（Sismondi, Sismonde de） 76, 91, 112-114
ジッド（Gide, Charles） 16, 27, 93, 182, 185, 234-235, 239, 241-242
シモン（Simon, Jules） 236
シャルチエ（Chartier, Roger） 24, 38
シャルル（Charles, Christophe） 188
シャンジィ（Changy, Hugues Carpentier de） 121
シャンブラン（Chambelland, Albert） 232, 235-236
シュヴァリエ（Chevalier, Louis） 67
ジョーム（Jaume, Lucian） 25
ジラルダン（Girardin, Emile） 165
スウェル（Sewell, William H.） 23, 70
スコット（Scott, John A.） 185, 188
スタール夫人（Madame de Stael） 12, 25
ステュワート（Stewart, Mary Lynn） 229
ストーン（Stone, Judith F.） 230
スピツァー（Spitzer, Alan B.） 72
スミス，A.（Smith, Adam） 78, 100, 152, 154
スミス，T.（Smith, Timothy B.） 229
セイ，J.-B.（Say, Jean-Baptiste） 76, 100-104, 110
セイ，L.（Say, Léon） 236
ソクラテス（Socrates） 43
ソブール（Soboul, Albert） 11, 22
ソリアック（Sauriac, Xavier） 148

タ 行

ダヴィド（David, Marcel） 46-47
高木勇夫 62, 98, 135
高橋幸八郎 22

田中拓道　28, 77, 95
谷川稔　24, 237
ダンジェヴィル (d'Angeville, Adolphe)　80
チェルノフ (Tchernoff, J.)　138
チャールトン (Charlton, Donald Geoffrey)　195
都留民子　261
ティアノ (Tiano, André)　77
ティエリ (Thierry, Augustin)　67, 72
ティエール (Thiers, Adolphe)　72, 106, 128, 162
デサーティン (Dessertine, Dominique)　230
デュギー (Duguit, Léon)　179, 234
デュシャテル (Duchâtel, M. T.)　73-75, 81-82, 105, 107-108
テュデスク (Tudesq, André Jean)　121, 130
デュトン (Dutton, Paul V.)　229
デュノワイエ (Dunoyer, Charles)　15, 63, 102, 104
デュパン (Dupin, Charles)　105, 107
デュフォ (Dufau, P. A.)　85
デュプラ (Duprat, Catherine)　54, 93-94, 130
デュボワ (Dubois, Pascal)　182
デュポン＝ウィット (Dupon-White)　139, 176
デュルケーム (Durkheim, Emile)　95, 178-182, 185, 187, 206-207, 214-225
テュルゴー (Turgot)　51, 62, 118
デュロゼル (Duroselle, Jean-Baptiste)　121
トゥカス＝トゥルイエン (Toucas-Truyen, Patricia)　235, 246
ド・クー (de Coux, Charles)　111, 114
トクヴィル (Tocqueville, Alexis de)　67-68, 71, 74, 76, 130, 163
トパロフ (Topalov, Christian)　28, 231
トマゾー (Thomazeau, Anne-Marie)　235
富永茂樹　38
トムソン, D. (Thompson, David)　22
トムソン, E. P. (Thompson, Edward Palmer)　23
トラシ (Tracy, Destutt de)　58, 63, 102
ドラテ (Derathé, Robert)　154
ドレフュス (Dreyfus, Michel)　230
ドロズ (Droz, Jacques)　158
ドロズ (Droz, Joseph)　107
ドンズロ (Donzelot, Jacques)　26, 88, 90-91, 93, 179, 225

ナ　行

ナヴィル (Naville, François Marc Louis)　106, 119
中木康夫　23
中野隆夫　24
ナポレオン, ルイ＝ボナパルト (Napoléon, Louis-Bonaparte)　131, 166-168
ニク (Nique, Christian)　98
ニコレ (Nicolet, Claude)　23, 139, 174
ニスベット (Nisbet, Robert)　224
ネッケル (Necker, Jacques)　25, 32, 50, 84
ノード (Nord, Philip)　23, 142
ノラ (Nora, Pierre)　137

ハ　行

ハザレーシンハ (Hazareesingh, Sudhir)　25, 139, 176
バーザン (Bazun, Jacques)　201
バスティ (Bastid, Paul)　39
バスティア (Bastiat, Frédéric)　107, 163, 178
パストゥール (Pasteur, L.)　179, 189
ハッキング (Hacking, Ian)　26, 62
ハーバーマス (Habermas, Jürgen)　29-30, 32
バラル (Barral, Pierre)　187-188
パラン＝デュシャトレ (Parent-

Duchâtelet)　79,92
パリエ（Palier, Bruno）　259
バルニ（Barni, Jules）　139,169-172,195
バルベ（Barbet, Auguste）　110
ハーン（Hahn, Roger）　61
ハント（Hunt, H. -J.）　143
ハント（Hunt, Lynn）　24
ハンブルガー（Hamburger, Maurice）　212
ピアソン（Pierson, Christopher）　21
ピエラール（Pierrard, Pierre）　120
ピカヴェ（Picavet, François）　57-58
ビュイソン(Buisson, Ferdinand)　215, 234,246-247
ビュシェ（Buchez, P.-J.-B.）　121,148
ビュレ（Buret, Eugène）　75,78,81,111, 114,119-120,126
ビラール（Billard, Jacques）　72
ピルビーム（Pilbeam, Pamela）　143-144
廣澤孝之　230
廣田明　135
ヒンメルファーブ（Himmelfarb, Gertude）　78
フイエ（Fouillée, Alfred）　170-171,199-202,204-206,209
フィクス（Fix, Théodore）　105,107
フェディ（Fedi, Laurent）　197
フォール（Faure, Olivier）　230
フォイエルバッハ（Feuerbach, Ludwig）　153
フォレスト（Forrest, Alan）　54,57
フーコー（Foucault, Michel）　14,26, 48,88,104
ブグレ（Bouglé, Célestin）　185
フュレ（Furet, François）　22,25
ブラヴォ（Bravo, Gian Mario）　153
ブランシアール（Branciard）　144
ブラン（Blanc, Louis）　131,144,156,164-165
ブランキ（Blanqui, Adolphe）　92,106, 108,111,116
フーリエ（Fourier, Charles）　84,127, 182
ブルジョワ（Bourgeois, Léon）　178, 206,208-214,238,241
プルードン（Proudhon, Joseph）　131, 178,261
ブレ（Blais, Marie-Claude）　197
プレヴォスト＝パラドル（Prévost-Paradol）　172
フレジエ（Frégier, H.-A.）　81-82,97
ブレトン（Breton, Yves）　107
プロカッチ（Procacci, Giovanna）　14, 26,88-89
ブローデル（Braudel, Fernarnd）　70
ヘイワード（Hayward, J. E. S.）　181
ベイカー（Baker, Keith Michael）　38-39,60-61
ペクール（Pecqueur, Constantin）　110
ベシャール（Béchard, Ferdinand）　125, 127-130
ペダースン（Pedersen, Susan）　229
ベニシュ（Bénichou, Paul）　140
ペリエ（Perrier, Edmond）　182
ベルスタイン（Berstein, Serge）　25,260
ベルナール（Bernard, Claude）　189
ベレンソン（Berenson, Edward）　141, 143
ペロー，M.（Perrot, Michell）　26,84
ペロー，J.-C.（Perrot, Jean-Claude）　103
ポインター（Poynter, J. R.）　78
ポーガム（Paugam, Serge）　260
ボードー（Baudeau, Nicolas）　61
ボナルド（Bonald, Louis de）　115,121
ボルジェト（Borgetto, Michel）　27,45-47,182
ポワイエ（Poyer, Georges）　62
ホーン（Horne, Janet）　19,184,230,237
ポンテイユ（Ponteil, Félix）　129

マ 行

マズ (Maze, Hyppolyte) 232
マティエ (Mathiez, Albert) 11
マリオン (Marion, Henri) 178, 182
マルクス (Marx, Karl) 140
マルコ (Marco, Luc) 235
マルサス (Malthus, Thomas Robert) 76, 78, 120
マルボー (Marbeau, J.-B.-F.) 110
馬渡尚憲 91
ミシェル, H. (Michel, Henry) 205
ミシュレ (Michelet, Jules) 148, 156
ミネ (Mignet, François) 72
宮本太郎 21
ミルラン (Millerand, Alexandre) 240, 242
ミルン＝エドゥワール (Milne-Edwards) 182
ムキエリ (Mucchielli, Laurent) 195, 214, 226
ムラール (Murard, Lion) 26
メサンス (Messance, L.) 55
メストル (Maistre, de Joseph) 121
メルシエ (Mercier) 195
モオー (Moheau, J.-B.) 55
モランジュ (Mauranges, G.) 181
モログ (Morogues, Bigot de) 82, 91

ラ 行

ラヴェッソン (Ravaisson, Félix) 207
ラシュリエ (Lacherier, Jules) 195
ラドレ (Radelet, Michel) 237
ラファイエット (La Fayette, Adrienne de) 43, 55
ラフォール (Lafore, Robert) 27
ラブルース (Labrousse, Ernest) 70
ラベルトニエール (Laberthonnière, Lucian) 207
ラ・ボルド (la Borde, Alexandre) 124-125
ラマルティン (Lamartine, Aldonse de) 154
ラムネ (Lamennais, Félicité) 121, 152, 156
ラリエ (Lallier, F.) 77
ラルマン (Lallemand, Léon) 53
ラ・ロシュフーコー＝リアンクール (La Rochefoucauld-Liancourt) 50-52, 58, 117-118
リアール (Liard, Louis) 189, 198, 205, 214
リシャール (Richard, Gaston) 226
リーデル (Riedel, Manfred) 23
リンガー (Ringer, Fritz) 188
リング (Ring, Sister M.-I.) 77
リンチ (Lynch, Katherine, A.) 91-92
ルー (Roux, P.-C.) 149
ル・ヴァン＝ルメスル (Le Van-Lemesle) 98
ルキュイエ (Lecuyer, Bernard-Pierre) 84
ルークス (Lukes, Steven) 206
ルシュヴァリエ (Lechevalier, Jules) 84
ルソー (Rousseau, Jean-Jacques) 31, 33, 40, 42-43, 46-47, 100, 152, 154
ルター (Luthar, Martin) 49
ルテリエ (Leterrier, Sohpie-Anne) 97, 99
ルデル (Rudelle, Odile) 188
ルドリュ＝ロラン (Ledru-Rollin, Alexandre-Auguste) 155, 160, 164-165, 169
ルヌーヴィエ (Renouvier, Charles) 162, 192-198, 202-207
ルノー (Renaud, Hippolyte) 182
ルフェーブル (Lefevre, Georges) 11, 22
ル・ブラ＝ショパール (Le Bras-Chopard, Armelle) 181
ル・プレ (Le Play, Frédéric) 131-136, 221, 234
ルミヤ (Rumillat, Christiane) 182

ルルー（Leroux, Pierre）　86, 150-153, 156, 178, 181, 185
ルロワ（Leroy, Maxime）　71
ルロワ＝ボーリウ（Leroy-Beaulieu, Paul）　235, 238-239, 241, 245
レオ十三世（Léon XIII, Pape）　115, 121
レミュザ（Rémusat, Charles de）　72
ローグ（Logue, William）　184, 197
ロザンヴァロン（Rosanvallon, Pierre）　25, 38, 60, 84, 160, 166, 185, 247
ロビネ（Robinet, Jean-Baptiste-René）　85
ロベスピエール（Robespierre, Maximilien）　36-37, 41, 44-45, 52, 68
ロベール（Robert）　150
ロム（L'homme, Jean）　22
ローラン（Laurent, Emile）　183
ロワイエ＝コラール（Royer-Collard）　68

ワ　行

ワルシャウ（Warshaw, Dan）　184

事項索引

サ　行

タ　行

ナ　行

ハ　行

マ　行

ヤ　行

ラ　行

文　献

※以下に挙げた文献は網羅的なものではなく、本文・脚注で言及するか、本書の内容に直接の示唆を与えたもののみにとどめている。翻訳のある欧語文献のうち、原典を参照したものは（３）欧語文献に、翻訳を参照したものは（４）邦語文献に含めた。

1　文献案内

フランス社会保障史に関して、以下の編著が基本情報を提供している。Michel Guillaume dir., *La sécurité sociale : son histoire à travers les textes,* t. 1, *1780-1870,* Paris, Association pour l'étude de l'Histoire de la Sécurité Sociale, 1988 ; Michel Lagrave dir., *La sécurité sociale : son histoire à travers les textes,* t. 2, *1870-1945*, 1988 ; Alain Barjot dir., *La sécurité sociale : son histoire à travers les textes,* t. 3, *1945-1981,* 1988. 入門用の目録として、Jean Imbert, *Guide du chercheur en histoire de la protection sociale (1789-1914)*, 2 vol. Paris, Comité d'Histoire de la Sécurité Sociale, 1997、包括的な目録として、Nadine Dada, *Bibliographie pour servir à l'histoire de la sécurité sociale, de l'assistance et de la mutualité en France, de 1789 à nos jours,* 16 vol., Bordeau, Société des Bibliographies de Guyenne, 1980 (t. 1 : Ouvrages (2 vol.) ; t. 2 : Articles et revues; t. 3 : Les travaux parlementaires et les actes des autorités de l'exéctif (13 vol.)) がある。フランス国家史については、«Orientation bibliographique», dans Pierre Rosanvallon, *L'Etat en France : de 1789 à nos jours,* Paris, Seuil, 1990, pp. 301-361が基本文献を網羅し、福祉国家関係の目録も充実している。日本に所蔵されている19世紀フランス社会思想史に関する代表的コレクションとして、以下の３点を挙げておく。坂田太郎ほか『フランス社会思想史文献目録―小樽商科大学所蔵手塚文庫目録』春秋社、1966年。『菊池勇夫名誉教授蔵書目録』(菊池文庫) 1969年 (九州大学所蔵)。*Goldsmiths'-Kress Library of economic literature,* 9 vol., New Haven, Conn., Research Publications, 1974-2000 (一橋大学社会科学古典センター所蔵).

2　刊行資料

Archives parlementaires.
Association Catholique, 1885, 1889-1890.
Bulletin de la République, 1848.
Bulletin de la Société internationale des études pratiques d'économie sociale, Paris, 1865-1869.
La Critique philosophique, politique, scientifique, littéraire, revue hébdomadaire, 36 vol., 1872-1889.
Démocratie pacifique, 1848.
Gazette de France, 1831, 1837.

Journal Officiel.
Mémoires de l'académie royale des sciences morales et politiques de l'Iinstitut de France, 1837-1847.
Le National, 1840-1848.
La Réforme, 1848.
La réforme sociale, 1895-1900.
Revue des Deux Mondes, 1831, 1898.

3 欧語文献（著書、論文、辞典、等）

Agulhon, Maurice, *1848 ou l'apprentissage de la République : 1848-1852,* nouvelle éd., Paris, Seuil, 1992.
Agulhon, Maurice, *Les Quarante-huitards,* Paris, Gallimard, 1992.
Aminzade, Ronald, *Ballots and Barricades : Class Formation and Republican Politics in France, 1830-1871,* Princeton, Princeton University Press, 1993.
Anonyme, *Des avantages de la mendicité bien réglée dans l'économie sociale, des inconveniens de sa suppression absolue, et de la nécessité de réformer la législation à cet égard,* Paris, 1816.
Anonyme, *La République démocratique et sociale. Exposition des principes socialistes et de leur application immédiate en France,* 2e éd., Paris, 1849.
Archives du christianisme, t. 6, 1828.
Azouvi, François et Bourel, Dominique, *De Königsberg à Paris : la réception de Kant en France (1788-1804),* Paris, Vrin, 1991.
Badinter, Robert, *La prison républicaine (1871-1914),* Paris, Fayard, 1992.
Baal, Gérard, *Histoire du radicalisme,* Paris, Découverte, 1994.
Bachmann, Christian et le Guennec, Nicole, *Violences urbaines : ascension et chute des classes moyennes à travers cinquante ans de politique de la ville,* Paris, Hachette, 1996.
Badel, Maryse, *Le droit social à l'épreuve du Revenue minimum d'insertion,* Bordeaux, Presses Universitaires de Bordeaux, 1996.
Baker, Keith Michael, *Condorcet : From Natural Philosophy to Social Mathematics,* Chicago and London, University of Chicago Press, 1975.
Baker, Keith Michael ed., *The French Revolution and the Creation of Modern Political Culture,* vol. 1, *The Political Culture of the Old Regime,* Oxford and New York, Pergamon Press, 1987.
Barbet, Auguste, *Mélanges d'économie sociale,* Rouen, 1832.
Barni, Jules, *Philosophie de Kant : examen de la critique du jugement,* Paris, 1850.
Barni, Jules, *Philosophie de Kant : examen des fondements de la métaphysique des mœurs et de la critique de la raison pratique,* Paris, 1851.
Barni, Jules, *La morale dans la démocratie,* Paris, 1868, reproduit chez Kimé, 1992.
Barni, Jules, *Manuel républicain,* 1872, repris dans *La morale dans la démocratie,* Paris,

Kimé, 1992.
Barral, Pierre, *Les fondateurs de la Troisième République,* Paris, Armand Colin, 1968.
Bartier, John éd., *1848, les utopismes sociaux : utopie et action à la veille des journées de Février,* Paris, C. D. U. et SEDES réunis, 1981.
Bastiat, Frédéric, *Propriété et loi : justice et fraternité,* Paris, 1848.
Bastid, Paul, *Sieyès et sa pensée,* Paris, Hachette, 1939.
Baudeau, abbé, *Ephémérides du Citoyen, ou Bibliothèque raisonnée des «Sciences morales et politiques»,* 1767.
Baudet-Dulary, Alexandra Français, *Crise sociale,* Paris, 1834.
Bec, Colette, *Assistance et République : la recherche d'un nouveau contrat social sous la Troisième République,* Paris, Editions de l'Atelier, 1994.
Béchard, Ferdinand, *Essai sur centralisation administrative,* 2 vol, Marseille et Paris, 1836.
Béchard, Ferdinand, *La commune, l'Église et l'Éat dans leurs rapports avec les classes laborieuses,* Paris, 1849.
Bellamy, Richard, *Liberalism and Modern Society : A Historical Argument,* University Park, Pennsylvania State University Press, 1992.
Bénichou, Paul, *Le temps des prophètes: doctrines de l'âge romantique,* Paris, Gallimard, 1977.
Bénichou, Paul, *Le sacré de l'écrivain, 1750-1830 : essai sur l'avènement d'un pouvoir spirituel laïque dans la France moderne,* Paris, Gallimard, 1996.
Berenson, Edward, *Populiste Religion and Left-Wing Politics in France, 1830-1852,* Princeton, Princeton University Press, 1984.
Berenson, Edward, "A New Religion of the Left : Christianity and Social Radicalism in France, 1815-1848", in François Furet and Mona Ozouf ed., *The Transformation of Political Culture, 1789-1848,* London, Pergamon Press, 1989, pp. 543-560.
Bernardini, Jean-Marc, *Le darwinisme social en France (1859-1918): fascination et rejet d'une idéologie,* Paris, CNRS, 1997.
Berstein, Serge, *Histoire du Parti Radical,* t. 1, *la recherche de l'âge d'or, 1919-1926,* Paris, Presses de la Fondation Nationale des Sciences Politiques, 1980
Berstein, Serge, dir., *Les cultures politiques en France,* Paris, Seuil, 1999.
Berstein, Serge, et Rioux, Jean-Pierre, *La France de l'expansion,* t. 2. *L'apogée Pompidou, 1964-1974,* Paris, Seuil, 1995.
Billard, Jacques, *De l'école à la République : Guizot et Victor Cousin,* Paris, Presses Universitaires de France, 1998.
Blanqui, Adolphe, *Des classes ouvrières en France pendant l'année 1848,* Paris, 1849.
Blanc, Louis, *Organisation du travail,* Paris, 1840.
Blanc, Louis, *La république une et indivisible,* Paris, 1851.
Blanc, Louis, *Plus de Girondins,* Paris, 1851.
Blais, Marie-Claude, *Au principe de la République : le cas Renouvier,* Paris, Gallimard, 2000.
Bonald, Louis de, «De la richesse des Nations», 23 désembre 1810, *Gazette de France,* dans *Mélanges littéraires, politiques et philosophiques,* t. 2, *Œuvres complètes,* vol. 11,

Paris, Slatkin, 1982, pp. 346-364.
Bonald, Louis de, «De l'industrie et du paupérisme», *Gazette de France,* 26 juin et 6 sep. 1837.
Bonald, Louis de, *Réflexions sur la révolution de Juillet 1830, et autres inédits,* Paris, Duc-Albatros, 1988.
Borgetto, Michel, *La notion de fraternité en droit public français,* Paris, Librairie générale de droit et de jurisprudence, 1993.
Borgetto, Michel, *La dévise «liberté, égalité, fraternité»,* Paris, Presses Universitaires de France, 1997.
Borgetto, Michel et Lafore, Robert, *La république sociale : contribution à l'étude de la question démocratique en France,* Paris, Presses Universitaires de France, 2000.
Bouglé, Célestin, *Le solidarisme,* Paris, 1907.
Bouglé, Célestin, *Proudhon,* Paris, 1930.
Bourgeois, Léon, *Solidarité,* 1re éd., 1896, reproduit chez Presses Universitaires du Septentrion, Paris, 1998.
Bourgeois, Léon, *Les applications de la solidarité sociale,* Paris, 1901.
Bourgeois, Léon, *Essai d'une philosophie de solidarité,* Paris, 1902.
Bourgeois, Léon, *Les applications sociales de la solidarité : leçons professées à l'école des hautes études sociales,* Paris, 1904.
Bourgeois, Léon, *La mutualité et la lutte contre la tuberculose, conférence faite au Musée social, le 6 novembre 1905,* Paris, 1906.
Bourgeois, Léon, *La politique de la prévoyance sociale,* t. 1, *la doctrine et la méthode,* Paris, 1914.
Bourgeois, Léon, *Solidarité : revue et augmentée,* 7e éd., Paris, Armand Colin, 1912.
Bourgeois, Léon et Croiset, Alfred, *Essai d'une philosophie de la solidarité,* 2e éd., Paris, 1907.
Branciard, *Société française et luttes de classes, 1789-1914,* Lyon, 1967.
Braudel, Fernand et Labrousse, Ernest *Histoire économique et sociale de la France,* t. 3, *1789-années 1880: l'avènement de l'ère industrielle,* Paris, Presses Universitaires de France, 1993.
Bravo, Gian Mario, *Les socialistes avant Marx,* Paris, Maspero, 1970.
Breton, Yves et Lutfalla, Michel dir., *L'économie politique en France au 19e siècle,* Paris, Economica, 1991.
Breton, Yves, "The Société d'Economie politique of Paris (1842-1914)", Massimio M. Augello and Marco E. L. Guidi ed., *The Spread of Political Economy and the Professionalisation of Economics : Economic societies in Europe, America and Japan in the nineteenth century,* London and New York, Routledge, 2001.
Bron, Jean, *Histoire du mouvement ouvrier français,* t. 1, *le droit à l'existence du début du 19e siècle à 1884,* Paris, Editions Ouvrières, 1968.
Buchez et Roux, *Histoire parlementaire de la Révolution française,* 40 vol., Paris, 1834-1838.
Budin, P., Gide, Ch. et al., *Les applications sociales de la solidarité,* Paris, Félix Alcan, 1904.
Buisson, Ferdinand, *La politique radicale : étude sur les doctrines du parti radical et radical-socialiste,* Paris, 1908.

Burchell, Graham, Cordon, Colin and Miller, Peter ed., *The Foucault Effect : Studies in Governmentality,* Chicago, University of Chicago Press, 1991.

Buret, Eugène, *De la misère des classes laborieuses en Angleterre et en France,* 2 vol. Paris, 1840.

Cabanis, *Œuvres philosophiques de Cabanis,* 2 vol., Paris, Presses Universitaires de France, 1956.

Cabet, Etienne, *Voyage en Icarie,* Paris, 1840.

Caron, Jean-Claude, *La nation, l'Etat et la démocratie en France de 1789 à 1914,* Paris, Armand Colin, 1995.

Carlton, Donald Geoffrey, *Positivist Thought in France : during the Second Empire, 1852-1870,* Westport and Connecticut, Greenwood Press, 1976.

Castel, Robert et Laè, Jean-François dir., *Le revenu minimum d'insertion : une dette sociale,* Paris, Harmattan, 1992.

Castel, Robert, *Les métamorphoses de la question sociale : une chronique du salariat,* Paris, Gallimard, 1995.

Cénag-Mongaut, M. J., *Eléments d'économie sociale d'organisation du travail,* 2e éd., Paris, 1848.

Centre universitaire de recherches administratives et politiques de Picardie, *La solidarité : un sentiment républicain ?,* Paris, Presses Universitaires de France, 1992.

Chambelland, Colette, dir., *Le Musée social en son temps,* Paris, Presses de l'École Normale Supérieure, 1998.

Chamborant, C. G. de, *Du paupérisme, ce qu'il était dans l'antiquité, ce qu'il est de nos jours,* Paris, 1842.

Champneuf, Guerry de, *Comptes générales de l'administration de la justice criminelle,* 1827.

Changy, Hugues Carpentier de, *Le parti légitimiste sous la Monarchie de Juillet (1830-1848),* Thèse de l'Université de Paris Val-de Marne, 1980.

Charle, Christophe, *Les élites de la République, 1880-1900,* Paris, Fayard, 1987.

Charle, Christophe, *Naissance des «intellectuels» (1880-1900),* Paris, Minuit, 1990.

Charle, Christophe, *Histoire sociale de la France au 19e siècle,* Paris, Seuil, 1991.

Charle, Christophe, *République des universitaires,* Paris, Gallimard, 1994.

Cherbuliez, *Le socialisme c'est la berbarie : examen des questions sociales qu'a soulevées la Révolution du 24 février 1848,* Paris, 1848.

Cheysson, Emile, *L'Economie sociale à l'Exposition universelle de 1889. Communication faite au congrès d'économie sociale le 13 juin 1889,* Paris, 1889.

Cheysson, Emile, «Les assurances ouvrières», *La réforme sociale,* 3e série, t. 10, 1er octobre 1895, pp. 513-525.

Cheysson, Emile, «L'évolution des idées et des systèmes de retraite», *La réforme sociale,* 16 février 1902, 5e série, t. 3 (t. 18 collection).

Cheysson, Emile, *La solidarité sociale,* extrait de *l'Economiste français,* numéro du 4 juillet, 1903.

Cheysson, Emile, *Les retraites ouvrières,* Paris, 1905

Cheysson, Emile, *Emile Cheysson : Œuvres choisis,* 2 vol., Paris, 1911.

Clark, Terry Nichols, *Prophets and Patrons : the French University and the Emergence of the Social Sciences,* Cambridge and Massachusetts, Harvard University Press, 1973.

Clarkson, William, *An Inquiry into the Cause of the Increase of Pauperism and Poor Rates,* London, 1816.

Comte, Auguste, «Plan des travaux scientifiques nécessaires pour réorganiser la société», *Appendice général du système de politique positive,* Paris, 1822, dans *Œuvres d'Auguste Comte,* t. 10, Paris, Anthropos, 1970（霧生和夫訳「社会再組織化に必要な科学的作業のプラン」『世界の名著36』中央公論社、1970年、47-139頁）.

Comte, Auguste, «Discours préliminaire sur l'esprit positif», *Traité philosophique d'Astronomie populaire,* 1844, dans *Œuvres d'Auguste Comte,* t. 11, Paris, Anthropos, 1970（霧生和夫訳「実証精神論」『世界の名著36』中央公論社、1970年、141-233頁）.

Comte, Auguste, *Cours de philosophie positive,* 6 vol., 1841-1842.

Comte, Auguste, *Système de politique positive,* Paris, t. 4, 1854.

Condorcet, *Œuvres de Condorcet,* 12 vol., Paris, 1847-49.

Condorcet, *Essai sur l'application de l'analyse à la probabilité des décisions rendues à la pluralité des voix,* 1785.

Condorcet, *Esquisse d'un tableau historique des progrès de l'esprit humain,* 1785, reproduit chez Vrin, Paris, 1970（渡邊誠訳『人間精神進歩史』岩波文庫、1951年）.

Considérant, Victor, *Principes du socialisme : manifeste de la démocratie au 19ᵉ siècle,* Paris, 1847.

Considérant, Victor, *La législation directe par le peuple,* Paris, 1850.

Considérant, Victor, *La solution ou le gouvernement direct du peuple,* Paris, 3ᵉ éd, 1851.

Constant, Benjamin, *De l'esprit de conquête et de l'usurpation dans leurs rapports avec la civilisation européenne,* 1814, reproduit chez Flammarion, Paris, 1986.

Coquelin, Ch. et Guillaumin dir., *Dictionnaire de l'économie politique,* 2 vol., Paris, 1873.

Cousin, Victor, *Justice et charité, petits traités publiés par l'Académie des sciences morales et politiques,* Paris, 1848.

Crossly, Ceri, *French Historians and Romanticism : Thierry, Guizot, the Saint-Simonians, Quinet, Michelet,* London and New York, Routledge, 1993.

Cuvillier, Armand, *Un journal d'ouvriers, «L'Atelier» (1840-1850),* Paris, Éditions ouvrières, 1954.

Cuvillier, Armand, *Hommes et idéologues de 1840,* Paris, Liberairie Marcel Rivière, 1956.

David, Marcel, *Le printemps de la Fraternité : genèse et vicissitudes 1830-1851,* Paris, Aubier, 1992.

David, Marcel, *Fraternité et Révolution française,* Paris, Aubier, 1987.

David, Marcel, *Les fondements du social : de la IIIᵉ République à l'heure actuelle,* Paris, Anthropos, 1993.

d'Angeville, Adolphe, *Essai sur la statistique de la population française, considérée sous quelques-uns de ses rapports physiques et moraux,* Paris, 1836.

de Coux, Charles, *Essai d'économie politique : discours prononcé à l'ouverture d'un cours d'économie politique,* Paris, 1832.

Donzelot, Jacques, *La police des familles,* Paris, Éditions de Minuit, 1977（宇波彰訳『家族に介入する社会—近代家族と国家の管理装置』新曜社、1991年）.

Donzelot, Jacques, *L'invention du social : essai sur le déclin des passions politiques,* Paris, Fayard, 1984.

Donzelot, Jacques, *Face à l'exclusion : le modèle français,* Paris, Editions Esprit, 1991.

Donzelot, Jacques et Estèbe Philippe, *L'Etat animateur : essai sur la politique de la ville,* Paris, Editions Esprit, 1994.

Donzelot, Jacques, «L'avenir du social», *Esprit,* Mars 1996, pp. 58-81.

Dreyfus, M., Gibaud, B., Gueslin, A. dir., *Démocratie, solidarité et mutualité : autour de la loi de 1898,* Paris, Economica, 1999.

Dreyfus, Michel, *Liberté, Egalité, Mutualité : mutualisme et syndicalisme, 1852-1967,* Paris, Editions de l'Atelier, 2001.

Droz, *Histoire générale du socialisme,* t. 1, *des origines à 1875,* Paris, Presses Universitaires de France, 1997.

Droz, Jacques, *Histoire des doctrines politiques en France,* Paris, Presses Universitaires de France, 1948.

Droz, Joseph, *Économie politique ou principe de la science de richesses,* 2e éd., Paris, 1846.

Dubois, Pascal, *Le solidarisme,* Thèse de l'Universite de Paris, 1985

Duchâtel, M. T., *De la Charité, dans ses rapports avec l'état moral et le bien-être des classes inférieures,* Paris, 1829.

Duchâtel, M. T., *Considérations d'économie politique sur la bienfaisance ou de la charité,* 2e éd., Paris, 1836.

Ducpetiaux, Edouard, *Des moyens de soulager et de prévenir l'indigence, d'éteindre la mendicité : extrait d'un rapport adressé au Ministre de l'intérieur : suivi d'un projet de la loi pour l'extinction de la mendicité et de renseignemens statistiques sur l'état des établissemens de bienfaisance en Belgique,* Bruxelles, 1832.

Dufau, P. A., *Traité de statistique, ou Théorie de l'étude des lois d'après lesquelles se développent les faits sociaux : suivi d'un essai de statistique physique et morale de la population française,* Paris, 1840.

Duguit, Léon, *La théorie générale de l'Etat,* 2e éd., Paris, 1923.

Duguit, Léon, *Les transformations du droit public,* 3e tirage, Paris, Armand Colin, 1925.

Dunoyer, Charles, *L'industrie et la morale considérées dans leurs rapports avec la liberté,* Paris, 1825.

Dupeyroux, Jean Jacques, *Droit de la sécurité sociale,* 14e éd., Paris, Dalloz, 2001.

Dupin, Charles, *Bien-être et concorde des classes du peuple français,* Paris, 1840.

Dupon-White, *L'individu et l'Etat,* Paris, 1856.

Duprat, Catherine, "*Pour l'amour de l'humanité*" *: Le temps des philanthropes, la philanth-*

ropie parisienne des Lumières à la monarchie de Juillet, Paris, C. T. H. S., 1993.
Duprat, Catherine, *Usage et pratiques de la philanthropie : pauvreté, action sociale et lien social, à Paris au cours du premier 19e siècle,* 2 vol., Paris, Comité d'Histoire de la Sécurité Sociale, 1997.
Durkheim, Émile, *De la division du travail social,* (1re éd. 1893), 2e éd., Paris, 1902（田原音和訳、『社会分業論』青木書店、1971年）.
Durkheim, Émile, *Les règles de la méthode sociologique,* (1re éd. 1895) Paris, 1919（宮島喬訳『自殺論』中公文庫、1985年）.
Durkheim, Émile, *Le suicide : étude de sociologie,* Paris, Presses Universitaires de France, 1930 (1re éd. 1897)（宮島喬訳『社会学的方法の規準』岩波文庫、1978年）.
Durkheim, Émile, *Le socialisme : sa définition, ses débuts, la doctrine saint-simonienne,* Paris, 1928（森博訳『社会主義およびサン-シモン』恒星社厚生閣、1977年）.
Durkheim, Émile, *La science sociale et l'action,* Paris, Presses Universitairesde France, 1970（佐々木交賢、中嶋明勲訳『社会科学と行動』恒星社厚生閣、1988年）.
Durkheim, Émile, *Leçons de sociologie,* Paris, Presses Universitaires de France, (1re éd. 1950), 1997（宮島喬、川喜多喬訳『社会学講義』みすず書房、1974年）.
Durkheim, Émile, «De quelques formes primitives de classification», *Année sociologique,* vol. 3, 1903.
Durkheim, Émile, *Textes,* 3 vol., Paris, Editions de Minuit, 1975.
Duroselle, Jean-Baptiste, *Les débuts du catholicisme social en France (1822-1870),* Paris, Presses Universitaires de France, 1951.
Dutton, Paul V., *Origins of the French Welfare State : the Struggle for Social Reform in France, 1914-1947,* Cambridge, Cambridge University Press, 2002.
Elwitt, Sanford, *The Third Republic Defended : Bourgeois Reform in France, 1880-1914,* Baton Rouge and London, Louisiana State University Press, 1986.
Encyclopédie, ou Dictionnaire raisonné des sciences, des arts et des métiers, par une société de gens de letttres, 1777-1779.
Epsztein, Léon, *L'économie et la morale aux débuts du capitalisme industriel en France et en Grand-Bretagne,* Paris, École pratique des hautes études, 6e section, mémoire 62, 1966.
Evans, David Owen, *Le socialisme romantique : Pierre Leroux et ses contemporains,* Paris, Marcel Rivière, 1948.
Ewald, François, *L'Etat-providence,* Paris, Grasset, 1986.
Faure, Olivier et Dessertine, Dominique, *La maladie entre libéralisme et solidarité (1850-1940),* Paris, Mutualité française, 1994.
Fedi, Laurent, *Le problème de la connaissance dans la philosophie de Charles Renouvier,* Paris, Harmattan, 1998.
Festy, Octave, *Le mouvement ouvrier au début de la monarchie de Juillet, 1830-1834,* Paris, Edouard Cornely, 1908.
Fix, Théodore, *Observations sur l'état des classes ouvrières,* Paris, 1845.
Fontana, Biancamariam ed., *The Invention of the Modern Republic,* Cambridge, Cambridge

University Press, 1994.
Forrest, Alan, *The French Revolution and the Poor,* Oxford, Basil Blackwell, 1981.
Foucault, Michel, *Les mots et les choses. Une archéologie des sciences humaines,* Paris, Gallimard, 1966（渡辺一民、佐々木明訳『言葉と物―人文科学の考古学』新潮社、1974年）.
Foucault, Michel, *Histoire de la folie à l'âge classique,* Paris, Gallimard, 1972（田村俶訳『狂気の歴史―古典主義の時代における―』新潮社、1975年）.
Foucault, Michel, *Surveiller et punir : naissance de la prison,* Paris, Gallimard, 1975（田村俶訳『監獄の誕生―監視と処罰』新潮社、1977年）.
Foucault, Michel, «Sécurité, territoire, population», *Annuaire du Collège de France, 78e année,* 1978, pp. 445-449（「治安・領土・人口」『ミシェル・フーコー思考集成VII』筑摩書房、2000年、364-369頁）.
Foucault, Michel, «Naissance de la biopolitique», *Annuaire du Collège du France, 79e année,* 1979, pp. 367-372（「生体政治の誕生」『ミシェル・フーコー思考集成VIII』筑摩書房、2001年、134-142頁）.
Foucault, Michel, «La politique de la santé au 18e siècle», dans *Les machine à guèrir,* Bruxelles, Pierre Mardaga, 1979, pp. 7-18（「十八世紀における健康政策」『ミシェル・フーコー思考集成VIII』筑摩書房、2001年、6-22頁）.
Foucault, Michel, *Dits et ecrits,* 4 vol., Paris, Gallimard, 1994（蓮見重彦、渡辺守章監修『ミシェル・フーコー思考集成』全10巻、筑摩書房、1998-2001年）.
Foucault, Michel, *Naissance de la biopolitique,* Paris, Seuil/Gallimard, 2004.
Fouillée, Alfred, *La liberté et le déternimisme,* Paris, 1872.
Fouillée, Alfred, *La science sociale contemporaine,* Paris, Hachette, 1880.
Fouillée, Alfred, *La démocratie politique et sociale,* Paris, Félix Alcan, 1910.
Fouillée, Alfred, *Moral des idée-forces,* 2e éd., Paris, Félix Alcan, 1908.
Fourrier, Charles, *Théorie de l'unité universelle,* Paris, 1822.
Frégier, H. -A., *Des classes dangereuses de la population dans les grandes villes, et des moyens de les rendre meilleurs,* Paris, 1840.
Furet, François, *Penser la Révolution française,* Paris, Gallimard, 1978（大津真作訳『フランス革命を考える』岩波書店、1989年）.
Furet, François, *La gauche et la révolution au 19e siècle : Edgar Quinet et la question du jacobinisme, 1865-1870,* Paris, Hachette, 1986.
Garnier, Joseph, *De l'origine et de la filiation du mot économie politique et des divers autres noms donnés à la science économique,* Paris, 1852.
Garnier, Joseph éd., *Le droit au travail à l'Assemblée Nationale : recueil complèt de tous les discours prononcés dans cette mémorable discussion,* Paris, 1848.
Gauchet, Marcel, *La révolution des droits de l'homme*, Paris, Gallimard, 1989.
Gauchet, Marcel, *La révolution du pouvoir : la souveraineté, le peuple et la représentation 1789-1799,* Paris, Gallilard, 1995（富永茂樹、北垣徹、前川真行訳『代表制の政治哲学』みすず書房、2000年）.
Gély, Joseph, *Etude générale sur le risque professionnel dans les accidents du travail,* Thèse

pour le doctorat de l'Université de Toulouse, 1898.
Gérando, le baron de Joseph-Marie de, *De la génération des connaissances humaines,* Berlin, 1802.
Gérando, le baron de Joseph-Marie de, *Du perfectionnement moral, ou de l'éducation de soi-même,* Paris, 2e éd., 1826.
Gérando, le baron de Joseph-Marie de, *Le visiteur du pauvre,* 3e éd., Paris, 1826, reimpression chez Jean-Michel Place, Paris, 1989.
Gérando, le baron de Joseph-Marie de, *De la bienfaisance publique,* 2 vol., Paris, 1839.
Gerando, le baron de Joseph-Marie de, *Des progrès de l'industrie dans leurs rapports avec le bien-être physique et moral de la classe ouvrière,* 2e éd., 1845.
Gibaud, Bernard, *De la mutualité à la sécurité sociale : conflits et convergences,* Paris, Éditions ouvrières, 1986.
Gibaud, Beranrd, *Mutualité, assurances (1850-1914) : les enjeux,* Paris, Economica, 1998.
Gide, Charles, *Quatre écoles d'économie sociale, Conférence faite à Genève, le 28 mars 1890.*
Gide, Charles, *Charles Fourier : œuvres choisies,* Paris, 1890.
Gide, Charles, *Exposition universelle internationale de 1900 à Paris, Rapports du jury international, introduction générale, 6e partie, économie sociale,* Paris, 1901.
Gide, Charles, *Economie sociale,* 3e éd., Paris, 1907.
Gide, Charles et Riste, Charles, *Histoire des doctrines économiques : depuis les physiocrates jusqu'à nos jours,* 2e éd., Paris, 1913.
Gide, Charles, *Fourier : précurseur de la coopération,* Paris, Association pour l'enseignement de la coopération, 1924.
Gide, Charles, *Cours d'économie politique,* 10e éd., 2 vol., Paris, 1930-1931.
Gide, Charles, *La solidarité. Cours au Collège de France, 1927-1928,* Paris, 1932.
Gigot, Albert, «Les assurances ouvrières et le socialisme d'Etat», *La réforme sociale,* 3e série, t. 9, 1er juin, 1895, pp. 829-846.
Girardin, Emile, *L'abolition de l'autorité par la simplification du gouvernement,* Paris, 1850.
Gouhier, Henri, *La jeunesse d'Auguste Comte et la formation du positivisme,* 3 vol., Paris, Vrin, 1970.
Grancer, Gilles-Gaston, *La mathématique sociale de Condorcet,* Paris, Presses Universitaires de France, 1956.
Guepin, Alphonse, *Traité d'économie sociale,* Paris, 1833.
Guerry, *Essai sur la statistique morale de la France,* Paris, 1833.
Gueslin, André et Guillaume, Pierre dir., *De la charité médiévale à la sécurité sociale : économie de la protection sociale du Moyen Âge à l'époque contemporaine,* Paris, Editions Ouvrières, 1992.
Gueslin, André, *L'invention de l'économie sociale : idées, pratiques et imaginaires coopératifs et mutualistes dans la France de 19e siècle,* nouvelle éd., Paris, Economica, 1998.
Gueslin, André, *Gens pauvres, pauvres gens dans la France au 19e siècle,* Paris, Aubier, 1998.
Guieysse, Paul, *Troisième rapport supplémentaire de M. Guieysse au nom de la commission d'assurance et de prévoyance sociales,* 31 janvier 1902.

Guizot, François, *Des moyens de gouvernement et d'opposition dans l'état actuel de la France,* 1821, reproduit chez Belin, 1988.

Guizot, François, *Histoire de la civilisation en Europe depuis la chute de l'Empire romain jusqu'à la Révolution française,* 1828（安士正夫訳『ヨーロッパ文明史』全２巻、角川文庫、1954年）.

Guizot, François, *De la démocratie en France,* Paris, 1849.

Gurvitch, Georges, *L'idée du droit social : notion et système du Droit Social. Histoire doctrinale depuis le 17e siècle jusqu'à la fin du 19e siècle,* Paris, 1932.

Guyau, Augustin, *La politique et la sociologie d'Alfred Fouillée,* Paris, Félix Alcan, 1913.

Hahn, Roger, *The Anatomy of a Scientific Institution : The Paris Academy of Sciences, 1666-1803,* Los Angeles, University of California, 1971.

Hamburger, Maurice, *Léon Bourgeois, 1851-1925,* Paris, Librairie des Sciences Politiques et Sociales, 1932.

Haroche, Claudine, «La compassion comme amour social et politique de l'autre au 18e siècle», dans Centre de Recherches Administratives et Politiques de Picarde, *La solidarité : un sentiment républicain ?,* Paris, Presses Universitaires de France, 1992, p. 11-25.

Hatzfeld, Henri, *Du paupérisme à la sécurité sociale, 1850-1940 : essai sur les origines de la Sécurité sociale en France,* Nancy, Presses Universitaires de France, 1989.

Hayward, J. E. S., "Solidarity : The Social History of an Idea in Nineteenth Century France", *International Review of Social History,* no. 4, 1959, pp. 261-284.

Hayward, J. E. S., "The Official Social Philosophy of the French Third Republic : Léon Bourgeois and Solidarism", *International Review of Social History,* no. 6, 1961, pp. 19-48.

Hayward, J. E. S., "Educational Pressure Groups and the Indoctrination of the Radical Ideology of Solidarism", *International Review of Social History,* no. 8, 1963, pp. 1-17.

Hazareesingh, Sudhir, *From Subject to Citizen : the Second Empire and the Emergence of Modern French Democracy,* Princeton, Princeton University Press, 1998.

Hazareesingh, Sudhir, *Intellectual Founders of the Republic : Five Studies in Nineteenth-Century French Republican Political Thought,* Oxford, Oxford University Press, 2001.

Head, Brian William, *Ideology and Social Science : Distutt de Tracy and French Liberalism,* Boston and Lancaster, Martinus Nijhoff Publishers, 1985.

Himmelfarb, Gertude, *The Idea of Poverty : England in the Early Industrial Age,* New York, Alfred A. Knope, 1984.

Holmes, Stephen, *Benjamin Constant and the Making of Modern Liberalism,* New Haven, Yale University Press, 1984.

Horne, Janet, «Le Musée social à l'origine : les métamorphoses d'une idée», *Le mouvement social,* avril-juin, 1995, pp. 47-69.

Horne, Janet, «Le libéralisme à l'épreuve de l'industrialisation : la réponse du Musée social»,

dans Colette Chambelland dir., *Le musée social en son temps,* Paris, Presses de l'Ecole Normale Supérieure, 1998, pp. 13-25.

Horne, Janet, R., *A Social Laboratory for Modern France : The Musée social and the Rise of the Welfare State,* Durham and London, Duke University Press, 2002 (trad. fr.: *Le musée social : aux origines de l'Etat providence,* Paris, Belin, 2004).

Hunt, H. -J., *Le socialisme et le romantisme en France : étude de la presse socialiste de 1830 à 1848,* Oxford, Clarendon Press, 1935.

Isambert, Gaston, *Les idées socialistes en France de 1815 à 1848 : le socialisme fondé sur la fraternité et l'union des classes,* Paris, 1905.

Izoulet, Jean, *La cité moderne,* Paris, 1894.

Jaume, Lucian, *Le discours jacobin et la démocratie,* Paris, Fayard, 1989.

Jaume, Lucian, *L'individu effacé, ou le paradoxe du libéralisme français,* Paris, Fayard, 1997.

Juillard, Jacques, *La faute à Rousseau : essai sur les conséquences historiques de l'idée de souveraineté populaire,* Paris, Seuil, 1985.

Kalora, B. et Savoye A., *Les inventeurs oubliés. Le Play et ses continuateurs aux origines des sciences sociaes,* Seyssel, Éditions du Champ-Valon, 1989.

Kayser, Jacques, *Les grandes batailles du radicalisme des origines aux portes du pouvoir 1820-1901,* Paris, Rivière et Cie, 1961.

Kelly, Michael, *Hegel in France,* Birmingham, Birmingham Modern Languages Publications, 1992.

Keslassy, Eric, *Le libéralisme de Tocqueville à l'épreuve du paupérisme,* Paris, Harmattan, 2000.

Kitagaki, Toru, «Alfred Fouillée et l'idéal républicain», *Zinbun (Kyoto University),* t. 31, 1993, pp. 83-134.

Laberthonnière, Lucian, *Critique du laïcisme, ou Comment se pose le problème de Dieu,* Paris, Vrin, 1948.

la Borde, Alexandre, *De l'esprit d'association dans tous les intérêts de la communauté,* 3e éd., Paris, 1834.

Lallemand, Léon, *La Révolution et les pauvres,* Paris, 1898.

Lallier, F., «D'une nouvelle école d'économie politique», *Revue européenne,* t. 1, pp. 129-148, t. 2, pp. 247-283, 1835.

Lamartine, *Histoire de la Révolution de 1848,* Paris, 1848.

Lamberti, Jean-Claude, *Tocqueville et les deux démocraties,* Paris, Presses Unversitaires de France, 1983.

Lamennais, Félicité, *De l'esclavage moderne,* 4e éd., Paris, 1840.

Lamennais, Félicité, *Livre du peuple,* Paris, 1837 (田邊貞之助訳『民衆に与ふる書』創元社、1949年).

La Rochefoucauld-Liancourt, *Premier rapport du comité de mendicité, exposé des principes généraux qui ont dirigé son travail,* Paris, 1790.

La Rochefoucauld-Liancourt, *Quatrième rapport du comité de mendicité, Secours à donner à la classe indigente dans les différens âges et dans les différentes circonstances de*

la vie, 1790.

La Rochefoucauld-Liancourt, *Septième rapport du comité de mendicité, exposé des principes généraux qui ont dirigé son travail,* Paris, 1790.

Laroque, Pierre, *Au service de l'homme et du droit, souvenir et réflexions,* Paris, Association pour l'étude et l'histoire de la Sécurité sociale, 1993.

Laurent, Emile, *Le paupérisme et les associations de prévoyance : nouvelles études sur les sociétés de secours mutuels, histoire—économie politique—administrations,* Paris, 2 vol., 1865.

Lavisse, E., «Une école d'enseignement socialiste révolutionnaire», *Journal des débats,* 17 novembre 1893.

Lavoisier, *De la richesse territoriale du royaume de France,* 1791.

Le Van-Lemesle, «Les économistes libéraux et la Révolution française», dans Actes du Colloque International de Vizille (6-8 septembre 1989), *La pensée économique pendant la Révolution française,* Grenoble, Presses Universitaires de Grenoble, 1990.

Le Bras-Chopard, Armelle, *De l'égalité dans la différence : le socialisme de Pierre Leroux,* Paris, Presses de la Fondation Nationale des Sciences Politiques, 1986.

Le Bras-Chopard, Armelle, «Métamorphose d'une notion : la solidarité chez Pierre Leroux», dans Centre de Recherches Administratives et Politiques de Picarde, *La Solidaité : un sentiment républicain ?,* Paris, Presses Universitaires de France, 1992, pp. 55-69.

Lechevalier, Jules, *Question sociale : de la réforme industrielle, considérée comme problème fondamental de la politique positive,* Paris, 1833.

Lecuyer, Bernard-Pierre, «Médecins et observateurs sociaux : les Annales d'hygiène publique et de médecine légale (1820-1850)», dans *Pour une histoire de la statistique,* Paris, INSEE, 1977, rééd. Economica, 1987.

Ledru-Rollin, «Du gouvernement direct par le peuple», «Plus de président, plus de représentants», dans *La voix du proscrit,* Paris, 1848.

Ledru-Rollin, *Discours politiques et écrits divers,* 2 vol., Paris, 1879.

Lefevre, Georges, *Quatre-vingt-neuf,* Paris, 1939 (高橋幸八郎ほか訳『1789年—フランス革命序論』岩波書店、1975年).

Lefranc, Jean, *La philosophie en France au 19ᵉ siècle,* Paris, Presses Universitaires de France, 1998.

Lenoir, René, *Les exclus : un Français sur dix,* Paris, Seuil, 1974.

Léon XIII, Pape, «De la condition des ouvriers : à tous nos vénérables frères les patriarches, primats, archevêques et évêques du monde catholique en grace et communion avec le siècle apostolique», *Etudes religieuses, philosophiques, historiques et littéraires : revue mensuelle,* no. 53, 1890, pp. 177-237.

Le Play, Frédéric, *La réforme sociale en France.* Déduit de *l'observation comparée des peuples européens,* 2 vol., 1864.

Le Play, Frédéric, *Les ouvriers européens,* 2ᵉ éd., 6 vol., Tours, 1877-1879.

Le Play Frédéric, *L'organisation de la famille selon le vrai modèle,* Paris, 5e éd, 1895.

Le Play, Frédéric, *La méthode sociale,* abrégé des *Ouvriers européens,* Paris, Méridiens Klincksieck, 1989.

Leroux, Pierre, «De l'individualisme et du socialisme», 1833, repris dans *Aux philosophes, aux artistes, aux politiques : trois discours et autres textes,* Paris, Payot et Rivages, 1994, pp. 235-255.

Leroux, Pierre, «De l'économie politique anglaise», dans *Aux philosophies, aux artistes, aux politiques : trois discours et autres textes,* Paris, Payot et Rivages, 1994 (article paru dans *Le National* en 1834), pp. 257-267.

Leroux, Pierre, *De l'Humanité,* 1840, reproduit chez Fayard, Paris, 1985.

Leroux, Pierre, *De l'égalité,* Paris, 1848.

Leroux, Pierre, *Réfutation de l'éclectisme,* Paris et Genève, Slatkin, 1979.

Leroy, Maxime, *Histoire des idées sociales en France,* t. 2, *de Babeuf à Tocqueville,* Paris, Gallimard, 1950.

Leroy, Maxime, *Histoire des idées sociales en France,* t. 3, *d'Auguste Comte à P.-J. Proudhon,* Paris, Gallimard, 1954.

Leroy-Beaulieu, Paul, *L'Etat moderne et ses fonctions,* 3e éd., Paris, 1900.

Les révolutions du 19e siècle. 1848 : La révolution démocratique et sociale, 10 vol., Paris, EDHIS, 1984.

Leterrier, Sophie-Anne, *L'institution des sciences morales (1795-1850),* Paris, Harmattan, 1995.

Liard, Louis, *La science positive et la métaphysique,* Paris, 1879.

Logue, William, *From Philosophy to Sociology,* DeKalb, Illinois, Northern Illinois University Press, 1983.

Logue, William, *Charles Renouvier : Philosopher of Liberty,* Baton Rouge and London, Louisiana State University Press, 1992.

Lukes, Steven, *Émile Durkheim, His Life and Work : A Historical and Critical Study,* London and New York, Penguin Books, 1975.

Lynch, Katherine A., *Family, Class and Ideology in Early Industrial France : Social Policy and the Working-Class Family, 1825-1848,* The University of Wisconsin Press, 1988.

Maistre, Joseph de, «De la richesse des Nations» du 23 décembre, 1810, dans *Mélanges littéraires, politiques et philosophiques,* t. 2, *Œuvres complètes,* vol. 11, Paris, Slatkin, 1982, pp. 346-364.

Manent, Pierre, *Histoire intellectuelle du libéralisme : dix leçons,* Paris, Calmann-Lévy, 1987.

Manent, Pierre, *La cité de l'homme,* Paris, Flammarion, 1997.

Marbeau, J.-B.-F., *Politique des intérêts, ou Essai sur les moyens d'améliorer le sort des travailleurs sans nuire aux propriétaires,* Paris, 1834.

Marco, Luc dir., *Les revues d'économie en France (1751-1994),* Paris, Harmattan, 1996.

Marion, Henri, *De la solidarité morale : essai de psychologie appliquée,* 6e éd., Paris, 1907.

Mathiez, Albert, *La Révolution française,* 1922（ねづまさし、市原豊太訳『フランス大革命』

全3巻、岩波書店、1958-1959年).
Mauranges, G., *Sur l'histoire de l'idée de solidarité,* Thèse de Université de Paris, Faculté de droit, Paris, A. Michalon, 1909.
Maze, Hyppolyte, *La lutte contre la misère,* Paris, 1883.
Michel, Henry, *L'idée de l'État : essai critique sur l'histoire des théories sociales et politiques en France depuis la Révolution,* Paris, Hachette, 1896.
Michel, Pierre, *Un myth romantique : les barbares, 1789-1848,* Lyon, Presses Universitaires de Lyon, 1981.
Mignet, François, *Histoire de la Révolution française depuis 1789 jusqu'en 1814,* Paris, 1824.
Milhaud, Gaston, *La philosophie de Charles Renouvier,* Paris, Vrin, 1927.
Millerand, Alexandre, *Le socialisme réformiste français,* Paris, 1903.
Milne-Edwards et Perrier, Edmond, *Les colonies animales,* Paris, 1881.
Morogues, Bon Bigot de, *Du paupérisme, de la mendicité et des moyens d'en prévenir les funestes effets,* Paris, 1834.
Mucchielli, Laurent dir., *Histoire de la criminologie française,* Paris, Harmattan, 1994.
Mucchielli, Laurent, *La découverte du social : naissance de la sociologie en France,* Paris, Découverte, 1998.
Murard, Lion et Zylberman, Patrick, *L'hygiène dans la République : la santé publique en France, ou L'utopie contrariée, 1870-1918,* Paris, Fayard, 1996.
Napoléon, Louis-Bonaparte, *L'extinction du paupérisme,* Paris, 1840.
Napoléon, Louis-Bonaparte, *Œuvres Napoléon III,* 2 vol., Paris, 1854.
Naville, Français Marc Louis, *De la charité légale, de ses effets, de ses causes, et spécialement des maisons de travail, et de la proscription de la mendicité,* 2 vol., Paris, 1836.
Necker, Jacgues, «Sur la législation et le commerce des grains», 1848, dans *Collections des principaux économistes,* t. 15, *Mélagnes d'économie politique,* v. 2, 1848, nouvelle éd., Osnabrück, Otto Zeller, 1966.
Nicolet, Claude, *Le radicalisme,* Paris, Presses Universitaires de France, 1974（白井成雄ほか訳『フランスの急進主義―大革命精神の系譜』白水社、1975年).
Nicolet, Claude, *L'idée républicaine en France（1789-1924）: essai d'histoire critique,* Paris, Gallimard, 1994.
Nicolet, Claude, «Jules Ferry et la tradition positiviste», *Jules Ferry : fondateur de la République,* Paris, Editions de l'Ecole des Hautes Etudes en Sciences Sociales, 1985.
Nisbet, Robert, *The Sociology of Emile Durkheim,* New York, Oxford University Press, 1974.
Nique, Christian, *François Guizot : l'école au service du gouvernement des esprits,* Paris, Hachette, 1999.
Nora, Pierre dir., *Les lieux de mémoire,* 7 vol., Paris, Gallimard, 1984-1992（抄訳、谷川稔監修『記憶の場』全3巻、岩波書店、2002-2003年).
Nord, Philip, "The Welfare State in France, 1870-1914", *French Historical Studies,* vol. 18, no. 3, Spring 1994, pp. 821-838.
Nord, Philip, *The Republican Moment : Struggles for Democracy in Nineteenth-Century*

France, Cambridge, Harvard University Press, 1998.
Ozouf, Mona, *La fête révolutionnaire,* Paris, Gallimard, 1976.
Ozouf, Mona, *L'homme régénéré : essai sur la Révolution française,* Paris, Gallimard, 1989.
Ozouf, Mona, «Liberté, égalité, fraternité», dans Pierre Nora dir., *Les lieux de memoire,* vol. 3, *Les France,* t. 3, *de l'archive à l'emblème,* Paris, Gallimard, 1992, pp. 582-629.
Palier, Bruno, *Gouverner la sécurité sociale : les réformes du système français de protection sociale depuis 1945,* Paris, Presses Universitaires de France, 2002.
Parent-Duchâtelet, *De la prostitution dans la ville de Paris, considérée sous le rapport de l'hygiène publique, de la morale et de l'administration,* Paris, 1836.
Paugam, Serge, *L'Exclusion : l'état des savoirs,* Paris, Découverte, 1996.
Pecqueur, Constantin, *L'Économie sociale. Des intérêts du commerce de l'industrie et de l'agriculture, et de la civilisation en générale, sous l'influence des applications de la vapeur,* Paris, 1839.
Pedersen, Susan, *Family, Dependence, and the Origins of the Welfare State : Britain and France, 1914-1945,* Cambridge, Cambridge University Press, 1993.
Perrot, Jean-Claude, *Une histoire intellectuelle de l'économie politique, 17ᵉ-18ᵉ siècle,* Paris, EHESS, 1992.
Perrot, Michelle, *Enquêtes sur la condition ouvrière en France au 19ᵉ siècle,* Paris, Hachette, 1972.
Perrot, Michel, réunis, *L'impossible prison : recherches sur le système pénitentiaire au 19ᵉ siècle,* Paris, Seuil, 1980.
Perrot, Michel, «Premier mesures des faits sociaux : les débuts de la statistique criminelle en France (1789-1830)», dans *Pour une histoire de la statistique,* Paris, INSEE, 1977, rééd. Economica, 1987.
Picavet, François, *Les idéologues : essai sur l'histoire des idées et des théories scientifiques, philosophiques, religieuses, etc. en France depuis 1789,* Paris, Félix Alcan, 1891.
Pierrard, Pierre, *L'Eglise et les ouvriers en France (1840-1940),* Paris, Hachette, 1984.
Pilbeam, Pamela, "Republicanism in Early Nineteenth-century France, 1814-1835 ", *French History,* vol. 5, no. 1, march 1991, pp. 30-47.
Pilbeam, Pamela, *Republicanism in Nineteenth-Century France, 1814-1871,* London, Macmilan, 1995.
Ponteil, Félix, *Histoire de l'enseignement en France : Les grandes étapes 1789-1964,* Paris, Sirey, 1966.
Poynter, J. R., *Society and Pauperism : English Ideas on Poor Relief, 1795-1834,* Routledge and Kegan Paul, London, 1969.
Poyer, Georges, *Cabanis : Choix de textes et introduction,* Paris, Louis-Michaud.
Prévost-Paradol, *La France nouvelle,* Paris, 1868.
Procacci, Giovanna, *Gouverner la misère : la question sociale en France (1789-1848),* Paris, Seuil, 1993.
Proudhon, Joseph, *Qu'est-ce que la propriété,* Paris, 1840.
Proudhon, Joseph, *Œuvres complètes, Pierre-Joseph Proudhon,* nouvelle éd., 15 vol. Genève,

Slatkin, 1982.
Quetelet, Adolphe, *Physique sociale, ou Essai sur le développement des facultés de l'homme*, 2 vol., Bruxelles (1re éd. 1835), 1869（平貞蔵、山村喬訳『人間に就いて』全2巻、岩波書店、1938年）.
Quinet, Edgar, *L'enseignement du peuple, suivi de La révolution religieuse au 19e siècle*, Paris, Hachette, 2001.
Radelet, Michel, *Mutualisime et syndicalisme : ruptures et convergences de l'Ancien Régime à nos jours*, Paris, Presses Universitaires de France, 1991.
Ravaisson, Félix, *La philosophie en France au 19e siècle*, (1re éd., 1867), 5e éd., Paris, Vrin, 1983.
La Réforme sociale et le centenaire de la Révolution : travaux du congrès tenu en 1889 par la Société d'économie sociale et les unions de la Paix sociale, Paris, 1890.
Renan, Ernest, *La réforme intellectuelle et morale*, 1re éd., 1871, Paris, Editions Complexe, 1990.
Renaud, Hippolyte, *Solidarité : vue synthétique sur la doctrine de Ch. Fourrier*, Paris, 1845.
Renouvier, Charles, *Manuel républicain de l'homme et du citoyen*, Paris, 1848, rééd. par M. Agulhon, Paris, Garnier, 1981.
Renouvier, Charles et Fauvety, Ch., *Du gouvernement direct*, Paris, 1851.
Renouvier, Charles, *Essais de critique générale. Premier essai : analyse générale de la connaissance, plus un appendice sur les principes généraux de la logique et des mathématiques*, Paris, 1854 ; *Deuxième essai : L'homme, la raison, la passion, la liberté, la certitude, la probabilité morale*, Paris, 1859 ; *Troisième essai : Les principes de la nature*, Paris, 1864 ; *Quatrième essai : Introduction à la philosophie analytique de l'histoire*, Paris, 1869.
Renouvier, Charles, *Science de la morale*, 2 vol., Paris, 1869.
Renouvier, Charles, «La doctrine républicaine, ou ce que nous sommes, ce que nous voulons», *Critique philosophique*, 8 août 1872, p. 1-16.
Renouvier, Charles, *Le personnalisme, suivi d'une étude sur la perception externe et sur la force*, Paris, 1903.
Richard, Gaston, *La question sociale et le mouvement philosophique au 19e siècle*, Paris, Armand Colin, 1914.
Ring, Sister M. -I., *Villeneuve-Bargemont, precursor of Modern Social Catholicism*, 1935.
Robert, «Du caractère de la démocratie moderne», *La démocratie, revue mensuelle*, repris dans *Les révolutions du 19e siècle*, t. 4, *La propagande socialiste de 1835 à 1848*, Paris, EDHIS, 1979.
Robinet, *Dictionnaire universel des sciences morales, économiques, politiques et diplomatiques*, 1773-1783.
Rosanvallon, Pierre, «Pour une histoire conceptuelle du politique», *Revue de synthèse*, vol. 4, no. 1-2, 1981, p. 93-105.
Rosanvallon, Pierre, *La crise de l'Etat-providence*, Paris, Seuil, 1981.
Rosanvallon, Pierre, *Le moment Guizot*, Paris, Gallimard, 1985.

Rosanvallon, Pierre, *L'État en France de 1789 à nos jours,* Paris, Gallimard, 1990.

Rosanvallon, Pierre, *Le sacre du citoyen : histoire du suffrage universel en France,* Paris, Gallimard, 1992.

Rosanvallon, Pierre, *La nouvelle question sociale*: *Repenser l'État-providence,* Paris, Seuil, 1995.

Rosanvallon, Pierre, *Peuple introuvable : histoire de la représentation démocratique en France,* Paris, Gallimard, 1998.

Rosanvallon, Pierre, *La démocratie inachevée : histoire de la souveraineté du peuple en France,* Paris, Gallimard, 2000.

Rousseau, Jean-Jacques, *Œuvres complètes, Jean-Jacques Rousseau,* 5 vol., Bibliothèque de la pléiade, Paris, Gallimard, 1959-1995.

Rudelle, Odile, *La République absolue : aux origines de l'instabilité constitutionnelle de la France républicaine 1870-1889,* Paris, Publications de la Sorbonne, 1982.

Rumillat, Christiane, *Le solidarisme au 19e siècle : recherche d'une politique positive,* Thèse de l'Universite des Sciences Sociales de Grenoble, 1986.

Saint-Just, *L'esprit de la révolution, suivi de fragments sur les institutions républicaines,* Paris, Editions 10/18, 2003.

Salmon, Armand, *La mutualité et les assurances sociales,* Paris, 1926.

Sassier, Philippe, *Du bon usage des pauvres : histoire d'un thème politique (16e-20e siècle),* Paris, Fayard, 1990.

Sauriac, Xavier, *Réforme sociale, ou cathéchisme du prolétaire,* 1834.

Say, Jean-Baptiste, *Cours complet d'économie politique pratique,* 1843, reproduit chez Bizzarri, Roma, 1968.

Say, Jean-Baptiste, *Traité d'économie politique, ou simple exposition de la manière dont se forment, se distribuent et se consomment les richesses,* 6e éd., Paris, 1841 (1re éd. 1803), reproduit chez Slatkine, Paris, 1982.

Scott, John A., *Republican Ideas and the Liberal Tradition in France : 1870-1914,* New York, Columbia University Press, 1951.

Sellier, François, *La confrontation sociale en France, 1936-1981,* Paris, Presses Universitaires de France, 1984.

Sewell, William H., *Gens de métier et révolutions : le langage du travail de l'ancien régime à 1848,* Paris, Aubier Montaigne, 1983.

Sièyes, *Qu'est-ce que le tier état ?,* Paris, 1789（大岩誠訳『第三階級とは何か他』岩波文庫、1950年）.

Sieyès, *Préliminaire de la Constitution : reconnaissance et exposition raisonnée des droits de l'homme et du citoyen,* Paris, 1789.

Sismondi, J.-C.-L. Sismonde de, *Nouveaux principes d'économie politique, ou De la richesse dans ses rapports avec la* population, Paris, 1819.

Sismondi, J.-C.-L. Sismonde de, «Avertissement de la seconde édition», Sismondi, *Nouveaux principes d'économie politique,* Paris, Calmann-Lévy, 1977.

Smith, Adam, *An Inquiry into the Nature and Causes of the Wealth of Nations,* 1789（大河

内一男監訳『国富論』中公文庫、1978年).
Smith, Timothy B., *Creating the Welfare State in France, 1880-1940,* Montreal and Kingston, McGill-Queen's University Press, 2003.
Soboul, Albert, *La Révolution française : 1789-1799,* Paris, Editions Sociales, 1948.
Spitzer, Alan B., *The French Generation of 1820,* Princeton, Princeton University Press, 1987.
Stewart, Mary Lynn, *Women, Work and the French State : Lobour Protection and Social Patriarchy, 1879-1919,* Kingston, McGill-Queen's University Press, 1989.
Stoléru, Lionel, *Vaincre la pauvreté dans les pays riches,* Flammarion, 1977.
Stone, Judith F., *The Search for Social Peace : Reform Legislation in France, 1890-1914,* Albany and New York, State University of New York Press, 1985.
Système de fraternité, extraits du Populaire, Paris, 1849.
Taine, Hippolyte, *Les philosophies classiques du 19ᵉ siècle en France,* Genève, Slatkin, 1979.
Tanaka, Takuji, «La question sociale et la politique : une origine philosophique de l'Etat social dans les années 1830 en France (1)(2 et fin)», *Hokkaido Law Review,* vol. 52, no. 4, pp. 327-382, no. 6, pp. 219-268, 2001-2002.
Tchernoff, J., *Le parti républicain sous la monarchie de Juillet,* Paris, 1901.
Tchernoff, J., *Le parti républicain au coup d'Etat et sous le Second Empire,* Paris, 1906.
Théry, Adolphe, *Un précurseur du catholicisme social, le vicomte de Villeneuve-Bargemont,* Paris-Lille, Taffin-Lefort, 1911.
Thierry, Augustin, *Histoire de la conquête de l'Angleterre,* Paris, 1826.
Thiers, Adolphe, *Histoire de la Révolution française,* 10 vol. Paris, 1823-1827.
Thiers, Adolphe, *Rapport général présenté par M. Thiers au nom de la Commission de l'assistance et de la prévoyance publiques,* Paris, 1850.
Thomazeau, Anne-Marie, *Le pari solidaire : histoire de la mutualité,* Montreuil, Viva éditions, 1998.
Thompson, David, *Democracy in France : The Third Republic,* London and New York, Oxford University Press, 1946.
Thompson, Edward Palmer, *The Making of the English Working Class,* London, Victor Gollancz, 1963 (市橋秀夫、芳賀健一訳『イングランド労働者階級の誕生』青弓社、2003年).
Tiano, André, *Alban de Villeneuve-Bargemont (1784-1850) : le précurseur de l'Etat social ou un grand notable bien ordinaire ?,* Nimes, C. Lacour, 1911.
Tocqueville, Alexis de, *De la démocratie en Amérique,* 1831-1835, dans *Œuvre, papiers et correspondances,* 3ᵉ éd., t. 1, Paris, Gallimard, 1951 (抄訳、岩永健吉郎、松本礼二訳『アメリカにおけるデモクラシー』研究社出版、1972年).
Tocqueville, Alexis de, *Œuvres complètes,* 18 vol., Paris, Gallimard, 1958-1983.
Tocqueville, Alexis de, *Mémoire sur le paupérisme,* 1835, repris dans *Sur le paupérisme,* Paris, Allia, 1999.
Topalov, Christian dir., *Laboratoires du nouveau siècle : la nébuleuse réformatrice et ses réseaux en France, 1880-1914,* Paris, École des Hautes Études en Sciences

Sociales, 1999.
Tracy, Destutt de, *Éléments d'idéologie,* 4 vol., Paris, 1815.
Trahard, Pierre, *Le romantisme défini par «Le Globe»,* Paris, 1924.
Toucas-Truyen, Patricia, *Histoire de la mutualité et des assurances : l'actualité d'un choix,* Paris, Editions la Découverte et Syros, 1998.
Turgot, *Œuvres de Turgot,* t. 2, 1844, reproduit chez Osnabrück, Otto Zeller, 1966.
Tudesq, André Jean, *Les grands notables en France (1840-1849),* Paris, Presses Universitaires de France, 1965.
Tudesq, André Jean, «La décentralisation et la droite en France au 19e siècle», dans *La Décentralisation, 4e colloque d'histoire origanisé par la faculté des Lettres et des Sciences humaines d'Aix-en-Provence, les 1er et 2nd décembre 1961,* Publications des Annales de la Faculté des Lettres Aix-en-Provence, 1964, pp. 55-71.
Vacherot, Etienne, *La métaphysique et la science, ou principes de métaphysique positive,* 3 vol., Paris, 1858.
Vacherot, Etienne, *La démocratie,* Paris, 1860.
Vallois, M., *La formation de l'influence kantienne en France,* Paris, Félix Alcan, 1924.
Vigarello, Georges, *Le sain et le malsain : santé et mieux-être depuis le moyen âge,* Paris, Seuil, 1993.
Villeneuve-Bargemont, Alban de, *Economie politique chrétienne,* 2e éd., Paris, 1837.
Villeneuve-Bargemont, Alban de, *Discours prononcé à la chambre des députés par M. le Comte Alban de Villeneuve-Bargemont, dans la discussion du projet de loi sur le travail des enfans dans les manufactures,* 1840.
Villermé, Louis-René, *Tableau de l'état physique et moral des ouvriers employés dans les manufactures de coton, de laine et de soie, Etudes et documentation internationales,* Paris, 1840, reproduit chez Etudes et documentation internationales, 1989.
Vizioz, Henri, *La notion de quasi-contrat : étude historique et critique,* Bordeau, 1912.
Warshaw, Dan, *Paul Leroy-Beaulieu and Established Liberalism in France,* Dekalb, Northern Illinois University, 1991.
Weill, Georges, *Histoire du parti républicain en France de 1815 à 1870,* Paris, 1900.
Weill, Georges, *Histoire du mouvement social en France (1852-1924),* Paris, 1924.

4　邦語文献（翻訳、著書、論文）

赤司道和『十九世紀パリ社会史―家族・労働・文化』北海道大学図書刊行会、2004年。

アレント、ハンナ（志水速雄訳）『人間の条件』ちくま学芸文庫、1994年。

アレント、ハンナ（志水速雄訳）『革命について』ちくま学芸文庫、1995年。

安藤隆穂編著『フランス革命と公共性』名古屋大学出版会、2003年。

市野川容孝「社会的なものの概念と生命―福祉国家と優生学」『思想』908号、2002年、34―64頁。

市野川容孝「『社会科学』としての医学（上）（下）―1848年のR. ヴィルヒョウによせて」『思想』926号、2001年、196-224頁、927号、2002年、116-142頁。

岩本吉弘「シャルル・デュノワイエと「二つの産業主義」―王政復古期フランスにおける産業主義と自由主義」『一橋論叢』第117巻第２号、1997年、258-276頁、第118巻第２号、1998年、271-285頁。

ヴォヴェル、ミシェル（立川孝一ほか訳）『フランス革命の心性』岩波書店、1992年。

エスピン＝アンデルセン（岡沢憲芙、宮本太郎監訳）『福祉資本主義の三つの世界―比較福祉国家の理論と動態』ミネルヴァ書房、2001年。

エスピン＝アンデルセン（埋橋孝文監訳）『転換期の福祉国家―グローバル経済下の適応戦略』早稲田大学出版部、2003年。

大塚桂『フランスの社会連帯主義―L. デュギーを中心として』成文堂、1995年。

隠岐さや香「一七八〇年代のパリ王立科学アカデミーと『政治経済学』」『哲学・科学史論叢』（東京大学教養学部哲学・科学史）第３号、2001年、95-118頁。

小田中直樹『フランス近代社会 1814～1852』木鐸社、1995年。

小田中直樹『歴史学のアポリア―ヨーロッパ近代社会史再読』山川出版、2002年。

カスー、ジャン（野沢協監訳）『1848年―二月革命の系譜』法政大学出版局、1979年。

カント（篠田英雄訳）『啓蒙とは何か他』岩波文庫、1950年。

カント（宇都宮芳明訳）『永遠平和のために』岩波文庫、1985年。

木崎喜代治『フランス政治経済学の生成―経済・政治・財政の諸範疇をめぐって』未来社、1976年。

北垣徹「『連帯』の理論の創出―デュルケームを中心として」『ソシオロジ』第37巻第３号、1993年、59-76頁。

北垣徹「新たな社会契約―フランス第三共和政期における福祉国家の哲学的基礎―」『ソシオロジ』第40巻第１号、1995年、69-87頁。

木下賢一『第二帝政とパリ民衆の世界―「進歩」と「伝統」のはざまで―』山川出版社、2000年。

喜安朗『夢と反乱のフォブール』山川出版社、1994年。

喜安朗『近代フランス民衆の〈個と共同性〉』平凡社、1994年。

クリューガー他『確率革命―社会認識と確率』梓出版社、1991年。

河野健二編『資料フランス初期社会主義―二月革命とその思想』平凡社、1979年。

河野健二編『資料フランス革命』岩波書店、1989年。

コンドルセ他（阪上孝編訳）『フランス革命期の公教育論』岩波文庫、2002年。

阪上孝「計画の観念とテクノクラートの形成」河野健二編『ヨーロッパ―1930年代』岩波書店、1980年、244-276頁。

阪上孝『近代的統治の誕生』岩波書店、1999年。

シャルレティ、セバスティアン（沢崎、小杉訳）『サン＝シモン主義の歴史1825-1864』法政大学出版局、1986年。

シャルティエ、ロジェ（松浦義弘訳）『フランス革命の文化的起源』岩波書店、1999年。

シュヴァリエ、ルイ（喜安朗他訳）『労働階級と危険な階級』みすず書房、1993年。

シュタイン、ローレンツ（石川三義ほか訳）『平等原理と社会主義―今日のフランスにおける社会主義と共産主義』法政大学出版局、1990年。

シュムペーター（中山、東畑訳）『経済学史―学説ならびに方法の諸段階』岩波文庫、1980年。

スミス、アダム（米林富男訳）『道徳情操論』全２巻、未来社、1969年。

ソブール、アルベール（小場瀬卓三、渡邊淳訳）『フランス革命―1789―1799』岩波書店、1953

年。

ソブール、アルベール（山崎耕一訳）『大革命前夜のフランス―経済と社会』法政大学出版局、1982年。

高橋幸八郎『近代社会成立史論―欧州経済史研究』日本評論社、1947年。

高橋幸八郎『市民革命の構造』御茶の水書房、1950年。

高木勇夫「ブルジョワ・イデオローグ研究―フランス学士院・道徳政治科学部門（1795年-1803年）」長谷川博隆編『権力・知・日常―ヨーロッパ史の現場へ』名古屋大学出版会、1991年、147-174頁。

高木勇夫「ブルジョワ・イデオローグ研究(4)　道徳政治科学アカデミー道徳部会の懸賞論文課題」『名古屋工業大学紀要』第44巻、1992年、19-30頁。

高草木光一「ルイ・ブラン『労働の組織』と七月王政期のアソシアシオニスム―普通選挙と『社会的作業場』」『三田学会雑誌』第87巻第3号、第4号、1994-1995年。

田中拓道「西洋政治思想史におけるÉ. デュルケム―『社会』概念による『政治』の再構成の試み―(1)(2・完)」『北大法学論集』第49巻第2号、207-257頁、第3号、117-221頁、1998年。

田中拓道「『連帯』の思想史のために―19世紀フランスにおける慈善・友愛・連帯、あるいは社会学の起源―」『政治思想研究』第3号、2003年、97-114頁。

田中拓道「フランス福祉国家論の思想的考察―『連帯』のアクチュアリティ―」『社会思想史研究』第28号、2004年、53-68頁。

谷川稔『フランス社会運動史―アソシアシオンとサンディカリスム』山川出版社、1983年。

谷川稔『十字架と三色旗―もうひとつの近代フランス』山川出版社、1997年。

田端博邦「フランスにおける社会保障制度の成立過程」東京大学社会科学研究所編『福祉国家2　福祉国家の展開［1］』東京大学出版局、1985年。

都留民子『フランスの貧困と社会保護―参入最低所得（RMI）への途とその経験』法律文化社、2000年。

テュデスク、アンドレ（大石明夫訳）『フランスの民主主義―1815年以後』評論社、1973年。

デュルケーム、エミール（内藤莞爾監訳）『デュルケーム法社会学論集』恒星社厚生閣、1990年。

デュロゼル、ジャン＝バティスト『カトリックの歴史』白水社、1967年。

富永茂樹『理性の使用―ひとはいかにして市民となるのか』みすず書房、2005年。

富永茂樹編『資料権利の宣言―1789』京都大学人文科学研究所、2001年。

ドラテ、ロベール（西嶋法友訳）『ルソーとその時代の政治学』九州大学出版会、1986年。

中木康夫『フランス政治史（上）（中）（下）』未来社、1975年。

中野隆生「日本におけるフランス労働史研究（特集・労働史研究の現在―1980～2000年）」『大原社会問題研究所雑誌』第516号、2001年、25-36頁。

中村睦男『社会権法理の形成』有斐閣、1973年。

バーザン、ジャック（野島秀勝訳）『ダーウィン、マルクス、ヴァーグナー―知的遺産の批判』法政大学出版局、1999年。

ハーバーマス、ユルゲン（細谷、山田訳）『公共性の構造転換―市民社会の一カテゴリーについての探求』第2版、未来社、1994年。

バザール他（野地洋行訳）『サン-シモン主義宣言―『サン-シモンの学説・解義』第一年度、1828-1829』木鐸社、1982年。

ハッキング、イワン（石原、重田訳）『偶然を飼いならす―統計学と第二次科学革命―』木鐸社、1999年。

原輝史『フランス資本主義―成立と展開』日本経済評論社、1986年。

ハント、リン（松浦義弘訳）『フランス革命の政治文化』平凡社、1989年。

ハント、リン（西川長夫ほか訳）『フランス革命と家族ロマンス』平凡社、1999年。

パーソンズ、タルコット（稲上、厚東訳）『社会的行為の構造　3デュルケーム論』木鐸社、1992年。

パストゥール（山口清三郎訳）『自然発生説の検討』岩波文庫、1970年。

ピアソン、クリストファー（田中浩、神谷直樹訳）『曲がり角にきた福祉国家―福祉の新政治経済学』未来社、1996年。

ポーター、T. M.（長尾他訳）『統計学と社会認識―統計思想の発展、1820-1900年』梓出版社、1995年。

廣澤孝之『フランス「福祉国家」体制の形成』法律文化社、2005年。

廣田明「フランス・レジョナリスムの成立―ル・プレェ学派における家族、労働、地域―」遠藤輝明編『地域と国家―フランス・レジョナリスムの研究』日本経済評論社、1992年、49-101頁。

ベルナール、クロード（三浦岱栄訳）『実験医学序説』岩波文庫、1938年。

福井憲彦「労働の社会史へ」『「新しい歴史学」とは何か』日本エディタースクール出版部、1987年、201-234頁。

フュレ、フランソワ、モナ・オズーフ編（河野他訳）『フランス革命事典』みすず書房、1995年。

松浦義弘「フランス革命史の復権にむけて―「アナール派」をめぐる新しい政治史」『思想』、第769号、1998年、28-54頁。

松浦義弘『フランス革命の社会史』山川出版社、1997年。

マナン、ピエール（高橋、藤田訳）『フランス自由主義の政治思想』新評論、1995年。

マルクス（中原稔生訳）『フランスにおける階級闘争』大月書店、1960年。

マルクス（村田陽一訳）『ルイ・ボナパルトのブリューメル一八日』大月書店、1971年。

マルクス（木下半治訳）『フランスの内乱』岩波文庫、1952年。

マルクス（向坂逸郎訳）『資本論』全9巻、岩波書店、1969-1970年。

マルサス（永井義雄訳）『人口論』中公文庫、1973年。

馬渡尚憲『経済学史』有斐閣、1997年。

ミシュレ（桑原武夫ほか訳）「フランス革命史」『世界の名著37　ミシュレ』中央公論社、1968年。

宮本太郎編著『福祉国家再編の政治』ミネルヴァ書房、2001年。

メイヤー、J.（五十嵐豊作訳）『フランスの政治思想―大革命から第四共和制まで』岩波書店、1956年。

山本桂一編『フランス第三共和政の研究』有信堂、1966年。

吉田克己『フランス住宅法の形成―住宅をめぐる国家・契約・所有権』東京大学出版会、1997年。

ラプラス（内井惣七訳）『確率の哲学的試論』岩波文庫、1997年。

リーデル、マンフレート（河上ほか訳）『市民社会の概念史』以文社、1990年。

リンガー，F. K.（筒井ほか訳）『知の歴史社会学―フランスとドイツにおける教養―1890～1920―』名古屋大学出版会、1996年。

ルークス、スティーヴン編（厚東ほか訳）『人というカテゴリー』紀伊國屋書店、1995年。

ロジャーズ、B.（美馬孝人訳）『貧困との闘い―貧困法から福祉国家へ』梓出版社、1986年。

ロム、ジャン（木崎喜代治訳）『権力の座についた大ブルジョアジー―十九世紀フランス社会史試論』岩波書店、1971年。

著者略歴

田中拓道（たなか・たくじ）

1971年　西宮市生まれ
1995年　国際基督教大学教養学部社会科学科卒業
2001年　北海道大学大学院法学研究科博士後期課程単位取得退学
現　在　一橋大学社会学部准教授、博士（法学）
専　攻　政治思想史、現代福祉国家論
主要論文　「フランス福祉国家論の思想的考察―『連帯』のアクチュアリティ」（『社会思想史研究』28号、2004年）、「『連帯』の変容―20世紀フランス福祉国家史試論」（『年報政治学』2006年度Ⅰ号）、「社会契約の再構成―社会的排除とフランス福祉国家の再編」（『社会政策学会誌』16号、2006年）など。

JIMBUN SHOIN　Printed in Japan
ISBN978-4-409-23037-4　C3036

貧困《ひんこん》と共和国《きょうわこく》
——社会的連帯の誕生——

二〇〇六年一月三一日　初版第一刷発行
二〇一四年五月一〇日　初版第三刷発行

著者　田中拓道
発行者　渡辺博史
発行所　人文書院
〒六一二-八四四七
京都市伏見区竹田西内畑町九
電話　〇七五(六〇三)一三四四
振替　〇一〇〇〇-八-一一〇三
印刷　創栄図書印刷株式会社
製本　坂井製本所